働き方改革を
実現するための
労務管理

社労士時習塾 編

労働調査会

はじめに

働き方改革関連法の成立

　安倍内閣の目玉である一億総活躍社会の柱として、政府が推進してきた「働き方改革」とは、多様な人々が柔軟に働き方を選ぶことにより、少子高齢化のなかでも適切に労働力が確保され、その結果としてわが国の経済成長が促されることを目指しています。

　主なテーマとキーワードとしては、①非正規雇用の処遇改善（同一労働同一賃金）、②長時間労働の是正（罰則付きの残業上限規制）、③柔軟な働き方（テレワーク等）、④仕事との両立（病気治療、育児介護）などが挙げられます。

　もとより労働契約における主要な労働条件は、「賃金」及び「労働時間」であり、そしてこのことは、「働き方改革」についても同様であって、賃金としての「同一労働同一賃金」、及び労働時間としての「長時間労働の是正」がその中心課題となります。

　そして、これらの課題に関する従来の指摘としては、同一労働同一賃金については、そもそもわが国の給与体系は欧州のような職務給ではなく、背負わせる役割や将来に向けた期待の程度、転勤や異動があることの評価など、様々な要素を考慮のうえ決定しており、その導入は難しいという議論がありました。また、長時間労働の是正については、解雇規制が厳しく、仕事の繁閑には残業で対応してきたわが国にとって、労働時間の絶対的上限を定めることは容易ではないと言われてきました。

　しかし、平成28年10月に大手広告会社新入社員の不幸な事件が労災認定されて以降、長時間労働が命を奪う危険性があるという認識が国民に広がり、また少子化に歯止めがかからないなか、低収入を理由に結婚をためらう若い非正規労働者の処遇改善は喫緊の課題であることなどから、「働き方改革」の推進は社会的にコンセンサスを得ることとなりました。

　その後紆余曲折を経て、政府は関連する法案を一括にして、「働き方改革関連法案」として、平成30年4月6日に閣議決定し同日国会へ提出し、6月29日参院での可決により、同関連法は成立に至りました。

社会保険労務士の役割

　くしくも、平成30年度は社会保険労務士制度創設50周年にあたり、全国社会保険労務士会連合会では、「人を大切にする」働き方改革の専門家として、社会保険労務士の多方面での活躍を模索しています。近年、社会保険労務士法第7次改正により、特定社会保険労務士[1]制度が創設されるなど、社会保険労務士の「法律職」[2]としての側面がクローズアップされていますが、年金など労働・社会保険諸法令における「実務家」として、また人事労務を通じて魅力ある職場づくりを指導する「コンサルタント」としての側面も重要であることは論をまちません。士業のなかでも、このような三つの職能をしっかり持つことは、社会保険労務士にとって大きな特色であると言えます。そして、この指導業務は「法令順守（コンプライアンス）」をベースに、「働きやすさ」「働きがい」をも包含するものとなっています。このことができるのも、社会保険労務士が社会保険労務士法2条（社会保険労務士の業務）に基づく、独占業務である1号・2号業務（書類作成・提出代行・事務代理・帳簿作成）だけではなく、同条に定められた3号業務として指導・相談業務を長年行い、労務管理の専門家としての地位を築いてきた結果であると言えます。

執筆の動機

　本書は、東海地方の社会保険労務士を対象に、平成23年度から25年度にかけて行われた、「法的対応能力養成講座（労務実務）」という研修会を通じて知り合い、その研修が終了した後も、労働法の勉強を続けようとの強い思いで結ばれた、「社労士時習塾」のメンバーにより書き上げられたものです。

1　「特定社会保険労務士」とは、労使間における個別労働関係の紛争において、裁判外紛争解決手続（ADR）制度に係る代理業務に従事することを認められた社会保険労務士のことを言う。特定社会保険労務士となるには、社会保険労務士の登録を受けている者が厚生労働大臣が定める特別研修を修了し、そのうえで紛争解決手続代理業務試験に合格しなければならない。

2　「法律職」関連としては、社会保険労務士法第8次改正により補佐人として、社会保険労務士は、事業における労務管理その他の労働に関する事項及び労働社会保険諸法令に基づく社会保険に関する事項について、裁判所において、弁護士である訴訟代理人とともに出頭し、陳述をすることができることとなった（社会保険労務士法2条の2）。

この間、研修を重ねたうえで、政府における中心課題として「働き方改革」が議論されるなか、労働法の基本を踏まえつつ実務としての労務管理をしっかりと結び付けることで、例をみない実践書をつくることが、私たちの使命であるとの強い思いから執筆に至ったものです。

本書の構成

本書は、労務管理を学ぶうえで必要な労働法の基礎的知識を押さえるとともに、現場を知る執筆者ならではの事例を踏まえて、労務管理としての実践を学ぶことができる構成となっています。

第1章では、総論として「働き方改革」について、その趣旨・背景、時間外労働の上限規制関係、同一労働同一賃金関係を中心に概要について執筆しています。

第2章から第6章では、「働き方改革」の主要課題である「長時間労働の是正」に取り組むうえで、必要となる労働時間の該当性や36協定の本質などについて、ケーススタディを通じて理解を深めていただくよう執筆しています。

第7章では、公正な処遇を目指して、「働き方改革」の一方の主要課題である「正規・非正規の処遇格差是正」について、格差解消へのアプローチや最近の関連する判例についても取り上げることで、理解を深めていただくようになっています。

また、第8章においては、非正規社員の処遇改善について、今後活用が図られることが期待される社会保険労務士会で実施するADR（裁判外労働紛争解決）業務とあわせて論じています。

第9章については、このたびの残業時間の上限規制への対応策に関連して、固定残業代の導入について執筆しています。

第10章から第12章では、近年増加傾向にあるメンタルヘルス不調者に関して、企業としてのケアや対応の方法について解説しています。

また、第13章では、人権の観点からも重要であるハラスメントに係る労務管理について、理解を深めていただくよう執筆しています。

なお、このたびの働き方改革では、関連する八つの法案を一括して働き方改革関連法として成立しており、それにより就業規則の変更が必要

な点も多く、労務管理の基礎部分として、就業規則等の変更に取り組んでいただくモチベーションとなるよう、必要に応じて就業規則規定例を各章に記載しています。

各章の構成

　ケーススタディ内の構成としては、ケーススタディにて取り上げた、労務管理としての項目について、まずは「総論」として概要あるいは問題点について触れており、その後に「ケーススタディ」として具体的に事例を挙げています。その後、「カンファレンス」として、社会保険労務士法人の事務所内にてA・B・C社会保険労務士3名による討議が展開され、結論としての「総括」を示しています。その後、ケースに応じて「解説」「参考判例」「働き方改革との関連」などを記載することで、立体的な理解が進められるよう構成されています。

本書のねらい

　社会保険労務士法1条における、「事業の健全な発達と労働者等の福祉の向上に資する」という目的からももちろんのことながら、私たち社会保険労務士は、労務面においてトラブルなどの未然防止からADRにおける代理業務など円満解決までの全ての場面にその専門性が活用されることを期待されていることから、より企業の身近にあって、労使双方から信頼される存在でなければなりません。

　よって、私たちはこの書を執筆するにあたり、「公正な立場」[3]を保持し、「人権」[4]を尊重する形で執筆を進めています。そのため、この書に取り入れたケーススタディを解決していくにあたり、とある社会保険労務士

3　社会保険労務士法1条の2（社会保険労務士の職責）。社会保険労務士は、常に品位を保持し、業務に関する法令及び実務に精通して、公正な立場で、誠実にその業務を行わなければならない。

4　平成30年4月、全国社会保険労務士会連合会は「国連グローバル・コンパクト」へ署名を行った。国連グローバル・コンパクトとは、戦後、世界が合意形成してきた共通価値観を10原則にまとめ直したものであり、「健全なグローバル化」「持続可能な社会」を実現しようとする国際連合（UN）による誓約にて、そのうち原則の1及び2は、人権に関するものとなっている。

法人の中において、Ａ・Ｂ・Ｃ３名の社会保険労務士によって、よりよい問題解決を見出すためにカンファレンスを行っています。そして、その３名の社会保険労務士に以下のように、おおむねの立ち位置を設定することで、討議に深みを与えるとともに、公正な回答に到達できるように工夫しています。

　【Ａ】仕切り役　（総括者）
　【Ｂ】企業側役　（企業にとっての負担感、立場を強調）
　【Ｃ】労働者側役（労働者にとっての権利、立場を強調）

　読んでいただく皆様にとっても、普段目のあたりにすることのない、社会保険労務士法人のなかの興味深い討議をご覧いただけるものと思います。

新しい試み

　本書は各社会保険労務士がそれぞれ担当したケーススタディを執筆し、全員の討議を重ねることで、取りまとめたものであり、全員の共同作業による成果物と言えるものです。しかしながら、ケーススタディという事例研究をカンファレンスのなかで登場する社会保険労務士に議論を行わせるという、この新しい試みに対しては、いろいろとご意見もあろうかと思われるところであり、そういったご意見をいただくことにより、執筆メンバーがさらに成長できる機会になればと思っています。

　本書を一人でも多くの方が手に取っていただき、皆様の業務の一助となりますことをご祈念申し上げます。

令和元年６月

執筆者一同

「働き方改革を実現するための労務管理」
目次

はじめに …………………………………………………………………… 1

第1章　総論 ………………………………………………………… 11
　1　働き方改革の概要 …………………………………………………… 13
　2　カンファレンス ……………………………………………………… 14
　3　働き方改革関連法の概要 …………………………………………… 16
　4　労基法改正 …………………………………………………………… 22
　5　雇用対策法改正 ……………………………………………………… 26
　6　安衛法改正 …………………………………………………………… 27
　7　労働時間等設定改善法改正 ………………………………………… 27
　8　同一労働同一賃金関係 ……………………………………………… 27
　9　労働者派遣法改正 …………………………………………………… 32
　10　働き方改革関連法の施行スケジュール …………………………… 35
　11　社会保険労務士からみた働き方改革の進め方 …………………… 36
　12　最後に ……………………………………………………………… 40

第2章　労働時間性 ………………………………………………… 41
　はじめに ………………………………………………………………… 43
　1　総論 …………………………………………………………………… 43
　2　ケーススタディ ……………………………………………………… 44
　3　カンファレンス ……………………………………………………… 45
　4　総括 …………………………………………………………………… 46
　5　働き方改革との関連 ………………………………………………… 48
　6　就業規則規定例 ……………………………………………………… 50

第3章　36協定 ……………………………………………………… 53
　はじめに ………………………………………………………………… 55
　1　総論 …………………………………………………………………… 55
　2　ケーススタディ ……………………………………………………… 57

3　カンファレンス ……………………………………………… 57
　　4　総括……………………………………………………………… 58
　　5　働き方改革との関連 ………………………………………… 59
　　6　就業規則規定例 ……………………………………………… 61

第4章　事業場外労働のみなし労働時間制 ……………………… 63
　はじめに ………………………………………………………………… 65
　　1　総論……………………………………………………………… 65
　　2　ケーススタディ ……………………………………………… 66
　　3　ケーススタディを理解するために ……………………… 66
　　4　カンファレンス ……………………………………………… 68
　　5　総括……………………………………………………………… 70
　　6　働き方改革との関連 ………………………………………… 71
　　7　就業規則規定例 ……………………………………………… 72

第5章　休日 ………………………………………………………… 73
　はじめに ………………………………………………………………… 75
　　1　総論……………………………………………………………… 75
　　2　ケーススタディ ……………………………………………… 76
　　3　カンファレンス ……………………………………………… 76
　　4　総括……………………………………………………………… 77
　　5　働き方改革との関連 ………………………………………… 78
　　6　就業規則規定例 ……………………………………………… 80

第6章　年次有給休暇 …………………………………………… 83
　はじめに ………………………………………………………………… 85
　　1　総論……………………………………………………………… 85
　　2　ケーススタディ ……………………………………………… 87
　　3　ケーススタディを理解するために ……………………… 87
　　4　カンファレンス ……………………………………………… 89
　　5　総括……………………………………………………………… 90
　　6　働き方改革との関連 ………………………………………… 92
　　7　就業規則規定例 ……………………………………………… 94

第7章 非正規社員の処遇改善（均等・均衡処遇）に向けた取組 …… 97

はじめに …… 99
1 ケーススタディ …… 99
2 ケーススタディを理解するために …… 100
3 カンファレンス …… 102
4 総括 …… 157

● コラム1 働き方改革における限定正社員の位置付け …… 161

第8章 非正規社員の処遇改善に向けた社会保険労務士会ADRの活用 …… 169

はじめに …… 171
1 ケーススタディ …… 171
2 ケーススタディを理解するために …… 172
3 カンファレンス …… 173
4 総括 …… 189

第9章 残業時間の上限規制への対応と固定残業代の再設計 …… 195

はじめに …… 197
1 ケーススタディ …… 197
2 ケーススタディを理解するために …… 197
3 カンファレンス …… 198
4 総括 …… 235

第10章 メンタルヘルス不調その1 …… 237

はじめに …… 239
1 総論 …… 239
2 ケーススタディ …… 240
3 ケーススタディを理解するために …… 240
4 カンファレンス …… 242
5 総括 …… 245

第11章　メンタルヘルス不調その2 …………………… 247
　はじめに ……………………………………………………… 249
　1　総論 ………………………………………………………… 249
　2　ケーススタディ …………………………………………… 250
　3　ケーススタディを理解するために ……………………… 250
　4　カンファレンス …………………………………………… 251
　5　総括 ………………………………………………………… 255

第12章　ストレスチェック ……………………………… 257
　はじめに ……………………………………………………… 259
　1　総論 ………………………………………………………… 259
　2　ケーススタディ …………………………………………… 260
　3　ケーススタディを理解するために ……………………… 261
　4　カンファレンス …………………………………………… 262
　5　総括 ………………………………………………………… 267

第13章　パワーハラスメント対策 ……………………… 269
　はじめに ……………………………………………………… 271
　1　総論 ………………………………………………………… 271
　2　ケーススタディ …………………………………………… 272
　3　ケーススタディを理解するために ……………………… 273
　4　カンファレンス …………………………………………… 274
　5　総括 ………………………………………………………… 278

●**コラム2**　社会保険労務士が解説、今話題の第三者委員会 … 279

●**コラム3**　複合ハラスメントを
　　　　　　女性社会保険労務士が対策会議 ………………… 283

あとがき ………………………………………………………… 292
引用文献 ………………………………………………………… 296
裁判例索引 ……………………………………………………… 296

[凡例]（主な法令）

労基法：労働基準法　　労基則：労働基準法施行規則　　安衛法：労働安全衛生法
安衛令：労働安全衛生法施行令　　安衛則：労働安全衛生規則　　労契法：労働契約法
労働時間等設定改善法：労働時間等の設定の改善に関する特別措置法
労働施策総合推進法：
　労働施策の総合的な推進並びに労働者の雇用の安定及び職業生活の充実等に関する法律
　（旧法：雇用対策法）
労働者派遣法：労働者派遣事業の適正な運営の確保及び派遣労働者の保護等に関する法律
パートタイム労働法：短時間労働者の雇用管理の改善等に関する法律
パート・有期労働法：短時間労働者及び有期雇用労働者の雇用管理の改善等に関する法律
　＜働き方改革関連法によるパートタイム労働法の改正後の法律名＞
待遇確保法：労働者の職務に応じた待遇の確保等のための施策の推進に関する法律
男女雇用機会均等法：雇用の分野における男女の均等な機会及び待遇の確保等に関する法律
育児介護休業法：育児休業、介護休業等育児又は家族介護を行う労働者の福祉に関する法律
障害者雇用促進法：障害者の雇用の促進等に関する法律
ＡＤＲ促進法：裁判外紛争解決手続の利用の促進に関する法律
個別労働紛争解決促進法：個別労働関係紛争の解決の促進に関する法律
働き方改革関連法：
　働き方改革を推進するための関係法律の整備に関する法律（平成30年7月6日法律第71号）
限度基準告示：
　労働基準法第三十六条第一項の協定で定める労働時間の延長の限度等に関する基準
　（平成10年12月28日労働省告示第154号）
36協定指針：
　労働基準法第三十六条第一項の協定で定める労働時間の延長及び休日の労働について留意
　すべき事項等に関する指針（平成30年9月7日厚生労働省告示第323号）
同一労働同一賃金ガイドライン：
　短時間・有期雇用労働者及び派遣労働者に対する不合理な待遇の禁止等に関する指針
　（平成30年12月28日厚生労働省告示第430号）
パート労働指針：
　事業主が講ずべき短時間労働者の雇用管理の改善等に関する措置等についての指針
　（平成19年10月1日厚生労働省告示第326号）
パート・有期労働指針：
　事業主が講ずべき短時間労働者及び有期雇用労働者の雇用管理の改善等に関する措置等に
　ついての指針（平成30年12月28日厚生労働省告示第429号）＜働き方改革関連法に関する
　告示改正によるパート労働指針の改正後の指針名＞

[判決表記例]

最一小判：最高裁判所第一小法廷判決
高判：高等裁判所判決
地判：地方裁判所判決
○○地○○支判：○○地方裁判所○○支部判決

第1章

総論

働き方改革の概要

　「働き方改革」がいよいよ本格稼働しました。「働き方改革」を行う背景は、少子高齢化という日本の労働力の構造的な課題解決にあると言えます。少子高齢化の進展により、将来の労働力が不足することは、誰もが容易に考え得ることで、結果として現在の付加価値を支える労働力減少により、労働生産性が低下していくことが危惧されるところです。

　労働生産性が低下することは、日本にとって脅威となる事態です。日本は第二次世界大戦後、高度経済成長を経験しましたが、この実現には日本が人口ボーナス時期にあったことが大きく影響していると言われます。人口が増加し、個人の生活水準が年々向上していくなかで、消費は拡大し、GDP（国内総生産）も拡大を続けました。そして、平成7年を分岐点として、日本の労働力人口は逓減基調に変わり、人口オーナス時期を迎えました。あわせて、バブル崩壊、グローバル化のさらなる進展により、日本の経済成長は停滞期を迎えました。この逓減基調が継続し、労働力が逓減を続け、日本のGDPが減少することは、国債償還や、社会保障費等、現在のGDPを背景として成り立っている日本の枠組みを揺るがす事態を生じさせることにもなりかねません。

　今回の「働き方改革」は、日本が労働生産性を維持向上させるプランとして導入されました。この改革を実現し、労働生産性を改善させ、その成果を働く人に分配することで賃金を上昇させ、需要拡大を通じた成長を図る「成長と分配の好循環」を構築し、個人所得拡大、企業の生産性と収益力の向上、国の経済成長の同時達成を推進しようとするものです。

　働き方改革の具体的テーマは、次の3点にあると言えます。

（Ｉ）正社員の生産性向上

　労働力を「労働の質×労働の量」と考えると、労働の質にかかわる向上策、いわゆる正社員が健康で労働力提供を十二分に発揮する働き方を目指す必要があります。そのためには、長時間労働の是正が喫緊の課題

です。

(Ⅱ) 女性・高齢者の労働参加率向上

　労働の量にかかわる向上策としては、女性・高齢者といった労働力人口にカウントされながら、実際には稼働していない労働力の活用を目指す必要があります。

(Ⅲ) 非正規雇用と正規雇用の格差是正

　労働の質の向上策のもう一つの柱は、いわゆる非正規雇用と正規雇用との格差是正の問題です。労働力人口の4割は、いわゆる非正規雇用と言われています。この非正規雇用と正規雇用の格差是正を図ることで、非正規雇用者のモラール向上と賃金上昇を目指します。

　上記のテーマを推進するために、法改正、ガイドライン制定等というハードロー、ソフトローの両面から働き方を規制するだけでなく、その他労働慣例となっている従来の日本的人事制度をこの機会に変革しようとするものです。

　しかし、この改革に向かい合う企業、特に、中小企業にとっては、規制をクリアしていくことは、容易なことではありません。今までと同じ「働き方」をしていては、この改革を実現していくことは困難です。企業は、業務構造全体を改革の制度に沿った形で見直すことが求められていますし、人事管理の変革は、そのなかで中心的な役割を担うものと言えます。

❷ カンファレンス

　Ⓐ　我々社会保険労務士にとって、「働き方改革」は大きな意味合いがあると思います。お客様である企業に助言・指導する前に、当社会保険労務士法人としてもその内容を皆さんで話し合って整理しておきましょう。

　Ⓑ　今回の改革は、労働時間規制、処遇格差是正といった現代の労働環境を変革させる画期的なものです。しかし、忘れてはな

らないことは、この改革の目的は、労働生産性の向上にあるということです。改革は、労働生産性の向上に向けた働き方を目指すもので、改革が求めているものは、低賃金・長時間働くことで労働生産性を向上させるのではなく、働き方を法律、ガイドライン等でルール化したなかで向上させるものと言えます。

　そして、実際の労働時間の法的規制、処遇格差問題は、我々の主なお客様である中小企業に相当の影響を与えるのではないかという点が心配です。

C　　Bさんの言われる点は、わかります。しかし、例えば労働時間問題は、本来、法的規制としてはなかったものの、告示等で指導されていたものですよ。

　労働時間規制や処遇格差問題は、企業側が、人件費抑制手法としていたもので、いわば「人」をコストとみる人事管理を行っていたことから生じてくるものではないでしょうか。「人」は、コストではなく、資源であり、そのパフォーマンスを最大限引き出すことが、経営の目的という考え方に立つことで、今回の改革の意味合いがわかるのではないかと考えます。

　厳しい言い方かも知れませんが、この改革に対応しきれない企業は、企業としての将来性自体に黄信号が点滅していると言えます。

B　　確かに、その通りですね。この改革は、中小企業にとってハードルの高いものであることは事実です。しかし、このハードルをクリアできる企業が、真に生き残る価値のある企業であり、現状で課題を抱える企業は、早く改善の手を打つことが重要であることをお客様に知らせる必要がありますね。

C　　Bさんの言われるように、中小企業にとって今回の改正ハードルはとても高いものです。我々社会保険労務士として、どのようにお客様にアドバイスしていくかが重要です。

B　　法的ルール変更について、アドバイスすることは当然ですが、処遇格差問題を考えるにあたっては、賃金制度の変更も視野に入れる必要があります。

　労働時間の法的ルール変更は、実際にお客様のそれぞれの部署でどの

ような働き方、業務を行っているかまで踏み込んで、改善策をお客様と一緒に検討していくことが重要ではないでしょうか。これは、処遇格差是正の賃金制度を検討するうえでも重要なポイントになると考えます。

C 今回の改革について、お客様企業の経営者だけでなく、そこで働いている従業員への周知も重要になると言えます。従業員へ周知することは、従業員がその権利義務を十分認識することであり、また、改正内容を知ることで、無用なトラブルを回避することにもつながります。また、企業側もしっかりした説明責任を果たすためにも、労使双方が労働法全体についての理解を深める必要があります。

A 我々は、「人」は企業にとってコストではなく、資源であるという観点でこの改革を理解することが大切ですね。そして、お客様の改革への取組に、従来以上に踏み込んだ支援をしていくことがポイントになりそうですね。

3 働き方改革関連法の概要

「働き方改革」は、現在の日本の置かれた環境から求められるものですが、一番の目玉は、働き方の土台部分である労働法自体の見直しを行うことで進められているところに特色があります。ここでは、平成30年6月29日に国会で可決・成立した「働き方改革を推進するための関係法律の整備に関する法律」（以下、「働き方改革関連法」と言う）に焦点をあてて、その概要を俯瞰してみましょう。

ア．働き方改革関連法を巡る議論の経緯

働き方改革関連法の成立にあたっての議論の流れをまとめると以下の通りです。

背景事情	政府主導の必要性（労使自治による問題解決の困難性） ①非正規労働者の拡大、②長時間労働による健康障害の拡大
「働き方改革」の必然性	今後の人口動態変化（男性現役世代が急激に細り、同時に55歳以上シニア層が職場に占める割合の激増）
	女性が男性と対等に就労参加、キャリアを形成し活躍するには、男性の長時間労働を前提とした働かせ方の抑制が不可欠（男性の長時間労働がワークライフバランス（WLB）の困難化をもたらし、結果として少子化につながっているとの指摘がある）、また、高齢者、外国人、障害者等が労働参加し、就業形態の多様化が必然となれば、労働者を属性で差別または不合理な取扱いをしないとする発想（均等・均衡処遇の考え方）は、今後、避けて通れないもの
処遇格差を巡る立法経緯	平成5年パートタイム労働法制定： 　　　　　均衡待遇確保の努力義務（3条）
	平成19年労契法制定：均衡考慮の理念（3条2項）
	平成19年パートタイム労働法改正： 　　　　　差別的取扱いの禁止（8条, 当時）
	平成24年労働者派遣法改正： 　　　　　賃金等に関する均衡配慮（30条の2, 当時）
	平成24年労働契約法改正：不合理な労働条件の禁止（20条）
	平成26年パートタイム労働法改正： 差別禁止規定から無期要件除外（9条）＋待遇の原則（8条） →労契法20条と同様、不合理な待遇の相違を禁止
	平成27年「待遇確保法」[5]制定 　　　　　：職務に応じた待遇の確保（6条1項・2項）

5　正式には「労働者の職務に応じた待遇の確保等のための施策の推進に関する法律」。「同一労働同一賃金推進法」とも称され、①国に対し、雇用形態の異なる労働者についてもその待遇の相違が不合理なものとならないよう、正社員・非正規社員の待遇に係る制度の共通化の推進等の施策を講じること（6条1項）、また、②政府に対しては、派遣労働者の賃金等の待遇について、派遣先に雇用される労働者との均等待遇及び均衡待遇の実現を図るものとし、この法律の施行後、3年以内（つまり平成30年9月）には、法制上の措置を含む必要な措置を講じること（6条2項）を義務付けている。

そして、働き方改革関連法成立までの時系列の経緯は、以下の流れです。

年月	主な項目
平成27年4月	労基法改正案が国会に提出される。 裁量労働制の拡大、高度プロフェッショナル制度の創設等にみられる通り、第二次安倍政権初期3年間の労働政策は規制緩和路線が中心（他にも労働者派遣法改正）。
平成27年9月	安倍首相自民党総裁選再選、「一億総活躍社会」[6]を目指す旨表明 一億総活躍国民会議（首相の私的諮問機関）設置。
平成28年1月	安倍首相施政方針演説、同一労働同一賃金の実現を表明[7]
平成28年3月	「同一労働同一賃金の実現に向けた検討会」（厚生労働省専門家検討会）設置
平成28年6月	「ニッポン一億総活躍プラン」閣議決定（平成28年6月2日） 一億総活躍の国づくりに向けた最大のチャレンジが「働き方改革」で、同一労働同一賃金の実現など非正規雇用の待遇改善、長時間労働の改善、高齢者の就業促進、子育て・介護の環境整備、教育環境の整備等を明記。
平成28年9月[8]	「働き方改革実現会議」[9]（首相の私的諮問機関）発足（平成28年9月） 第1回の会議では、①同一労働同一賃金など非正規雇用の処遇改善、②賃金引上げと労働生産性の向上、③時間外労働の上限規制の在り方など長時間労働の是正、④雇用吸収力の高い産業への転職・再就職支援、人材育成、格差を固定化させない教育の問題、⑤テレワーク、副業・兼業といった柔軟な働き方、⑥働き方に中立的な社会保障制度・税制など女性・若者が活躍しやすい環境整備、⑦高齢者の就業促進、⑧病気の治療、子育て・介護と仕事の両立、⑨外国人材の受入れの問題がテーマとして挙げられた。

---

[6] 「女性も男性も、お年寄りも若者も、一度失敗を経験した方も、障害や難病のある方も、家庭で、職場で、地域で、あらゆる場で、誰もが活躍できる、いわば全員参加型の社会」と定義されるもの。

[7] 「本年取りまとめる『ニッポン一億総活躍プラン』では、同一労働同一賃金の実現に踏み込む考えであります」と表明（平成28年1月22日）。

[8] 電通の新入社員が過労自殺として労災認定されたことが報道、平成28年12月に書類送検、翌平成29年1月社長が引責辞任、世間で第二電通事件として知られることになる。

平成28年 12月	「同一労働同一賃金ガイドライン案」[10]公表（平成28年12月20日）
平成29年 3月	「時間外労働の上限等に関する労使合意」（平成29年3月13日） 連合（神津会長）と経団連（榊原会長）間の労使交渉で、単月100時間を巡る綱引きが決着していなかったところ、安倍首相が、労働側に肩入れする形で「100時間未満」とすることで決着。 「働き方改革実行計画」[11,12]を決定、報告書提出（平成29年3月28日）
平成29年 6月	「労働政策審議会の建議」[13]（平成29年6月） 「働き方改革を推進するための関係法律の整備に関する法律案要綱」を厚生労働大臣が労働政策審議会に諮問（平成29年9月8日）、同月15日答申（おおむね妥当）

9 働き方改革実現推進室看板掛け式での安倍首相発言「『働き方改革』にいよいよこれから我々は着手するわけですが、一億総活躍社会を目指す私たちにとって『働き方改革』は最大のチャレンジであります。同時に、まさに働き方は人々のライフスタイルに直結するものであり、そして経営者、企業にとっても大変大きな課題であります。それだけに大変困難が伴うわけでありますが、私も先頭に立って取り組んでいく決意であります。世の中から『非正規』という言葉を一掃していく。そして、長時間労働を自慢する社会を変えていく。かつての『モーレツ社員』、そういった考え方自体が否定される。そういう日本にしていきたいと考える次第であります。人々が人生を豊かにしていく。同時に企業の生産性も上がっていく。日本がその中で輝いていく。日本で暮らすことが素晴らしい、そう思ってもらえるような、働く人々の考え方を中心にした『働き方改革』をしっかりと進めていきたいと思います」。

10 正規雇用労働者と非正規雇用労働者との間で、いかなる待遇差が不合理なもの・不合理なものでないのかを示すガイドライン案で、例えば、基本給について、職務に応じて支払うもの、職業能力に応じて支払うもの、勤続に応じて支払うものなど、その趣旨・性格が様々である現実を認めたうえで、それぞれの趣旨・性格に照らして、実態に違いがなければ同一の、違いがあれば違いに応じた支給を求めている。その対象も、基本給、昇給、ボーナス、各種手当等の賃金にとどまらず、教育訓練や福利厚生もカバー、さらに、問題とならない例、問題となる例として、事例を取り入れている。

11 働き方改革実現会議に有識者として参加する水町勇一郎（東京大学）教授は、「実行計画」の意義について発言「戦後の労働三法（昭和20年労働組合法、昭和21年労働関係調整法、昭和22年労働基準法）の制定が日本の労働関係の『民主化』を図るための改革であったのに対し、今回の働き方改革は日本の労働関係の『公正化』を図るための改革と位置付けられうるものである。改革の射程、内容及び手法からみて、この改革は、日本の労働法史上、戦後の労働三法の制定に次ぐ大改革であるといっても過言ではない」。

12 「働き方改革実行計画」の決定を踏まえ、安倍首相発言「日本の働き方を変える改革にとって、歴史的な一歩であると思います。戦後日本の労働法制史上の大改革であるとの評価もありました。……文化やライフスタイルとして長年染みついた労働慣行が本当に改革できるのかと半信半疑の方もおられると思います。……しかし後世において振り返れば、2017年が日本の働き方が変わった出発点として、間違いなく記憶されるだろうと私は確信をしております」。

平成29年 9月	第194回通常国会
	当初、関連法案は平成29年の臨時国会で審議入りの予定であったところ冒頭で衆議院が解散（平成29年9月28日）
平成30年 1月～5月	平成30年第196回通常国会
	（平成30年1月22日、安部首相施政方針演説「働き方改革を断行する」、会期末は6月20日）
	裁量労働制の対象拡大を法案から全面削除（平成30年2月28日）。政府が法案を閣議決定、通常国会に提出（平成30年4月6日）。衆院本会議で可決（平成30年5月31日）。
平成30年 6月	ハマキョウレックス事件・長澤運輸事件最高裁判決（平成30年6月1日）
	労契法20条に関する初の最高裁判決。
	「働き方改革を推進するための関係法律の整備に関する法律案」成立
	当初の会期末を32日間延長し参院本会議で可決、成立（平成30年6月29日）、厚生労働委員会附帯決議47項目。

イ．働き方改革関連法の柱と全体像

　このような経緯を経て成立した働き方改革関連法は、三つの柱から成り立っています。それは、①働き方改革の実現とその継続、②労基法改正及び③公正な処遇です。三つの柱の概要は次頁の通りです。

13　平成29年4月以降、労働政策審議会で関係法案の在り方について審議が行われ、6月には建議がされた。ほぼ、実行計画に沿った内容であるが、時間外労働の上限規制等について、適用除外することとされる「新技術、新商品等の研究開発の業務」については、健康確保措置として、時間外・休日労働が月100時間を超えたものに対し、医師による面接指導の実施を安衛法上義務付けること、過半数代表者の選出について、「使用者の意向による選出」は手続違反にあたるなど、通達の内容を労基則に規定することなどが適当とされ（平成29年6月5日）、次に、同一労働同一賃金に関する法整備については、司法判断による救済を求める際の根拠となる規定の整備に関して、待遇差が不合理と認められるか否かの判断は、個々の待遇ごとに、当該待遇の性質・目的に対応する考慮要素で判断されるべき旨を明確化すること、考慮要素として、新たに「職務の成果」「能力」「経験」を例示として明記すること、待遇差の説明義務の比較対象者は、待遇差の説明を求めた非正規雇用労働者と、職務内容、職務内容・配置の変更範囲等が最も近いと事業主が判断する無期雇用フルタイム労働者ないしその集団とすること、待遇差とその理由及び当該無期雇用フルタイム労働者を最も近いと判断した理由を説明することなどが適当とされた（平成29年6月16日）。

1	働き方改革の総合的かつ継続的な推進
	働き方改革に係る基本的考え方を明らかにするとともに、国は、改革を総合的かつ継続的に推進するための「基本方針」を定める（雇用対策法）。
2	長時間労働の是正と多様で柔軟な働き方の実現等
	（Ⅰ）労働時間に関する制度の見直し（労基法）
	（Ⅱ）勤務間インターバル制度の普及促進等（労働時間等設定改善法）
	（Ⅲ）産業医・産業保健機能の強化（安衛法等）
3	雇用形態にかかわらない公正な待遇の確保
	（Ⅰ）不合理な待遇差を解消するための規定の整備
	（Ⅱ）労働者に対する待遇に関する説明義務の強化
	（以上、パートタイム労働法、労契法、労働者派遣法）
	（Ⅲ）行政による履行確保措置及び裁判外紛争解決手続（行政ADR）の整備

そして、この三つの柱に関連する法律の全体像は、以下の通りです。

1	労基法改正
	（Ⅰ）時間外労働の上限規制
	※「労働時間適正把握ガイドライン」[14]にも留意
	（Ⅱ）月60時間超の時間外労働割増率を50％以上とする中小企業の猶予措置廃止
	（Ⅲ）年次有給休暇5日間の時季指定義務
	（Ⅳ）フレックスタイム制の見直し
	（Ⅴ）企画業務型裁量労働制の対象業務追加　→　安倍首相、法案から削除表明
	（Ⅵ）高度プロフェッショナル制度の創設
2	じん肺法改正
3	雇用対策法改正
	改称：「労働施策の総合的な推進並びに労働者の雇用の安定及び職業生活の充実等に関する法律（労働施策総合推進法）」に変更、労働者（正規も非正規も）は、職務の内容等が明確にされたうえ、公正な評価により処遇されるべしとされている。[15,16]
4	安衛法改正
5	労働者派遣法改正
6	労働時間等設定改善法改正

7 パートタイム労働法改正
　改称:「短時間労働者及び有期雇用労働者の雇用管理の改善等に関する法律(パート・有期労働法)」に変更、新たに「短時間・有期雇用労働者」を定義
　※「同一労働同一賃金ガイドライン」[17]にも留意
8 労契法改正
　20条の規定を削除
　※18条無期転換申込権(159頁脚注124参照)、無期転換後の「多様な正社員」の一環として限定正社員(143頁脚注115参照)の制度設計にも留意

それでは、改正法の内容のポイントをそれぞれ解説していきます。

労基法改正

ア．時間外労働の上限規制関係

(1) 上限規制の内容

　特別条項を含め、36協定でも超えることのできない時間外労働の限度を定め、従来の時間外労働に関する「限度基準告示」[18]を法律に格

---

14 「労働時間の適正な把握のために使用者が講ずべき措置に関するガイドライン」(平29.1.20基発0120第3号)。

15 「公正な待遇の確保」との関係で、新法の基本的理念として、3条2項を新設し、「労働者は、職務の内容及び職務に必要な能力、経験その他の職務遂行上必要な事項(以下この項において「能力等」という。)の内容が明らかにされ、並びにこれらに即した評価方法により能力等を公正に評価され、当該評価に基づく処遇を受けることその他の適切な処遇を確保するための措置が効果的に実施されることにより、その職業の安定が図られるように配慮されるものとする」と規定する。

16 「長時間労働の是正」との関係で、新法で国の掲げる施策として、「各人が生活との調和を保ちつつその意欲及び能力に応じて就業することを促進するため、労働時間の短縮その他の労働条件の改善、多様な就業形態の普及及び雇用形態又は就業形態の異なる労働者の間の均衡のとれた待遇の確保に関する施策を充実すること」(4条1項1号)とし、事業主の責務として、「その雇用する労働者の労働時間の短縮その他の労働条件の改善その他の労働者が生活との調和を保ちつつその意欲及び能力に応じて就業することができる環境の整備に努めなければならない」(6条1項)と規定する。

上げしました。これにより、違反に対して罰則による強制力を持つことになり、下表に示した三つの時間外労働の上限に分類できます。

① 原則：時間外労働の上限規制として、1か月45時間かつ1年360時間[19]		
② 特例	時間外労働時間数	法定休日労働時間数
1年720時間以内	含む	含まない
③特例の上限	時間外労働時間数	法定休日労働時間数
1）2から6か月平均80時間以内	含む	含む
2）1か月100時間未満	含む	含む
3）月45時間を上回る特例の発動	年6回を上限	

まず、①ですが、週40時間または1日8時間を超える時間外労働は、原則、月45時間かつ1年360時間が限度とされます。これは時間外労働のみを対象としています。

そして、②特例ですが、現行の特例と同じく①原則の特例として、臨時的な特別の事情がある場合には、①を超えることができますが、その限度を年720時間と定めました。この720時間についても時間外労働のみを対象としています。

③は、特例の範囲内（年720時間以内）において、一時的に事務量が増加する場合であっても、上限として、1年を通して、③1）2から6か月の平均で、休日労働を含み80時間以内、③2）単月では、休日労働を含み100時間未満としました。この上限には時間外労働＋休日労働を対象としていること、特例の適用は③3）年6回を上限とすることに注意する必要があります。

例えば、36協定で1か月の上限時間を、99時間と設定していた場合、ある月の時間外・休日労働が90時間であった場合には、単月では違法

---

17 「短時間・有期雇用労働者及び派遣労働者に対する不合理な待遇の禁止等に関する指針」（平30.12.28厚生労働省告示430号）。平成28年12月20日に公表された「同一労働同一賃金ガイドライン案」（脚注10）を新たに指針化したもの。

18 「労働基準法第三十六条第一項の協定で定める労働時間の延長の限度等に関する基準」（平10.12.28労働省告示154号）。

19 1年単位の変形労働時間制で、3か月を超える対象期間を定める場合は、上限として1か月42時間かつ1年320時間。

とならないものの、翌月は70時間以内としなければならず、その後も3か月ないし6か月の平均が80時間を上回らないよう労働時間を管理することが求められることになります。

(2) 労基法上の労働時間概念（在社時間 = 労働時間）

このように労働時間上限規制が法律となりましたが、そもそもの労働時間の把握については、労働時間適正把握ガイドライン（22頁脚注14）がでています。このガイドラインでは、①使用者の指示により、就業を命じられた業務に必要な準備行為や業務終了後の業務に関連した後始末を行った時間、②労働から離れることが保障されていない状態で待機等をしている時間（いわゆる「手待時間」）、③参加することが業務上義務付けられている研修・教育訓練の受講や、使用者の指示により業務に必要な学習等を行っていた時間は、労働時間であり、留意する必要があります。

(3) 中小企業における月60時間超の時間外労働に対する割増賃金の見直し

時間外労働に対する割増賃金については、平成20年の労基法改正時に月60時間を超える時間外労働に係る割増賃金率を50％以上と定められ、中小企業については、当面猶予されていましたが、この猶予措置が廃止されることになりました（令和5年4月1日から）。

イ．年次有給休暇5日間の時季指定義務

年次有給休暇の取得を促進するため、使用者は、年次有給休暇の日数が10日以上の労働者に対し、5日以上の年次有給休暇を取得させることが義務付けられました。

この義務化は、現状、日本の年次有給休暇取得率が低いことに鑑み、年次有給休暇取得の最低限度として5日の取得を義務化するものです。

年次有給休暇の取得は、労働者の権利であり、従来、取得にあたっては、①労働者がその取得時季を指定する、②使用者と労働者の協定により、計画的付与をするの2パターンでしたが、今回、使用者による時季指定が加わることで、年次有給休暇取得方法は3パターンとなります。

使用者による時季指定義務は、5日を限度としており、①の労働者が

自ら申し出て取得した日数や、②の計画的付与については、5日から控除するものとされています。そして、使用者は、労働者の意見を聴いたうえで時季指定するものとされています。

使用者側は、労働者の有給休暇取得日数について従前以上に管理する必要があり、また、年次有給休暇管理簿の作成が義務とされています。

ウ．フレックスタイム制の見直し

フレックスタイム制は、1か月以内の総労働時間の範囲内（清算期間）において、労働者各人に始業終業の時刻の決定を委ね、労働者各人のワークライフバランス（以下、「WLB」と言う）に沿った時間設定を行う制度です。今回の改正において、1か月の清算期間が3か月に延長されました。1か月超の清算期間を定めた場合、1か月ごとの期間の1週間の平均労働時間が50時間を超えないようにすることが必要で、労使協定の締結と行政官庁への届出が必要となります。

エ．高度プロフェッショナル制度の創設

成果で評価される働き方を希望する労働者に対して、十分な健康確保措置を行うことを前提に、労働時間規制等の適用を除外する働き方を創設しました。

労働時間規制等の適用を除外することは、労働者への長時間労働の負荷が懸念されるところであり、対象の労働者の選定とその健康確保措置がポイントになります。

まず、労働時間規制等の適用を除外する労働者ですが、職務が明確に定められ、かつ賃金額[20]が1,075万円以上の労働者を対象としています。職務は、高度の専門的知識を必要とした業務に従事していることが求められます。具体的には、金融商品の開発業務、金融商品のディーリング業務、アナリストの業務、コンサルタントの業務、研究開発業務とされています。

---

20 基準年間平均給与額（毎月勤労統計から算定した労働者1人あたりの給与の平均額）の3倍の額を相当程度上回る水準。

使用者による健康確保措置は、「健康管理時間（対象労働者が事業場内にいた時間と事業場外において労働した時間との合計の時間）」を把握し、年間104日かつ4週4日以上の休日確保を義務としています。また、選択的健康確保措置として、勤務間インターバル制度、健康管理時間の上限、2週間連続の休暇、臨時の健康診断の実施等が義務付けられています。

　この制度導入にあたっては、制度の内容についていわゆる労使委員会で5分の4以上の多数決議が必要とされており、制度導入後に関する事項として、対象労働者の同意の撤回の手続、苦情処理措置、不利益取扱いの禁止について決議することとされています。

5　雇用対策法改正

　雇用対策法を改正して法律名を「労働施策の総合的な推進並びに労働者の雇用の安定及び職業生活の充実等に関する法律（労働施策総合推進法）」と改称し、この法律に基づいて今後の労働施策の基本方針を策定しました。

　この基本方針は、国が働き方改革を総合的かつ継続的に推進するための方針を定めたもので、直接に企業、労働者に対して何らかの規制等を定めたものではありませんが、今後の方向性を示すものとして重要です。同法3条2項において、「労働者の能力等を公平に評価し、当該評価に基づく処遇を受けることその他の適切な処遇を確保するための措置が効果的に実施されることにより、その職業の安定が図られるように配慮される」ものとし、労働時間の短縮その他の労働条件の改善、多様な就業形態の普及及び雇用形態または就業形態の異なる労働者の間の均衡のとれた待遇の確保に関する施策を進めるとされています。この方向で今後の施策等が進められることを理解する必要があります。

6 安衛法改正

　従前定められていた労働時間適正把握ガイドライン（22頁脚注14）に従って、今後は健康管理の観点で、全ての労働者（管理監督者を含む）について客観的な方法による労働時間管理が義務化されます。
　また、産業医が労働者の健康管理に今まで以上に重要な役割を担う必要性があることから、産業医による健康管理に関する勧告内容を衛生委員会、安全衛生委員会へ報告することが義務付けられ、産業医の権限強化が図られました。

7 労働時間等設定改善法改正

　長時間労働の結果、翌日までの休息が不十分となることは、仕事の能率低下を招くだけでなく、健康管理面でも大きな問題です。今回、勤務間インターバル制度の導入が努力義務とされました。勤務間インターバル制度は、勤務終了から翌日の勤務開始までの休息時間を例えば11時間と設定し、翌日の勤務開始時間を繰り下げることで、休職期間を確保するものです。

8 同一労働同一賃金関係

　もう一つの柱である公正な処遇については、パートタイム労働法と労契法の改正により実現を図るものです。

ア．法律名を改称

パートタイム労働法の法律名を「短時間労働者及び有期雇用労働者の雇用管理の改善等に関する法律（パート・有期労働法）」に改称したうえ、新たに「短時間・有期雇用労働者」[21]を定義し、短時間もしくは有期雇用のいずれかまたは双方に該当する労働者を適用対象としました。なお、短時間労働者について、所定労働時間の比較対象者となる正社員は、旧法では同一の事業所を単位に設定されていましたが、パート・有期労働法では企業単位（「同一の事業主に雇用される通常の労働者」）で設定されていることに注意する必要があります。

イ．均衡処遇関係（パート・有期労働法8条）

有期雇用労働者についても、均衡処遇の規定（パートタイム労働法8条「短時間労働者の待遇の原則」）が適用されます。これに伴い、労契法20条[22]（期間の定めがあることによる不合理な労働条件の禁止に関する規定）を削除し、パート・有期労働法8条の「不合理な待遇の禁止」に統合されました。

短時間・有期雇用労働者と正社員[23]の待遇[24]の相違が「不合理」であるか否かを判断するにあたって、個々の待遇ごと[25]に、①職務内容、②職務内容・配置の変更範囲、③その他の事情のうち、当該待遇の性質・目的[26]に照らして、適切と認められる事情[27]を考慮して、個別に判断す

---

21 パート・有期労働法2条は、「短時間労働者」を通常の労働者と比べ週の所定労働時間が短い者、「有期雇用労働者」を期間の定めのある労働契約を締結する者と定義し、この両者をあわせ「短時間・有期雇用労働者」と定義する。

22 趣旨は、同一企業の無期雇用労働者（正社員）と有期雇用労働者との労働条件が相違している場合、その労働条件の「相違」が、①職務内容（業務内容・責任の程度）、②職務内容及び配置の変更範囲（人事異動の範囲）、③その他の事情を考慮して「不合理であると認められる」ときは違法とするもの。なお、労契法3条2項が、「労働契約は、労働者及び使用者が、就業の実態に応じて、均衡を考慮しつつ締結し、又は変更すべきものとする」との「均衡原則」を定め、20条は同原則の具体的規定となるものであった。

23 条文上は「通常の労働者」と表現される。この点、パートタイム労働法では比較対象が事業所単位で設定されているのに対し、パート・有期労働法では事業主（企業、使用者）単位で設定されているため、同一使用者に雇用される他の事業所の正社員も比較対象者となり得る。

ることを明確にしました。

「不合理な待遇の禁止」の意味合いは、それぞれの待遇につき、その性質・目的にあたる事情が、短時間・有期雇用労働者と正社員とで同一である場合は同一取扱い（均等待遇）を、一定の違いがある場合はその相違に応じた均衡のとれた取扱い（均衡待遇）を求めるもので、不合理な待遇の解消には均衡待遇と均等待遇の確保の双方を含むとされました。

本条の規定は私法上の効力があると解され、本条に違反すると判断された場合、不合理とされた待遇を定める部分は無効で、不法行為（民法709条）として損害賠償請求の対象となり、賃金であれば、短時間・有期雇用労働者は、過去の差額賃金相当額（逸失利益）を請求できます。

ただし、短時間・有期雇用労働者と正社員との待遇が本条に違反する場合であっても、本条の効力により、当該短時間・有期雇用労働者の待遇が比較対象である正社員の待遇と同一のものとなるわけではありません（補充的効力は否定）。

なお、事案によっては、無効となった労働契約の部分について、正社員に適用されている就業規則の規定を短時間・有期雇用労働者に適用する等、就業規則の合理的解釈を行うことにより、労働契約上の権利として差額賃金請求等を行うこともあり得るものの、「正社員就業規則」と「短時間・有期雇用労働者就業規則」とが別個独立のものとして作成されて

24　条文上は「基本給、賞与その他の待遇のそれぞれ」とされ、諸手当、教育訓練、福利厚生、休憩、休日、休暇、安全衛生、災害補償、服務規律等の労働条件の他、人事上の措置である解雇、配転、懲戒処分等を含むものと解されている。

25　「待遇のそれぞれ」について個別判断するということ。なお、労働政策審議会建議（平成29年6月16日）は、個別の事案では、労使協議の経過等を踏まえ、複数の待遇をあわせて不合理性を判断する場合があるとする。また、待遇の性質ごとに比較の対象となる「通常の労働者」は異なるとされ、基本的には原告となる労働者が選択するものと解されている。

26　それぞれの待遇がいかなる性質・目的を持つかは、事業主の主観や労働契約、就業規則等の文言ではなく、当該待遇の客観的な実態に基づいて判断されるべきもの。

27　個々の待遇の不合理性判断の手法として、当該待遇の性質・目的に照らして適切と認められる考慮要素を抽出し、それとの関係で相違の不合理性を判断することとなる。例えば、通勤手当は、通勤にかかる実費補償という性質・目的に照らして、通勤によって実際に費用を負担するという労働者については、正社員か短時間・有期かを問わず同一の支給が求められることになる。

いるのであれば、本条違反の場合に、正社員就業規則の定めが、短時間・有期雇用労働者に適用されるとの解釈は、就業規則の合理的解釈の域を超えるとされています。

　不合理性の判断は規範的評価を伴うものですから、不合理であるとの評価を基礎付ける事実（評価根拠事実）は、本条違反を主張する者（短時間・有期雇用労働者）が、不合理であるとの評価を妨げる事実（評価障害事実）は、本条違反を争う者（使用者）が、それぞれ主張立証責任を負うこととなります。

ウ．均等処遇関係（パート・有期労働法9条）

　有期雇用労働者についても、均等処遇の規定（パートタイム労働法9条：通常の労働者と同視すべき短時間労働者に対する差別的取扱いの禁止）の適用対象とし、通常の労働者と①職務内容、②職務内容・配置の変更範囲[28]が同一である場合、「通常の労働者と同視すべき短時間・有期雇用労働者」として、パート・有期労働法の「差別的取扱いの禁止」[29]の対象となります。

エ．福利厚生施設（パート・有期労働法12条）

　現行のパートタイム労働法12条は、厚生労働省令で定める福利厚生施設（給食施設、休憩室、更衣室）について、パートタイム労働者に対し利用機会を与えるよう配慮することを義務付けているところ、パート・有期労働法は、有期雇用労働者についても適用対象としたうえ、配慮義務規定から義務規定（「利用の機会を与えなければならない」）に改められました。

---

28 「当該事業所における慣行その他の事情からみて、当該事業主との雇用関係が終了するまでの全期間において」、職務内容・配置の変更範囲が通常の労働者（正社員）と同一と見込まれることを言い、条文上は、ある一時点で通常の労働者と職務内容が同一である（①）だけでなく、長期的な人材活用の仕組み・運用が同一であること（②）を要件とするもの。

29 禁止されるのは、「短時間・有期雇用労働者であることを理由として」差別的取扱いをすることで、制度的に異なる取扱いをすることが典型例。一方、職業経験・能力、業績・成果、勤続年数など、個別具体的な理由に基づくものと認められる場合は差別的取扱いにはあたらないとされる。

オ．待遇差の説明等（パート・有期労働法14条）

　現行のパートタイム労働法14条は、8条（「短時間労働者の待遇の原則」）の項目に関しては、説明義務の対象外としているところ、パート・有期労働法は、有期雇用労働者についても説明義務の対象者としたうえ、パート・有期労働法8条（「不合理な待遇の禁止」）に関しても、事業主に対し、短時間・有期雇用労働者から求めがあった場合、「通常の労働者」[30]との間の「待遇の相違の内容及び理由」等について説明することを義務付けています[31]（パート・有期労働法14条2項）。

　また、短時間・有期雇用労働者が、事業主に、「待遇の相違の内容及び理由」等について説明を求めたことを理由として解雇その他の不利益取扱いをすることを禁止しています（パート・有期労働法14条3項）。

カ．通常の労働者への転換（パート・有期労働法13条）

　パートタイム労働法13条は、通常の労働者への転換を推進する措置を義務付け（なお、措置の内容や考慮した事項についても、14条による説明義務の対象となる）ており、具体的には、①正社員を募集する場合の

---

[30] 本規定は、行政取締りの対象となる公法上の義務とされ、比較対象を特定する必要性があることから、労働政策審議会建議（平成29年6月16日）では、待遇差の比較対象となる通常の労働者は「事業主に説明を求めた非正規雇用労働者と職務内容、職務内容・配置変更範囲等が最も近いと事業主が判断する無期雇用フルタイム労働者ないしその集団」とするとしたうえ、「この場合であっても、非正規雇用労働者が司法判断の根拠規定に基づいて不合理な待遇差の是正を求める際の比較対象は当該無期雇用フルタイム労働者ないしその集団に限られるものではない」としており、公法上の義務規定である14条2項と司法判断の根拠規定となる8条では、比較対象が異なり得るとする。

[31] 待遇の相違の内容と理由についての説明義務は、労働者・使用者間の情報の不均衡を是正し、非正規労働者が不合理な待遇の禁止規定に関し、訴えを提起することを可能とするための情報的基盤となるもの。事業主が、これに対し、十分な説明をしなかったことまたはできなかったことは、待遇の相違の不合理性を基礎付ける事情となり得る（水町勇一郎『「同一労働同一賃金」のすべて』（有斐閣）93頁）。

[32] パートタイム労働法の施行通達（平26.7.24基発0724第2号・職発0724第5号・能発0724第1号・雇児発0724第1号）は、「一定の資格」として、例えば勤続年数等があり得るとしている。

[33] パートタイム労働法の施行通達（脚注32）によれば、本条は多様な就業形態間の移動の障壁を除去する政策をとるものであるとし、パート→短時間正社員→正社員、といった正社員への転換を推進するにあたって経由措置を設けることは望ましいとしている。

募集情報の周知（応募機会の付与）、②正社員の新たな配置を行う場合の申出機会の付与（社内公募制度）、③一定の資格[32]を有するパートを対象とした正社員転換のための試験制度（正社員登用制度）その他転換推進措置[33]のいずれかの措置を定めていますが、パート・有期労働法は、有期雇用労働者も同様の措置義務の対象に含め、①〜③のいずれかを講じることになりました。

キ．行政による裁判外紛争解決手続（ADR）を整備（パート・有期労働法26条）

　パートタイム労働法では、不合理な待遇の禁止規定（8条）については、行政ADR（都道府県労働局長による紛争解決援助、調停）の対象としていませんが、パート・有期労働法は、新8条に関する紛争もその対象に含めたうえ、有期雇用労働者についても、均等処遇・均衡処遇の実現に向けADR手続（調停を含む）を利用できるようにしました。（ADR手続については、第8章参照）。

9　労働者派遣法改正

　派遣労働者についても、派遣元、派遣先との関連を踏まえて、パート・有期労働法と同様の「公正な待遇の確保」措置が織り込まれた内容となっています。

ア．派遣労働者の賃金決定方法

　派遣労働者の均等・均衡処遇[34、35]を図るにあたり、派遣元事業者は次の二つの方式を選択することになりました。
　（Ⅰ）派遣先の通常の労働者との「均等・均衡待遇方式」
　（Ⅱ）「労使協定方式」[36]

　（Ⅰ）は、派遣先の通常の労働者と派遣先労働者との均等・均衡によ

り派遣労働者の待遇改善を図る方式で、派遣先に対し、派遣労働者が従事する業務ごとに、自社における「比較対象労働者」[37]の賃金等の待遇に関する情報を派遣元に提供する義務[38]が課されるものです。

（Ⅱ）は、派遣元事業主が、派遣労働者の保護が十分に図られると判断できる要件を満たす労使協定を締結し、当該協定に基づいて待遇決定を行う場合には、派遣先との関係における均等・均衡方式を適用しない方式です。この場合、派遣元は、同種業務に従事する一般労働者の賃金水準と同等以上の待遇決定をする旨定めなければなりません。

イ．派遣労働者と通常労働者間の処遇格差是正

派遣労働者について不合理な待遇の禁止を定める労働者派遣法30条の3第1項の内容・解釈は、パート・有期労働法8条に準じます。また、「正当な理由がなく」派遣先の「通常の労働者の待遇に比して不利なものとしてはならない」[39]と定める労働者派遣法30条の3第2項の内容・解釈は、差別的取扱いを禁止するパート・有期労働法9条と基本的に同じです。

労使協定方式による場合、派遣労働者の賃金額が一般の労働者の平均

---

34 平成27年改正労働者派遣法では、派遣労働者の賃金等の待遇について、派遣先労働者との賃金水準との均衡を考慮しつつ決定するよう配慮しなければならないという従前規定（第30条の3第1項）が踏襲され、均等・均衡処遇を法的な強制力をもって実現しようとする規定は盛り込まれなかった。

35 平成27年の労働者派遣法改正と同時に待遇確保法が成立している（脚注5）。

36 この場合、派遣先との均等・均衡規定が適用されないことから、派遣先の待遇（教育訓練、福利厚生施設その他の厚生労働省令で定めるもの以外）に関する情報提供義務も除外される。

37 派遣先に雇用される通常の労働者で、職務内容、職務内容・配置の変更範囲が当該派遣労働者と同一であると見込まれるもの。同一の労働者がいない場合は、当該派遣労働者と類似の状況にある労働者。

38 派遣元事業主は、情報提供を行わない派遣先との労働者派遣契約の締結が禁止される。派遣先において待遇に関する情報に変更が生じた場合、当該派遣先は、遅滞なく、派遣元事業主に変更情報を提供しなければならない。

39 派遣労働者の待遇については、派遣先の通常の労働者より高く設定されていることも少なくないことから、より有利な待遇を定めることを禁止するものではないことを明らかにする趣旨で規定されたもの。

40 賃金構造基本統計調査等の調査結果を基に、各業務について常用労働者の平均的な賃金額を地域または都道府県別に示し、定期的に改定することが予定されている。

的な賃金額[40]と同等以上であること、公正な評価に基づく賃金改善、賃金以外の待遇について派遣元の通常の労働者と均等・均衡待遇が確保されることその他の事項を定め、実際に遵守・実施されていること（労働者派遣法30条の4）が必要で、派遣元事業主は労働者派遣を行う場合、当該派遣労働者が「協定対象派遣労働者」であるか否かを通知しなければなりません[41]（同法35条1項）。

ウ．待遇についての説明義務の強化等

現行の労働者派遣法は、派遣労働者として雇用しようとするときの賃金額の見込み等の説明、派遣労働者から求めがあったときの待遇決定にあたっての考慮事項に関する説明義務（31条の2）を課すにすぎませんでしたが、改正により、派遣元事業主に対し、派遣労働者から求めがあった場合、比較対象労働者との待遇の相違の内容及び理由等について説明することが義務付け[42]（新法31条の2第4項）られました。

エ．紛争解決手段

派遣労働者も、短時間・有期雇用労働者と同様、行政ADR（都道府県労働局長による紛争解決援助、調停）を利用できるようになりました（新法47条の8）。

---

41 派遣元事業主が、労使協定方式により派遣労働者の均等・均衡待遇を確保するには、一般労働者の平均的な賃金額以上の賃金支払いが求められることから、その履行に必要な原資としての派遣料金は重要事項で、これを派遣先への通知事項に加えるもの。

42 本文の他、待遇に関する事項等の説明義務について、雇入れ時は、①均等・均衡方式、②労使協定方式、③職務の内容等を勘案した賃金の決定について講ずる措置の内容を、派遣就労時は、労使協定方式による労働者派遣を除き、同様の内容の説明事項を追加。

10 働き方改革関連法の施行スケジュール

(1) 働き方改革の基本理念

法　律	大企業	中小企業
労働施策総合推進法(旧：雇用対策法)	公布日(平成30年7月6日)	

(2) 労働時間関係

	法　律	大企業	中小企業
労基法	時間外労働の上限規制導入	平成31年4月1日	令和2年4月1日
	上限規制猶予措置廃止	令和6年4月1日	
	年休5日付与義務・高度プロフェッショナル制度・フレックスタイム制清算期間延長	平成31年4月1日	
	中小企業の月60時間超残業割増率の猶予措置廃止		令和5年4月1日
労働時間等設定改善法	勤務時間インターバル制度(努力義務)	平成31年4月1日	

(3) 労働者の健康確保

	法　律	大企業	中小企業
安衛法	医師の面接指導制度の拡充　産業医・産業保健機能強化	平成31年4月1日	

(4) 同一労働同一賃金

法　律	大企業	中小企業
パート・有期労働法(旧：パートタイム労働法)	令和2年4月1日	令和3年4月1日
労働者派遣法	令和2年4月1日	

11 社会保険労務士からみた働き方改革の進め方

ア．目的の明確化

　中小企業の経営者の方々へ働き方改革の話をすると、多くの場合、「政府は推進しているけれども我々中小企業にとって必要なのだろうか」とよく言われます。したがって、社会保険労務士としては働き方改革の目的について、十分に説明できるようにしておくことが重要です。

　例えば、以下のように説明できるでしょう。

① 　人手不足のなか魅力ある職場として採用力・定着力を向上させる。
② 　同一労働同一賃金の推進、高齢者の就業促進などにより、「働きやすい」に加えて「働きがい」のある職場を目指す。
③ 　柔軟な働き方を実現することで女性や高齢者の労働参加率を上げる。
④ 　多様な人材活用（ダイバーシティ）により、切磋琢磨のうえ社員の資質向上を図る

　その他では、特に大規模災害が想定されている地域では、次の目的も有効であると言えます。具体的には、働き方改革の一つである柔軟な働き方として提案されているテレワークやサテライトオフィス勤務の利用率向上も、ひとたび大規模災害が起こったときには、代替として有効な手段となる可能性があり、また、長時間労働削減のため労働生産性を上げる方法としての「属人化している仕事の見える化」や「多能工化を目指す教育の実施」などは、大規模災害が起こり、出社困難時への対応として、企業活動を存続させていくうえで、大いに力を発揮する可能性があります。働き方改革は、このような大規模災害への事業継続計画（BCP）との関連においても、有益な側面があります。

イ．働き方改革を進める手順

　働き方改革の進め方は、会社の置かれている状況により多種多様でありますが、手順の一例としては、次図のような流れになります。

現状分析
時間外労働・休日労働の実態把握、正社員と非正規雇用との処遇差　等

↓

成果指標設定
1時間あたり付加価値額、有給休暇取得率、女性管理職比率　等

↓

プロジェクトチームを組織する
外部専門家（社会保険労務士）の活用　等

↓

実施計画の骨子
スケジュールの設定、責任者の人選　等

↓

実施計画の策定
社員の意識改革、省力化機器の導入、新たな人事評価制度
業務マニュアルの見える化　ＩＣＴ活用　等

↓

計画の実行
経営陣の支援を受けながら、プロジェクトチームがリードし実行する

↓

結果測定
あらかじめ定めた指標につき成果を測定し、達成度合いを評価する

ウ．PDCAからCAPDoへ

　まず「現状分析」を最初に掲げた手順の一例についてはすでに述べたところですが、その根拠としての手法である「CAPDo（キャップ・ドゥ）」

について、ここでは紹介したいと思います。一般的にプロジェクトを推進する際の管理手法としては、PDCAサイクルが有名であると思います。PDCAとは、Plan（計画）→Do（実行）→Check（評価・分析）→Act（改善）をつなぐマネジメントサイクルのことを言い、計画（P）を立て、その計画に沿って実行（D）し、そのうえで問題点を評価・分析（C）し、改善実行（A）していく、これを継続的に実施することを言います。しかしながら、この手法はどちらかというと目標達成型のプロジェクトに向いており、働き方改革のような課題解決型のマネジメントの場合には、まず現状の課題を把握し評価する、CAPDo（キャップ・ドゥ）の方が適していると言えます。

長時間労働の削減においてはもちろんのこと、同一労働同一賃金においても、まずは社内における正社員と非正規社員との処遇の格差について、問題点を把握（C）し、そのうえで改善内容を起案（A）し、具体的に施策を計画（P）し、実行（Do）していくことがスピード感をもって成果を得やすいと言えます。

> →C：Check【現状の問題点を把握】→A：Act【改善内容を起案する】
> →P：Plan【具体的な施策を計画する】→Do【計画に基づき実行する】
>   →（繰り返す）

エ．戦略的対応の必要性

時間外労働を削減するためには、生産性を向上させることが王道となります。しかしながら、コスト削減という目標のなか、合理化を進めてきたわが国の企業にとって、生産性の向上は簡単なことではありません。そこで、全社レベルでの戦略的対応について検討する必要があります。

おおよそ、時間外労働時間数を減らすためには、労働力を増やすか、仕事量を減らすことになります。労働力を増やすと言っても、生産年齢人口の減少が始まった今、すでに大変な人手不足となっており、特に中小企業においては顕著になりつつあります。そのようななか、新たな労働力を外に求めることが難しいということであれば、労働力を増やす方

策の例として、①育児介護で全部休業している労働者に対して、テレワークの採用により、仮に1日3時間でも働いてもらう（給付金との調整には注意が必要となります）、②社会保険非適用となることを考慮し、例えば1日5時間勤務に収めているパートを1日7時間勤務の短時間正社員として雇用する、③従来からみれば、知力・体力ともに10歳ほど若くなっている昨今の高齢者について、70歳までの雇用を積極的に制度化する、などが考えられます。

そして、これらへの対応としては、①テレワーク勤務であれば、それに対応した労働時間管理の規則が、そして②短時間正社員であれば、新たな雇用区分としての就業規則が必要となり、③定年年齢を引き上げるなどの際には、必然的に役職定年制も必要となってくることから、全てにおいて、社会保険労務士による労務管理上の指導が有効であると言えます。

次に、仕事量を減らすことについては、多くの場合、売上減となることから、それだけに戦略的対応の視点が必要であると思います。例えば、自社が行っているサービスの中に過剰と言えるものはないか、フルラインナップで提供している製品（サービス）群を自社にとって高い付加価値の取れる、得手なものを中心として編成し直すことなどが考えられると思いますが、これらは、社会全体としてわが国における、過度とも言える便利なサービスについて、我々消費者そのものが適切なレベルまで引き下げられることへの理解が不可欠と言えます。すでに、大手の宅配会社において、再配達の時間指定について制限が始まったことは、その一例と言えるでしょう。

12 最後に

　特に、労働時間規制は、労働者の健康保護がその原点にあるべきで、電通事件・最二小判平12.3.24を引用するまでもありません。最後に和歌山県橋本市職員で過労自殺したＴさんの息子さん（当時小学１年生）が書いた詩で締めくくります。

「ぼくの夢」

大きくなったら　ぼくは博士になりたい
そしてドラえもんに出てくるような　タイムマシーンをつくる
ぼくは　タイムマシーンにのって
お父さんの死んでしまう前の日に行く
そして　「仕事に行ったらあかん」ていうんや

出典：牧内昇平著『過労死　その仕事、命より大切ですか』（ポプラ社刊）

第2章

労働時間性

はじめに

今回の「働き方改革」に伴う法改正の目玉は、労働時間と処遇格差是正です。

労働時間についての法改正を理解するためには、「そもそも労働時間とは何か」という基本部分の理解が不可欠です。第2章では、基本となる労働時間性について、理解を深めていきます。

1 総論

わが国の誇れることとは何でしょうか。いろいろあると思います。桜がきれいなことも優れた工業製品をつくりだすことも、その一つだと思います。しかしながら、人事労務の立場で言えば、「皆が誇りを持って、いきいきと働いていること」「皆が助け合って生きていること」だと思います。そしてこのことを下支えしているのが、わが国の「労働・社会保障の分野」であると言えます。

この分野の長年の積み重ねによれば、そもそも働くことすなわち、労働契約とは双務契約であり、基本的な権利義務として、労働者には賃金請求権・労務提供義務・職務専念義務等があり、使用者には指揮命令権・賃金支払義務・安全配慮義務等があります。労働契約の根本は、労働者から労務提供が行われ（基本的には労働時間ではかられる）、それに対して使用者は賃金を支払うということであり、この点において、労働時間と賃金は労働条件のなかで最も主要な部分であると言えます。

このことについては、「働き方改革」についても同様であり、労働時間としての「長時間労働の是正」、賃金としての「同一労働同一賃金」がその中心課題となります。

労働時間については、法律のどこを探してもその定義は見つかりません。

法律にないとなれば、裁判における判決、それも最高裁判所における判決の解釈をあてはめていくことになります。

労働時間の該当性については、次の判決がいわゆるリーディングケースとなっており、そこでは、労働時間とは「労働者が使用者の指揮命令下に置かれている時間」と定義しています。また、「使用者から義務付けられ、又はこれを余儀なくされたとき」は、「使用者の指揮命令下に置かれたもの」と評価することができるとしています（三菱重工業長崎造船所事件・最一小判平12.3.9）。

他に労働時間の該当性を補完する判決として、「不活動仮眠時間において、労働者が実作業に従事していないというだけでは、使用者の指揮命令下から離脱しているということはできず、当該時間に労働者が労働から離れることを保障されていて初めて、労働者が使用者の指揮命令下に置かれていないものと評価することができる」（大星ビル管理事件・最一小判平14.2.28）があり、不活動仮眠時間であっても労働からの解放が保障されていない限りは労働時間にあたるとしています。

2 ケーススタディ

職員12名の整形外科のクリニック（Y）においては、午前9時からの診察時間が始まる15分前より、その日の出勤者にて、朝礼という名のその日の外来予定者のカンファレンスを行っている。このたび、理学療法士であるXより、出席は任意であるとクリニックは説明しているが、実質的に強制されているのであって、このカンファレンスの時間は、当然、労働時間としてカウントされるべきである旨の申出が院長あてにあった。

3 カンファレンス

A 労働時間であるかどうか（労働時間性）が問題となるのは、今回のような朝礼、ミーティングの他に「本来の業務外の活動」として、準備、掃除、着替え、後始末、研修、健康診断などが挙げられると思います。一方、労働密度の薄さのため労働時間性が問題になる「不活動時間」としては、手待時間、待機時間、仮眠時間などがあると言えますね。

B Yクリニックとしては、診察時間が始まる15分前からの朝礼（カンファレンス）については、長年の労使慣行であり、就業規則にも労働時間としての始業は午前9時からと明記されていることから、全く問題ないと考えています。それに、診察前の15分間の朝礼（カンファレンス）は、極力出席はしてほしいけれども、あくまで出席は任意であり、出席しないことで何らの不利益な取扱いもしていないとクリニックの事務長は述べています。

C しかしながら、Yクリニックにおける朝礼は、単なる倫理的な話が行われるといったものではなく、カンファレンスとして、その日における外来予定者の注意事項等の確認を行うなど、出席しなければ、たちどころに適切な職務を行えなくなってしまう性質のものであると考えられます。

A 労働時間性については、法律での明確な定めがないので、過去の重要な判例を基に当事務所として、しっかり判断し適切な労働時間管理となるよう、指導していくことが肝要ですね。

4 総括

　クリニックとしては、長年の労働慣行により、朝礼（カンファレンス）は、労働時間とせず、就業規則からもそのように労働契約が成立しているとの主張です。しかしながら、前掲・三菱重工業長崎造船所事件では、労働時間とは「労働者が使用者の指揮命令下に置かれている時間をいい、右の労働時間に該当するか否かは、労働者の行為が使用者の指揮命令下に置かれたものと評価することができるか否かにより客観的に定まるものであって、労働契約、就業規則、労働協約等の定めのいかんにより決定されるべきものではない」としており、客観的状況（実際の状況）から判断することとなります。

　また、クリニックは朝礼（カンファレンス）への出席はあくまで任意であり、強制的に出席を求めているものではないとの主張ですが、当該クリニックにおけるカンファレンスは、患者さんに関する情報共有、意思統一を図る目的であり、その業務性は全く疑う余地はなく、仮にその日の外来予定者の注意事項等打ち合わせを行わなければ、X等の職員はリハビリ等の職務遂行が行えなくなるものです。この点について、同判決では「使用者から義務付けられ、又はこれを余儀なくされたときは、当該行為を所定労働時間外において行うものとされている場合であっても、当該行為は、特段の事情のない限り、使用者の指揮命令下に置かれたものと評価することができ、当該行為に要した時間は、それが社会通念上必要と認められるものである限り、労基法上の労働時間に該当すると解される」としており、当該時間は実質使用者から義務付けられ、まさしく余儀なくされていると評価できることから、労働時間性が認められる事案と考えられます。

　この結果、診察時間が始まる前の15分間が労働時間となることにより、仮に加算後の労働時間が1日8時間、1週40時間の法定労働時間内であったとしても、当該労働時間分の賃金の増額が基本的に必要となると考えられます。

なお、A社会保険労務士の話のなかに登場した健康診断に要する時間の取扱いについては、次の行政通達に従うこととなります。
　「健康診断の受診に要した時間についての賃金の支払いについては、労働者一般に対して行なわれる、いわゆる一般健康診断は、一般的な健康の確保を図ることを目的として事業者にその実施義務を課したものであり、業務遂行との関連において行われるものではないので、その受診のために要した時間については、当然には事業者の負担すべきものではなく労使協議して定めるべきものである」「特定の有害な業務に従事する労働者について行なわれる健康診断、いわゆる特殊健康診断……の実施に要する時間は労働時間と解されるので、当該健康診断が時間外に行なわれた場合には、当然割増賃金を支払わなければならない」（昭47.9.18基発第602号）。
　最後に、本章では労働時間の該当性について検討を進めてきましたが、今後、労働時間にとって重要な把握方法については、従来からの「労働時間の適正な把握のために使用者が講ずべき措置に関する基準」（平13.4.6基発339号）を引き継いだ労働時間適正把握ガイドライン（22頁脚注14）を踏まえて行うこととなります。また、労働時間の該当性についても、同ガイドラインでは、最高裁判決（前掲・三菱重工業長崎造船所事件）に沿って、労働時間の考え方、労働時間に該当する具体例が記載されており、以下に示すこととします。

労働時間の適正な把握のために使用者が講ずべき
措置に関するガイドライン（抜粋）　　　　　　　平成29年1月20日

【労働時間の考え方】
　労働時間とは、使用者の指揮命令下に置かれている時間のことをいい、使用者の明示又は黙示の指示により労働者が業務に従事する時間は労働時間に当たる。そのため、次のアからウのような時間は、労働時間として扱わなければならないこと。
　ただし、これら以外の時間についても、使用者の指揮命令下に置かれていると評価される時間については労働時間として取り扱うこと。
　なお、労働時間に該当するか否かは、労働契約、就業規則、労働協約等の定めのいかんによらず、労働者の行為が使用者の指揮命令下に置かれた

> ものと評価することができるか否かにより客観的に定まるものであること。また、客観的に見て使用者の指揮命令下に置かれていると評価されるかどうかは、労働者の行為が使用者から義務づけられ、又はこれを余儀なくされていた等の状況の有無等から、個別具体的に判断されるものであること。
> ア　使用者の指示により、就業を命じられた業務に必要な準備行為（着用を義務付けられた所定の服装への着替え等）や業務終了後の業務に関連した後始末（清掃等）を事業場内において行った時間
> イ　使用者の指示があった場合には即時に業務に従事することを求められており、労働から離れることが保障されていない状態で待機等している時間（いわゆる「手待時間」）
> ウ　参加することが業務上義務づけられている研修・教育訓練の受講や、使用者の指示により業務に必要な学習等を行っていた時間

5 働き方改革との関連

　このたびの働き方改革について、その中心課題は、労働時間としての「長時間労働の是正」、賃金としての「同一労働同一賃金の推進」であることは、すでに述べたところです。ここでは、その「長時間労働の是正」の鍵を握る、生産性の向上について、述べてみたいと思います。

ア．労働生産性比較により長時間労働の抑制を図る

　長時間労働の削減に向けては、単に時間外労働の上限規制等で実現できるものではありません。会社からみれば、残業規制による総労働時間の減少は、ただでさえ打ち続く人手不足のなか、深刻な労働力不足を生じさせます。これを解決するには生産性の向上しかありません。また、最近のシンクタンクの試算では、上限規制により残業手当は全国で年間最大8兆5,000億円の減少が見込まれています（「第194回日本経済予測」大和総研）。これにより、個人消費への影響も心配されるところです。よって、労働者からみた場合も残業減による収入減を補うためには、労働生産性を向上させて賃上げを実現させる必要があります。

生産性とは、インプットに対してアウトプットがどの程度かという効率性の問題であり、成果÷労働投入量としての労働生産性は、社内的には分母としては労働者数、総労働時間が、分子としては売上高、企業が生み出す純稼ぎ高としての付加価値額が例として挙げられ、継続的に計測する指標としては1人あたり売上総利益、1時間あたり付加価値額などがあります。1時間あたり付加価値額（1時間あたり労働生産性）を1年あるいは半年ごとに、時系列で比較し、その向上により賞与へ反映させることで労働者のインセンティブとすることも考えられるでしょう。ちなみに、わが国の1時間あたり労働生産性は4,000円程度と言われています。この1時間あたり労働生産性を向上させるには、仮に付加価値額が上昇しない場合でも、総労働時間が減少すれば向上することとなり、総労働時間の減少への動機付けとなります。また、総労働時間の削減には、年次有給休暇の消化も大きく影響することから労使協定による計画的付与に対しても積極的になる傾向があります。長時間労働の削減にあたっては、方針の明確化など企業経営トップの姿勢は重要なことですが、やはり数値的目標をもって実施していくことの効用は大きいと言えるのではないでしょうか。

イ．生産性向上策のポイント

　長時間労働削減の重要な鍵を握るのは何と言っても生産性の向上です。そして、その生産性を上げるには、多様な働き方など従来の労務管理手法の改革を進めることにより、魅力ある職場づくりを実践し、有為な人材の採用定着を図ることが基本となります。
　ここでは、人・設備などの経営資源とともに、モチベーションや健康などの私たちにとって大切な要素をもとに、生産性向上の施策として、次頁に一例をまとめましたので、参考としてください。

経営資源・要素	施策例
人	人員配置の見直し（採算部門へのシフト等） 業務の再編（アウトソーシング等） 研修の充実（多能工化等）
モチベーション	年に一度の年次有給休暇の連続消化（リフレッシュ休暇） キャリア形成プランの策定（目標面談） 削減された残業代を原資に賞与のなかで特別支給
ICT	モバイル端末の導入（営業部門等） 勤怠管理ソフト（残業限度時間に向けてのアラート機能）
業務	業務マニュアルの電子化・見える化（属人化から標準化へ） 業務プロセスの改善（無駄な工程、ロスの削減）
組織	会議の回数や時間を減らす 定時退社日を設定する 終礼の実施（残業の有無並びにその見込時間の確認）
設備	省力化を念頭に計画的に設備投資（ロボット化の推進） IoT・AI技術による先進設備の研究開発
健康	勤務間インターバル制度の実施 安全衛生委員会における月次確認（残業時間管理表等）

就業規則規定例

　注目の勤務間インターバルについては、働き方改革関連法のなかで、労働時間等設定改善法2条（事業主等の責務）が改正され、平成31年4月より、事業主に前日の終業時刻と翌日の始業時刻の間に一定時間の休息の確保に努めなければならない旨の努力義務（227頁脚注209参照）を課すとともに、その周知徹底を図ることとなりました。

　勤務間インターバル制度を導入する場合の就業規則規定例を次に掲げます。

①休息時間と次の勤務の所定労働時間が重複する部分を労働とみなす場合
(勤務間インターバル)
第○条　いかなる場合も、労働者ごとに1日の勤務終了後、次の勤務の開始までに少なくとも、11時間の継続した休息時間を与える。
2　前項の休息時間の満了時刻が、次の勤務の所定始業時刻以降に及ぶ場合、当該始業時刻から満了時刻までの時間は労働したものとみなす。

②始業時刻を繰り下げる場合
(勤務間インターバル)
第○条　いかなる場合も、労働者ごとに1日の勤務終了後、次の勤務の開始までに少なくとも、11時間の継続した休息時間を与える。
2　前項の休息時間の満了時刻が、次の勤務の所定始業時刻以降に及ぶ場合、翌日の始業時刻は、前項の休息時間の満了時刻まで繰り下げる。ただし、この場合の繰り下げる終業時刻は21時までとし、これ以降についての所定労働時間までの時間は労働したものとみなす。

③災害その他避けることができない場合に対応するため例外を設ける場合
【①または②の第1項に次の規定を追加】
ただし、災害その他避けることができない場合は、その限りではない。

第3章

36協定

はじめに

36協定は、通常の企業において締結されている労使協定です。しかし、その本質や、誰と締結するのかという基本について、認識不足があることは、我々が実務上感じるところです。

1 総論

ア．36協定の本質

労基法32条において、週の労働時間は40時間以内、1日の労働時間は8時間以内と規定されています。また、休日に関しては同法35条において、使用者は、労働者に対して、原則として毎週少なくとも1回の休日を与えなければならないこととなっています。そして、いずれに対しても、違反した場合には、同法119条において、6か月以下の懲役または30万円以下の罰金という刑事罰の定めがあるところです。

しかしながら、この法定労働時間を超えて、または法定休日に労働させることができるケースがあり、それは、同法33条に定めのある、災害等による臨時の必要がある場合を除いては、同法36条に定められた、「時間外労働・休日労働に関する協定」（以下、「36協定」と言う）を締結し、所轄の労働基準監督署へ届け出た場合のみ認められています。そして、その範囲内の労働であれば同法119条の罰則は適用されません。このことを36協定の「免罰効果」と呼び、ほとんどの時間外労働及び休日労働はこの協定を締結したうえで行われています。

以上が36協定の本質であり、労基法の例外措置として認められるものです。

イ．適正な代表者の選出

　36協定を締結するときには、従業員の過半数で組織する労働組合があるときにはその労働組合と、労働組合がない場合は従業員の過半数を代表する従業員（以下、「過半数代表者」と言う）と書面により協定することになっていますが、この過半数代表者が適切に選出されることは極めて重要であり、労基則6条の2に次のように要件が定められています。過半数代表者は、①監督または管理の地位にある者でないこと、②労使協定の締結等を行う者を選出することを明らかにして実施されること、③投票・挙手等の方法による手続により選出されたものであること、④使用者の意向に基づき選出されたものでないこと。

　少し詳しく述べるとすれば、①については、管理監督者はそもそも労働条件の決定その他労務管理について経営者と一体的な立場にあるとされているので、従業員の代表としては不適切であると言えます。②については、単なる従業員親睦会の代表者であってはいけません。③については、選出にあたっては、民主的な手続がとられていることが必要です。以上により、事業場の全ての従業員の過半数を代表している必要があり、この従業員には正社員（管理監督者を含む）だけでなく、パートやアルバイトなども含まれ、また、育児休業などで休業・休職している者も含まれます。

　具体的には、事前に立候補者を募っておき、全員が集まる朝礼などの場で、どの立候補者を代表者に選出するのか、あるいは立候補者が1人のときにはその承認について、投票や挙手によって行うなどの他、回覧による信任などの方法もあります。なお、この過半数代表者が36協定の届出後に退職した場合でも、改めて過半数代表者を選出し届出を行う必要はなく、協定を締結した時点で代表者として適切に選出されていれば、協定そのものの期限内は有効となります。

2 ケーススタディ

社員30名、パート10名の機械器具部品の製造業者であるＫ株式会社において、金属加工員であるＦより、「当社には、早出や残業、休日労働を命じることがある旨の労働条件が就業規則等に定めがないので、それらに応じる義務はない」と突然に言いだし、一方的に残業指示に対して拒否をしてきたため、対応について苦慮し、初めて社会保険労務士法人の門をたたいた。

3 カンファレンス

A 　Ｋ社は、36協定について、適正に締結し、所轄の労働基準監督署へ届出を行っているのですよね。とは言っても、36協定そのものは時間外労働・休日労働を命じる根拠にはなりませんからね。

B 　しかし、Ｋ社は労働者Ｆを含む過半数労働者の代表との間で、延長できる労働時間等について、36協定のなかで合意はできているわけであり、時間外労働を命じることは反復継続して存在する労使慣行になっていると言えるのではないでしょうか。

C 　Ｋ社には就業規則の制定変更権があり、36協定の効果があるとは言え、基本的に法定労働時間を超えて、または法定休日に労働を行うことは、強行法規たる労基法に違反する内容であることから、労使慣行の話で済むものではないと思います。36協定の適正な締結、所轄の労働基準監督署への届出を行ったことを条件に、時間外労働・休日労働を命じることがある旨、規定が必要と考えます。

A 　今回の事案は、労働者Ｆは従来から残業には応じていたのだから、何らかにより法的知識を得て、是正を求めるため言いだ

したものと思われます。労働者Fとまず話し合い、真意を確かめたうえで、社員説明会等を開いて、就業規則に不備がある旨を伝え、十分理解を得たうえで就業規則を変更することが必要ですね。早速、K社に対してきめ細かな指導を始めてください。

4 総括

　36協定を過半数代表者と締結し、労働基準監督署へ届出をした場合であっても、それは法定時間外労働並びに法定休日労働を従業員にさせても法令違反とはならないという前述の「免罰効果」にすぎず、あくまで会社と行政との関係のことであり、会社が従業員に対して法定時間外労働・法定休日労働を命じるためには、日頃からの労働条件として、時間外労働・法定休日労働を命じることがある旨が、労働契約として成立している必要があります。このため、一般的には、この旨を包括的な労働条件を定める就業規則に、例えば「業務の都合により、所定労働時間を超え、または所定休日に労働を命じることがある。ただし、法定労働時間を超える労働並びに法定休日における労働については、あらかじめ所轄の労働基準監督署に届出を行った、労働者の過半数代表者との時間外労働・休日労働に関する労使協定の範囲内とする」などと規定しておくこととなります。

　このことは、変形労働時間制の場合でも同様であり、例えば1年単位の変形労働時間制について、労使協定が締結され、労働基準監督署へ届出があったとしても、就業規則上の規定がなければ、変形労働時間制に対応した勤務を従業員に命じることができないこととなります。

　以上に不備がある場合は、適切な諸手続を経て、しっかりと就業規則の改正をしておきたいものです。

5 働き方改革との関連

　働き方改革における新労基法においても、業務量の大幅な増加等に伴い臨時的に限度時間を超えて労働させる必要がある場合に、限度時間を超えて労働時間を延長して労働させることができる時間等を定めることができるものとしています（以下、「特別条項」と言う）。

　また、36協定において定めるものとして、時間外労働の特別条項を労使間で協定する場合、限度時間を超えて労働した労働者に講じる健康確保措置を定めなければならないことが追加されました。当該健康確保措置としての内容については、労基法36条7項の規定に基づき新たに策定された指針（平30.9.7厚生労働省告示323号。なお、200頁脚注174参照）により、労使当事者が限度時間を超えて労働させる労働者に対する健康及び福祉を確保するための措置として、以下に掲げるもののうちから協定することが望ましいことと示されました。

(Ⅰ)労働時間が一定時間を超えた労働者に医師による面接指導を実施すること。

(Ⅱ)法で定める深夜時間において労働させる回数を1か月について、一定回数以内とすること。

(Ⅲ)労働時間を延長して労働させる者についてその終業から始業までに一定時間以上の継続した休息時間を確保すること。

(Ⅳ)労働者の勤務状況及びその健康状態に応じて、代償休日または特別な休暇を付与すること。

(Ⅴ)労働者の勤務状況及びその健康状態に応じて、健康診断を実施すること。

(Ⅵ)年次有給休暇についてまとまった日数を連続して取得することを含めてその取得を促進すること。

(Ⅶ)心とからだの健康問題についての相談窓口を設置すること。

(Ⅷ)労働者の勤務状況及びその健康状態に配慮し、必要な場合には適切な部署に配置転換すること。

(Ⅸ)必要に応じて、産業医等による助言・指導を受け、または労働者に産業医等による保健指導を受けさせること。

　また、この他にも、限度時間を超えた労働に係る割増賃金の率、限度時間を超えて労働する場合における手続等を定めることが必要となります。なお、従来36協定における限度時間を定める期間は、「1日・1日を超え3か月以内の期間・1年」となっていましたが、労基法改正後は「1日・1か月・1年」となります。
　以上のこと等を踏まえ、36協定の届出様式についても、平成30年9月7日の働き方改革関連法に関する省令改正により、新しい様式に改められました。
　新しい様式のポイントは次の通りです。
(Ⅰ)特別条項を設ける場合と設けない場合の二つの様式が用意されている。特別条項を設ける場合の様式は限度時間までの時間を協定する1枚目と特別条項を定める2枚目となる。
(Ⅱ)36協定で定める時間数にかかわらず、時間外労働及び休日労働を合算した時間数は、1か月について100時間未満でなければならず、かつ2か月から6か月までを平均して80時間を超過しないことというチェックボックスが設けられた。なお、このチェックボックスにチェックがない場合には、有効な協定とはならないことに注意が必要である。
(Ⅲ)特別条項を設ける場合の様式には「限度時間を超えて労働させる場合における手続」「限度時間を超えて労働させる労働者に対する健康及び福祉を確保するための措置」を定める欄が設けられた。

　いずれにせよ、働き方改革の主要項目である、長時間労働の抑制に向けて、その実効性を担保するため、36協定の重要性は格段に高まることに留意する必要があります（36協定届の記載例は233、234頁参照）。

6 就業規則規定例

36協定を過半数代表者と締結し、労働基準監督署へ届出をした場合であっても、それだけでは足りず、時間外・休日労働を命じる根拠として、次のような定めを就業規則に規定する必要があります。

> 第○条（時間外及び休日労働等）
>   業務の都合により、第○条の所定労働時間を超え、又は第○条の休日に労働させることがある。
> 2　前項の場合、法定労働時間を超える労働又は法定休日における労働については、あらかじめ会社は労働者の過半数代表者と書面による労使協定を締結するとともに、これを所轄の労働基準監督署長に届け出るものとする。
> 3　妊娠中の女性、産後1年を経過しない女性労働者（以下「妊産婦」という）であって請求した者及び18歳未満の者については、前項による時間外労働又は休日もしくは深夜（午後10時から午前5時まで）労働に従事させないものとする。
> 4　災害その他避けることのできない事由によって臨時の必要がある場合には、第1項から前項までの制限を超えて、所定時間外又は休日に労働させることがある。ただし、この場合であっても、請求のあった妊産婦については、所定時間外労働又は休日労働に従事させないものとする。

次に、時間外労働時間数を減らすためにも、勤務時間を柔軟に対応することができるように、勤務時間の繰上げや繰下げも規定しておくことも必要です。突発的なトラブル等が起こっても、必ずしも時間外労働にて対応しなくても、勤務時間の繰上げ、繰下げで対応できることもあると考えられます。以下に、規定例を掲げることとします。

> 第○条（始業、終業の時刻及び休憩の時刻）
> 　始業、終業の時刻及び休憩の時刻は次のとおりとする。ただし、業務上の必要がある場合は、あらかじめ予告のうえ、全部又は一部の従業員について、前条の所定労働時間を超えない範囲でこれらを繰り上げ又は繰り下げることがある。
> 　　　　始業　8：00　　　終業　17：00　　　休憩　12：00～13：00

　1か月60時間を超える時間外労働に係る割増賃金率は、新労基法により令和5年4月から、適用が猶予されている中小事業主を含めて、50％以上とする必要が生じます。このことについても、就業規則に定めておく必要があります。
　例えば、割増賃金率を、1か月45時間を超える時間外労働について35％、1年360時間を超える時間外労働について40％に設定している例では、次のような内容になります。

> 就業規則第○章　賃金　または　賃金規程
> 第○条（割増賃金率）
> 　前条の計算方法における、時間外労働に関する割増賃金は、次の割増賃金率に基づき支給する。
> 1．1か月の時間外労働時間数に応じた割増賃金率は、次のとおりとする。なお、この場合の1か月は毎月○日を起算日とする。
> 　(1) 時間外労働45時間以下……25％
> 　(2) 時間外労働45時間超～60時間以下……35％
> 　(3) 時間外労働60時間超……50％
> 　(4) (3)の時間外労働のうち代替休暇を取得した時間……35％（残り15％の割増賃金分は代替休暇に充当する。）
> 2．1年間の時間外労働時間数が360時間を超えた部分については、40％とする。なお、この場合の1年は毎年○月○日を起算日とする。
> 3．時間外労働に対する割増賃金の計算において、上記1．及び2．のいずれにも該当する時間外労働の時間数については、いずれか高い率で計算する。

第4章

事業場外労働の みなし労働時間制

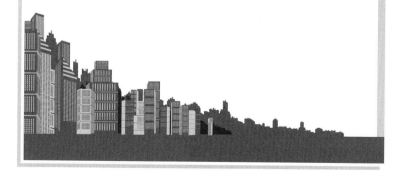

はじめに

　労働者がいわゆるデスクワーク中心の場合、出退勤はわかりやすいのですが、例えば、建設業のように、作業現場に直接出向き、終了すれば、直接自宅に帰るといった働き方をしている事業所も多くあります。

　今日、携帯電話の普及が進み、かつ、インターネット等の通信手段が発達しているなかで、その労働時間をどのようにして把握するのかは、労働時間規制を考えるうえで、重要なポイントと言え、勤務間インターバル制度を考慮すると、事業主側からみても、避けて通れない問題になります。ここでは、事業場外労働のみなし労働時間制をテーマに問題点がどこにあるかを理解していきましょう。

1 総論

　労働者が労働時間の全部または一部について事業場外で業務に従事した場合において、使用者の指揮監督が及ばないため、労働時間を算定し難いときは、所定労働時間または当該業務の遂行に通常必要とされる時間、労働したものとみなします。この場合、要件として①労働時間の全部または一部について事業場外で業務に従事したとき、②労働時間を算定し難いとき、の二つを満たす必要があります。そしてその効果としては、所定労働時間または当該業務の遂行に通常必要とされる時間労働したものとみなします。具体的には、① 所定労働時間、② 当該業務の遂行に通常必要とされる時間、③ ②の場合であって労使で協定したときはその時間、のいずれかを労働したものとみなします。

　この労基法38条の2に規定される事業場外労働のみなし労働時間制は、それまで労基則に規定があったものを昭和63年4月施行の労基法の一部改正の際に新たに制定したものです。従来、旧労基則22条では「通常の

労働時間労働したものとみなす」となっていました。そして「通常の労働時間」は所定労働時間であると解釈されてきたので、結果として事業場外労働であって、かつ労働時間が算定し難い場合は、全て所定労働時間労働したものとみなされていました。しかし、実際にはその業務を遂行するためには所定労働時間を超えて労働することも多く、このような場合に対応するため法整備が図られました。

ケーススタディ

社員35名の工作用機械器具のY販売会社（1日の所定労働時間は8時間）においては、このたび営業職であるXより、事業場外労働のみなし労働時間制として、就業規則に「所定労働時間勤務したものとみなす」との規定により時間外手当が支給されていないが、実態として内勤を含めて、9時間程度勤務していることから、時間外手当の支給を行うよう改善を求められた。その根拠としては、所定労働時間数を超えるみなし労働時間制の場合は、原則として日報、見積書作成等の事業場内の労働については適用されず、事業場内の労働時間は別途把握する必要があり、事業場外労働時間に事業場内労働時間を加えた時間がその日の労働時間となるとの主張であった。

ケーススタディを理解するために

事業場外労働のみなし労働時間制の要件である「労働時間を算定し難いとき」については、近年の傾向として厳格化が進んでいると言えます。この点について、注目すべき最高裁判決を次に掲げることとします。

■阪急トラベルサポート事件（第２事件）・最二小判平26.1.24

①「本件添乗業務は、旅行日程が上記のとおりその日時や目的地等を明らかにして定められることによって、業務の内容があらかじめ具体的に確定されており、添乗員が自ら決定できる事項の範囲及びその決定に係る選択の幅は限られている」、②「本件添乗業務について、本件会社は、添乗員との間で、あらかじめ定められた旅行日程に沿った旅程の管理等の業務を行うべきことを具体的に指示した上で、予定された旅行日程に途中で相応の変更を要する事態が生じた場合にはその時点で個別の指示をするものとされ、旅行日程の終了後は内容の正確性を確認し得る添乗日報によって業務の遂行の状況等につき詳細な報告を受けるものとされているということができる」、①・②の「状況等に鑑みると、本件添乗業務については、これに従事する添乗員の勤務の状況を具体的に把握することが困難であったとは認め難く、労働基準法38条の２第１項にいう『労働時間を算定し難いとき』に当たるとはいえないと解するのが相当である」。

　この判決は、原告が海外旅行派遣添乗員ということであり、業務の特質はあるものの、内容的には、事業場外労働のみなし労働時間制の適用の大半を占める営業職にも、類推される内容であることに注意しなければなりません。①については、いわゆるルート営業と呼ばれる得意先を巡回し注文を受けて回る営業の場合は、訪問先、訪問順など外勤業務の内容はあらかじめ具体的に確定されていると言えるでしょう。また②については、営業社員に携帯電話を持たせるなどにより所属事業所へ報告や連絡を取りながら営業活動を行い、また帰社後は１日の外勤業務について営業日報などにより、遂行の状況等について詳細な報告を行うなどの場合は、この判決内容と大きな差異があるとは言えず、今後労務管理上の課題として十分注意が必要であると考えられます。

4 カンファレンス

A Y社としては、このような要求を満たすため、営業手当を支給してきたとの考えのようですが、いわゆる定額時間外手当の要件を満たしていない点、問題があると言えますね。

C 行政の解釈によれば、所定労働時間数を超える見込みのみなし労働時間制の場合は、日報、関係書類作成等の内勤については除外され、内勤の労働時間は別途把握する必要があります。

B しかしながら、中小企業の中には、そこまでの理解がなく、このような場合であっても事業場内で労働した時間を含めてみなし労働時間制が適用できると考えている会社はありますね。

A 中小・小規模事業所において、事業場外労働のみなし労働時間制で問題となるケースは、この内勤業務に関する取扱いの間違いに起因していることが多いように思われます。この結果、今回のように未払残業代として請求される、あるいは労働基準監督署より是正勧告を受ける、などといったことが起こっていますから、当事務所でもお客様をしっかり指導していきましょう。

今回のケースにおけるY社の改善は、次の通りでした。まずは営業職へ、ヒアリングを含め勤務実態を調べたところ、朝は直接取引先へ行くことが多く、外勤後会社にて2時間以内の内勤業務を行っていることがわかりました。会社から事業場外労働のみなし労働時間について、Y社社員へ説明を行ったところ、7時間が妥当であるということで、外勤業務遂行に通常必要とされる時間は1日7時間とする労使協定（次頁参照）が成立しました。その結果、みなし労働時間7時間に内勤勤務2時間を加えることで、毎日1時間が時間外手当となることから、これを満たす「定額時間外手当」を支給し、内勤勤務が2時間を超過する場合は、実計算にて時間外手当を支給することとし、以上につき所要の給与規程を改定して全社員に説明を行いました。

事業場外労働のみなし労働時間制に関する労使協定書（例）

　Y株式会社と従業員代表□□□□は、事業場外労働のみなし労働時間制に関し、次のとおり協定する。

（対象業務）
第1条　事業場外労働のみなし労働時間制を適用する業務は、事業場外において行う次の業務とする。
　　　○営業部において外勤営業活動を行う業務

（対象とする労働者）
第2条　対象とする労働者は、対象業務に従事する者であって、労働時間の算定が難しい者とする。

（適用除外）
第3条　対象業務に従事する者であっても、管理者からの具体的指示を随時受けながら勤務する場合や、管理者と同行する場合であって実働時間の算定が可能な場合については、本協定によるみなし労働時間制は適用しない。

（労働時間の取扱い）
第4条　労働時間の取扱いは、次の定めるところによる。
　　　○第1条及び第2条に該当する者の業務遂行に通常必要とされる時間は1日7時間とする。

（休日労働及び深夜労働）
第5条　会社の指示により休日労働もしくは深夜労働に従事した者に対しては、賃金規程に定めるところにより休日労働手当・深夜労働手当を支給する。

（協定の有効期間）
第6条　本協定の有効期間は、令和□□年□□月□□日より令和□□年□□月□□日までの1年間とし、会社又は労働者のいずれからも異議の申出がないときは、1年間延長するものとする。また、それ以降についても同じ取扱いとする。

令和　　年　　月　　日

　　　　　　　　　　　Y株式会社
　　　　　　　　　　　　代表取締役　　□□□□　㊞
　　　　　　　　　　　Y株式会社
　　　　　　　　　　　　従業員代表　　□□□□　㊞

5 総括

　問題となりやすいのは、事業場外労働のみではなく、会社内での勤務いわゆる内勤も行うケースです。営業職であれば、外勤の前あるいは後に、見積書・提案書を作成したり、日報を付けたりすることは多いと思われます。このとき、内勤を含めてみなし労働時間とするのか、あくまで外勤のみをみなし労働時間とするのかの考え方が存在します。しかしこれについては、昭63.1.1基発1号の行政通達によれば、事業場内での業務と事業場外での業務をあわせて、通常所定労働時間を超えて労働する必要がない場合は、「当該事業場内の労働時間を含めて、所定労働時間労働したものとみなされる」ことになります。一方、「当該業務を遂行するためには通常所定労働時間を超えて労働することが必要となる場合には、当該業務の遂行に通常必要とされる時間労働したものとみなされ、労働時間の一部について事業場内で業務に従事した場合には、当該事業場内の労働時間と事業場外で従事した業務の遂行に必要とされる時間とを加えた時間労働したものとみなされる」ことになります。

　すなわち、事業場内での労働と事業場外での労働をあわせて、所定労働時間内に収まっていることが明らかである場合を除いて、みなし労働時間制による労働時間の算定の対象となるのは、事業場外で業務に従事した部分であり、事業場内で労働した時間については別途把握しなければならないことになります。

　なお、労基法38条の2により、適切に労働時間をみなした場合は、法令により確定的に取り扱うものとなり、反証によって覆ることはないこととなります。それだけに、通常所定労働時間を超えて労働することが必要となる場合には、できる限り当該業務の遂行に通常必要とされる時間について、労使協定を結ぶことが望ましいと言えます。

働き方改革との関連

　このたびの働き方改革関連法により、新安衛法66条の8の3にて、医師による面接指導の実施のため、事業場外労働のみなし労働時間制の適用を受ける労働者を含む全ての労働者（高度プロフェッショナル制度の対象者を除く）の労働時間の状況を、厚生労働省令で定める方法により把握しなければならなくなりました。当初は省令で規定する予定であったものを労働時間把握義務の強化のため、安衛法の一部改正にて対応することとなりました。

　働き方改革の一方の核をなす長時間労働削減のためには、その前提として未払残業代がないことを前提にしなければ意味がありません。ここでは、事業場外労働のみなし労働時間制の適用の適否を含む、未払残業代に関する診断を行う際の四つの診断項目を示すこととします。

(1) 労働時間数が適切に把握されているか

　　残業時間の上限を決め、それを超えても残業代を支払わないなどといった、いわゆるサービス残業や残業時間の端数処理が不適切に行われていないかなどを確認します。

(2) 労働時間性の認識に誤りはないか

　　朝礼、掃除、作業準備、後片付け、研修などに要する時間が、使用者の指揮命令下に置かれている時間かどうか、また使用者から義務付けられ、またはこれを余儀なくされているものであるかどうか等を十分考慮し、労働時間性について検討します。

(3) 残業代の計算方法に誤りはないか

　　残業代の単価計算式の分子が間違っている例としては、労基法の割増賃金算定の基礎から除外できる住宅手当は、「住宅に要する費用に応じて算定される手当」でなければなりません。つまり、費用に定率を乗じた額が支給されるか、あるいは費用を段階的に区分し費用が増えるに従って多くの額が支給されるものでなくては、割増賃金の算定

の基礎から除外できる住宅手当とは認められません（平11.3.31基発170号）。意外なところでは、残業単価の計算式の分母が間違っている場合があります。分母は、年平均1か月所定労働時間数となりますが、労働時間短縮によって、1か月所定労働時間数が少なくなっているにもかかわらず、従来通りの時間数を分母にそのまま変更せずに使っているケースがあります。

(4) 残業代支給の非対象に誤りはないか

事業場外労働のみなし労働時間制や管理監督者の適用除外等について、会社の恣意的な運用によって、不適切に残業代支給の適用対象から外していないかどうか、検討する必要があります。

特に、本ケーススタディの事業場外労働のみなし労働時間制並びに管理監督者の適用除外については、近年の重要なポイントとして、十分な審査を行うことが重要であると言えます。

就業規則規定例

事業場外労働のみなし労働時間制を採用する場合には、以下のように就業規則において労働条件として明記しておくことが必要です。

> 第○条（営業等の勤務時間）
> 　従業員が、営業その他会社の用務をおびて事業場外で勤務する場合で勤務時間を算定しがたいときは、原則として第○条の所定労働時間勤務したものとみなす。ただし、所属長があらかじめ別段の指示をしたときはこの限りではない。

また、それに伴う手当を支給する場合の賃金規定例は次の通りです。

> 第○条（事業場外労働手当）
> 　事業場外労働手当は、就業規則第○条に定める事業場外労働のみなし労働時間制の適用を受ける従業員に対し、特段の業務上の必要に備えて、その全額を前条に定める時間外勤務割増賃金として支給する。

第5章

休日

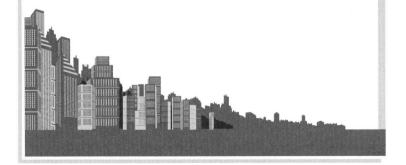

はじめに

　働き方改革関連法において、労働時間の考え方に「休日労働時間を含む、含まない」という基準が織り込まれています。本章では、休日労働の根拠となる休日について、そもそも休日とは何かということを整理していきます。

1　総論

　休日については、労基法35条1項により、「使用者は、労働者に対して、毎週少なくとも1回の休日を与えなければならない」とされ、これが法定休日の原則となります（同2項により、4週間を通じ4日以上の休日という変形週休制を採用することも認められています）。

　よって、原則に従えば、週休2日制の場合、法定休日を特定していなければ、そのうちの1日は法定外休日（所定休日）であって、その休日に勤務させた場合、そのことにより週の法定労働時間を超過する問題は生じても、法定休日労働とはなりません。行政通達によれば休日すなわち法定休日については、「特定することが」望ましい（昭23.5.5基発682号）となっていますが、実務上、法定休日を特定した場合、同一週内の他の日に休日を与えていても、特定した日に労働させると、その日の労働に対して3割5分以上の割増賃金を支払うこととなるため、特定していない会社（就業規則上「休日」とのみ規定）も少なからずあると言えます。

　一方、平成22年4月施行の労基法改正により、適用が猶予されている（令和5年3月31日まで）中小事業主以外では、1か月60時間を超える時間外労働については5割以上の割増賃金の支払いを必要としますが、この「60時間」には法定休日における労働時間は算入されないことから、法定休日を特定しようとする動きもあります。

2 ケーススタディ

　社員35名、パート5名のビル・住宅等の建設業者であるS株式会社において、建設作業員Gは会社の定めである月曜日から始まる1週間において、火曜日と水曜日に所用により年次有給休暇を取得したうえで、年度末の繁忙期ということで、土曜日・日曜日の休日に出勤をした。ところが当該給与計算において、何らの加給がなかったことから、建設作業員Gから総務人事部に問い合わせがあった。総務人事部としては、週の間に2日の休暇があり、実働も週40時間以内であったことから問題ないと考えていたが、確認をするので時間がほしいと伝え、顧問社会保険労務士法人に相談を持ち込んだ。

3 カンファレンス

A　S社においては、年次有給休暇を消化した日については、給与規程により「通常の給与を支給する」となっており、火曜日・水曜日には通常の給与が支給されることから、土曜日・日曜日の出勤分については当然労働契約上の加給が必要となることは明白と言えます。この点において、すでにS社は大きく認識を間違っていました。問題は割増賃金についてですが、皆さんは、どう思いますか。

B　1週の間における実働は40時間以内であるし、1週の間には休暇を2日取って休んでいるのだから、S社としては割増賃金については不要であると考えたいようです。

C　確かに、S社の場合は法定休日を日曜日と就業規則で定めていることから、土曜日の法定外休日労働は時間外労働の取扱いとなることがわかります。そして、時間外労働の割増（S社は規定によ

り25％）は、法定労働時間を超えた場合であって、これは実働で捉えられることから、今回のケースでは割増賃金は不要であり、土曜日の出勤分については通常の給与1日分の加給でよいと思います。しかしそうなると、日曜日の出勤分についても実働として2日休暇を取っている今回のケースでは、通常の給与1日分の加給でよいのでしょうか。

　　法定休日と年次有給休暇の取得との間に関連性はなく、年次有給休暇は所定労働日に対して、その日の労働義務を免除するというものであり、休日はそもそも労働義務のない日であって、その日に働いてもらう休日労働は負荷が重いものと考えないといけません。実際、年次有給休暇を取得しても心身を休めているとは限らず、趣味でスポーツの大会に出場しているケースもあるため、年次有給休暇の取得がその週の休養とは言い切れません。

　結論的には、このケースでは、日曜日の出勤について法定休日労働の割増分（S社は規定により35％）を加えて支給することが必要となります。まとめれば、前後の勤務状況にかかわらず、時間帯のみに着目し割増賃金が必要になる負荷の重い深夜労働と同じく、法定休日というそもそも労働義務のない日付に着目し、前後の勤務状況にかかわらず負荷の重い法定休日労働には、割増賃金が必要になるというふうに考えるとわかりやすいかもしれませんね。

4 総括

　労働時間については、わが国における法制上、実労働主義に立って把握すればよく、今回のケースでは土曜日の出勤に対する割増賃金は不要との結論に立っているが、法定休日労働について日付に着目し割増賃金が必要となることと同様に、社内において法定外休日労働（S社の場合土曜日）についても日付に着目し、例えば時間外労働の割増率25％が適用されるとの規定等が存在するのであれば、当然それに従うこととなります。

実労働主義と社内規定とのかかわりで言えば、半日年次有給休暇を取った場合の時間外労働や遅刻があった場合の時間外労働の取扱いなどが問題となることがあり、日頃からの規定の整備が望まれます。

　なお、今回のケースでは法定休日が日曜日と特定されていますが、法定休日の曜日の定めがない場合にどちらの曜日を休日労働扱いとするかに関しては、当該週において後順に位置する休日の労働が法定休日労働となるという行政解釈が示されています。

　いわゆる割増賃金は、実労働時間に着目して判断する時間外労働と、暦日・労働時間帯に着目する法定休日労働・深夜労働の2本立てになっています。それぞれまとめると下表のようになります。

(割増賃金の類型)

類型	時間外労働	法定休日労働・深夜労働
基準	実労働時間基準	暦日・時間帯基準※
内容	実労働が法定労働時間を超えるかで判断する。ただし、就業規則等で所定終業時刻以降は割増賃金を支給する等の定めがあれば、それに従うこととなる。	法定休日という暦日並びに深夜という時間帯での労働に対する負荷の重さに着目して、前後の勤務状況にかかわらず、割増賃金を支給する。

※筆者による整理上の用語

5　働き方改革との関連

　時間外労働等の上限規制など労基法改正を含む「働き方改革関連法」は、平成30年6月29日参議院本会議で可決され、成立しました。以下に、時間外労働等の上限規制の基本的枠組みと特例としての取扱いを示すこととします。

(上限規制の基本的枠組み)

(施行期日：平成31年4月1日、中小企業は令和2年4月1日)

原　　則	臨時的な特別な事情がある場合
・月45時間 ・年360時間 (1年単位の 変形労働時間制の場合)※ ・月42時間 ・年320時間	①年720時間 ②休日労働を含み、2か月ないし6か月平均で80時間以内 ③休日労働を含み、単月で100時間未満 ④原則である月45時間（1年単位の変形労働時間制の場合は42時間）の時間外労働を上回る回数は、年6回まで

※3か月を超える期間を対象期間として定めるものに限る。

　上表の①と④については、時間外労働のみの規制であるため、法定休日労働は含まないのに対し、②と③は労災補償に係る脳・心臓疾患の業務上災害認定基準（206頁脚注184参照）を基につくられていることから、時間外労働だけではなく法定休日労働時間数も含まれることに、今後の労務管理上注意する必要があります。

(現行の適用除外等の特例の取扱い)

自動車運転の業務	新労基法施行5年後（令和6年4月1日から）に、時間外労働の上限規制を適用。上限は年960時間とし、将来的な一般則の適用について引き続き検討する旨を附則に規定。
建設事業	新労基法施行5年後に、一般則を適用。（ただし、災害時における復旧・復興の事業については、1か月100時間未満・複数月平均80時間以内の要件は適用しない。この点についても、将来的な一般則の適用について引き続き検討する旨を附則に規定）
医師	新労基法施行5年後に、時間外労働の上限規制を適用。具体的な上限時間は省令で定めることとし、医療界の参加による検討の場において、規制の具体的な在り方、労働時間の短縮策等について検討し、結論を得る。

鹿児島県及び沖縄県における砂糖製造業	新労基法施行5年間は、1か月100時間未満・複数月平均80時間以内の要件は適用しない。（改正法施行5年後に、一般則を適用）
新技術・新商品等の研究開発業務	医師の面接指導※、代替休暇の付与等の健康確保措置を設けたうえで、時間外労働の上限規制は適用しない。 ※時間外・休日労働が一定時間を超える場合には、事業者は、その者に必ず医師による面接指導を受けさせなければならないこととする（安衛法の改正）。

6 就業規則規定例

　就業規則において、休日は絶対的必要記載事項（労基法89条）であるため、必ず規定することが必要となっています。その具体例を以下に示すこととします。

> 第○条（休日）
> 1　会社の休日は、次のとおりとする。
> 　(1) 毎週、土曜日及び日曜日
> 　(2) 国民の祝日（日曜日と重なったときは翌日）
> 　(3) 年末年始（12月○日から翌年1月○日まで）
> 　(4) その他会社が休日と定めた日
> 2　法定休日は、月曜日から始まる週において、毎週1日とする。

　なお、休日労働を所定休日労働と法定休日労働とに区別する際の賃金規程の具体例を以下に示します。

（賃金規程規定例）

第○条（時間外勤務割増賃金、休日勤務割増賃金、深夜勤務割増賃金）
　所定勤務時間を超えて又は休日に勤務した場合には時間外勤務割増賃金又は休日勤務割増賃金を、深夜（午後10時から午前5時までの間）において勤務した場合には深夜勤務割増賃金を、それぞれ次の計算により支給する。
　なお、休日勤務割増賃金については、月曜日から始まる7日間において休日が取れない場合に、就業規則第○条に定める休日の最後に位置する休日勤務に対して支給し、それ以外の休日勤務に対しては時間外勤務割増賃金を支給する。

時間外勤務割増賃金	$\dfrac{\text{基本給＋諸手当（家族手当・通勤手当を除く）}}{\text{1か月平均所定勤務時間}}$	× 次条割増率 × 時間外勤務時間数
休日勤務割増賃金	$\dfrac{\text{基本給＋諸手当（家族手当・通勤手当を除く）}}{\text{1か月平均所定勤務時間}}$	× 1.35 × 休日勤務時間数
深夜勤務割増賃金	$\dfrac{\text{基本給＋諸手当（家族手当・通勤手当を除く）}}{\text{1か月平均所定勤務時間}}$	× 0.25 × 深夜勤務時間数

※表中、次条割増率は62頁参照。

第6章

年次有給休暇

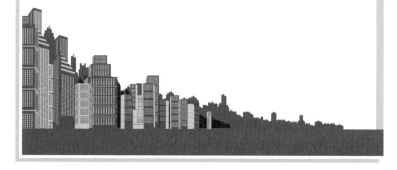

はじめに

　第5章で基本を整理した休日に続き、ここでは年次有給休暇を取り上げます。今回の改正では、年次有給休暇取得についても改正が加えられています。そもそも年次有給休暇において、取得率が低いことは、従前から問題視されており、今回の法規制は取得率の向上を目指すものですが、まず、現状のよくある事例として有給休暇の買取について検討することで、年次有給休暇制度の基本を整理してみましょう。

1 総論

　年次有給休暇とは、一定期間継続勤務した労働者に対して、心身の疲労を回復しゆとりある生活を保障する等のために付与される休暇のことで、「有給」で休むことができる、すなわち取得しても賃金が減額されない休暇のことです。

　年次有給休暇が付与される要件は二つあります。①雇入れの日から6か月経過していること、②その期間の全労働日の8割以上出勤したこと、の二つです。この要件を満たした労働者は、10労働日の年次有給休暇が付与されます。また、最初に年次有給休暇が付与された日から1年を経過した日に、②と同様の要件（最初の年次有給休暇が付与されてから1年間の全労働日の8割以上出勤したこと）を満たせば、11労働日の年次有給休暇が付与されます。その後要件を満たすごとに、次頁の表に示す日数が付与されます。

（週所定労働日数が5日以上または週所定労働時間が30時間以上の労働者）

継続勤務年数(年)	0.5	1.5	2.5	3.5	4.5	5.5	6.5以上
付与日数(日)	10	11	12	14	16	18	20

（パートなど週所定労働時間が30時間未満の労働者（比例付与））

週所定労働日数	年間所定労働日数	継続勤務年数（年）						
			0.5	1.5	2.5	3.5	4.5	5.5	6.5以上
4日	169〜216日	付与日数（日）	7	8	9	10	12	13	15
3日	121〜168日		5	6	6	8	9	10	11
2日	73〜120日		3	4	4	5	6	6	7
1日	48〜72日		1	2	2	2	3	3	3

　次に年次有給休暇の変遷をたどれば、わが国における雇用の流動化・非正規雇用の増大といった労働環境の変化に対応すべく、以下のように労基法の改正がなされてきました。

　(Ⅰ)昭和63年4月施行の改正にて、労働時間の短縮ひいては国民生活の質的向上に資するため、年次有給休暇の勤続1年における付与日数が「6日」より「10日」に引き上げられました。また、取得率の向上を目的として計画的付与制度が導入され、さらに所定労働日数が通常の労働者と比べて少ない労働者（パート等）についても、通常の労働者の1週間の所定労働日数との比率に応じた日数の年次有給休暇が付与（比例付与）されることとなりました。

　(Ⅱ)平成6年4月施行の改正では、雇用の流動化が進む時代背景を受けて、付与要件の一つである「1年間継続勤務」が「6か月間継続勤務」に短縮されました。

　(Ⅲ)平成11年4月施行の改正にて、勤続3年6か月以降は、加算される付与日数が1年ごとに「2日」増加するようになり、勤続6年6か月で最大の20日となるようになりました。これは、雇用の移動に伴う不利益を低く抑えるという目的によるものでした。

　(Ⅳ)平成22年4月施行の改正により、労使からの要望が強まっていた「時間単位」での取得について、労使協定の締結を条件に、年5日分を限度

として取得可能となりました。

 ## ケーススタディ

> 社員25名、パート20名のパン・ケーキ等の製造販売のT株式会社においては、パートであるXより、年次有給休暇について業務繁忙のため全く取得できない旨の申立を受けて、毎月所定労働日でない日を有給休暇取得日として、有給休暇手当を支給することとし、労務改善を図った。しかしこのことに関して、パートYより法定の年次有給休暇の趣旨に照らして、不適切ではないかとの指摘を受けて、人事総務部にて検討することとなり、社会保険労務士へ相談が持ちかけられた。

 ## ケーススタディを理解するために

年次有給休暇を検討するにあたり、次の二つのポイントを押さえておきましょう。一つは、計画的付与であり、もう一つは、年次有給休暇の買上げです。

ア．年次有給休暇の計画的付与制度とは

本来、年次有給休暇の取得時季については、労働者に時季指定権がありますが、消化率の向上を目的として、労使協定を結べば計画的に有給休暇の取得日の割り振りを行うことができる制度を年次有給休暇の計画的付与制度と言います。

年次有給休暇の計画的付与は、年次有給休暇の付与日数全てについて認められているわけではありません。それは、従業員が病気その他の個

人的事由による取得ができるよう、労働者が指定した時季に与えられる日数を留保しておく必要があるためです。そこで、年次有給休暇の日数のうち5日は個人が自由に取得できる日数として必ず残しておかなければなりません。このため、労使協定による計画的付与の対象となるのは年次有給休暇の日数のうち、5日を超えた部分となります。例えば、年次有給休暇の付与日数が10日の従業員に対しては5日、20日の従業員に対しては15日までを計画的付与の対象とすることができます。

　なお、前年度取得されずに次年度に繰り越された日数がある場合には、繰り越された年次有給休暇を含めて5日を超える部分を計画的付与の対象とすることができます。

　年次有給休暇の計画的付与制度は、①事業場全体の休業による一斉付与、②班別の交替制付与、③年次有給休暇付与計画表による個人別付与など様々な方法で活用されています（労使協定例は91頁参照）。

イ．年次有給休暇の買上げ

　「年次有給休暇を買い上げることは違法ですよね」と言われることがあります。制度の趣旨から言って、当然労働者が請求し休暇を取ることが原則であり、年度内に使わなかった年次有給休暇を毎年買い上げることや買い上げるから年次有給休暇を使ってはいけない、などと言うのは明らかに違法と言えます。

　行政通達においても「年次有給休暇の買上げの予約をし、これに基づいて法第39条の規定により請求し得る年次有給休暇の日数を減じないし請求された日数を与えないことは、法第39条の違反である」（昭30.11.30基収4718号）としています。しかしながら、年次有給休暇の請求を十分に促したうえで、それでも時効（2年）にかかり権利が消滅した年次有給休暇をたまたま恩恵的に買い上げること、また、退職時点で権利が消滅した年次有給休暇を恩恵的に買い上げることは違法とはなりません。なぜならば、このような権利が消滅した状態の年次有給休暇はすでに労基法に定められた年次有給休暇とは言えず、年次有給休暇を全部使いきる社員と年次有給休暇を残し消滅させてしまう社員との不公平を回避するため等に取られる手法であると言えます。この場合、買い上げる金額は、

すでに労基法の適用を受けていないわけであり、必ずしも「通常の賃金」等にて行う必要はなく、一律額での買上げも可能となり、むしろ高額での買上げは法律で定められた年次有給休暇の権利行使を抑制するものであり不適当であると言えます。

4 カンファレンス

(A) T株式会社としては、年次有給休暇が思っているように取れないとのパートの要望を満たすため、当該有給休暇手当を支給してきたとのことですが、年次有給休暇の本質から言って、問題があると言えますね。

(B) 確かに、少し特異なケースとは思われますが、年次有給休暇を思うように取得できないパートにとって、有給休暇手当が支給されるようになったことは、大きな労務改善と言えるのではないでしょうか。

(C) しかしながら、年次有給休暇の本質は、給与保障よりも休暇を取れる権利にあるのであって、労基法の趣旨から言って問題があると言わざるを得ません。

(A) 中小・小規模事業所において、今回のケースはしっかりと労務管理の改善を行ったと評価する事業所は存在するでしょうね。しかしながら、年次有給休暇の本質に照らしながら、社会保険労務士としてはしっかりと指導していく必要があります。このたび、働き方改革の一環として労基法の改正により、一定日数の年次有給休暇の確実な取得として、使用者は10日以上の年次有給休暇が付与される労働者に対し、5日について毎年時季を指定して与えなければならないこととなりました（労働者の時季指定や計画的付与により取得された年次有給休暇の日数分については指定の必要はない）。年次有給休暇の本来の趣旨に照らして、今後取得することの確認が重要視されていくでしょうね。

(B) Aさん、T社に対しては、このように提案し指導していきましょう。T社はパン・ケーキ等の製造販売業で、店舗の休日が少な

いため、勤務表がひとたびスタートすると、どうしても年次有給休暇を取りにくくなっています。そこで、本人たちの希望を取り入れたうえで、前月中に作成する勤務表の作成段階で、積極的に年次有給休暇の取得日を本人より指定をしてもらう、または年次有給休暇の計画的付与制度を利用して、労使協定に定める範囲で計画表に従って、取得日をあらかじめ指定することにより、取得を促進する方法が考えられます。

Bさん、そうですね。その方向で指導していきましょう。

5 総括

　年次有給休暇の本質は、有給であるということの前に、所定労働日における労働義務の免除であるということを押さえておく必要があります。ときに「パートが年次有給休暇をなかなか取れないので、今月から所定休日を対象に毎月1日分を有給手当として支給しようと思います、問題ありませんよね」といった質問が寄せられることがあります。しかしながら、所定休日に年次有給休暇を使用する余地はないのであって、この質問のケースはあくまで、毎月年次有給休暇を買い上げているにすぎないということに注意を払わなければなりません。

　次に、実務において利用者も増えている半日有給休暇について解説します。年次有給休暇は日単位で取得することが原則ですが、行政通達（昭63.3.14基発150号）により、労働者が希望し、会社が同意した場合であれば、労使協定がない場合でも、日単位取得の阻害とならない範囲で半日単位で与えることは可能とされています。ただし、この場合半日単位の区分を就業規則等にしっかりと定めておくことが重要です。半日の区分としては①午前・午後と正午で区分する、②所定労働時間を半分で区分する、が考えられます。①の場合、例えば午前3時間、午後4時間など公平性に欠けるとの問題もありますが、労働者が選択し希望することでもあり、制度運用上やむを得ないものと解されています。

年次有給休暇の計画的付与に関する労使協定（例）

※個人別付与方式

　Ｔ株式会社と同社従業員代表〇〇〇〇とは、標記に関して次のとおり協定する。

1　当社の従業員が保有する令和〇年度の年次有給休暇（以下「年休」という）のうち、5日を超える部分について、5日を限度として計画的に付与するものとする。

2　年休の計画的付与の期間及びその日数は、業務の繁閑を考慮し、次のとおりとする。
　　第1回　2月～3月の間で各月1日
　　第2回　7月～9月の間で各月1日

3　各個人別の年休付与計画表は、各回の計画付与対象期間が始まる2週間前までに会社が作成し、各従業員に通知する。

4　各従業員は、年休の計画的付与にあたり、希望日を所定の様式により、各回の計画付与対象期間の始まる1か月前までに、店長に提出することができる。

5　店長は、第4項の希望を優先の上、各従業員の休暇日を調整し、年休付与計画表を決定する。

　　　令和　　年　　月　　日

　　　　　　　　　　　　　Ｔ株式会社
　　　　　　　　　　　　　　代表取締役　〇〇〇〇
　　　　　　　　　　　　　Ｔ株式会社
　　　　　　　　　　　　　　従業員代表　〇〇〇〇

6 働き方改革との関連

　働き方改革関連法の成立により、労基法が改正され、平成31年4月より年10日以上有給休暇の権利がある労働者について、年5日以上年次有給休暇を確実に取得させることが使用者に義務付けられました。なお、新法による年次有給休暇の時季指定が義務となる場合であっても、年次有給休暇の計画的付与制度により有給休暇を取得している場合や労働者からの請求により有給休暇を消化している場合は、その日数分は新法による有給休暇の時季指定の義務日数から差し引かれます。

　以下に、新法が成立した後、実務上の取扱いとして疑義となっていた点につき、厚生労働省労働基準局長通達「働き方改革を推進するための関係法律の整備に関する法律による改正後の労働基準法関係の解釈について」（平30.12.28基発1228第15号）により明らかとなった点についてQ＆A形式で記述します。

[半日年休・時間単位年休の取扱い]

Q　使用者が年次有給休暇の時季を指定する場合に、半日単位年休とすることは差し支えありませんか。
　また、労働者が自ら半日単位の年次有給休暇を取得した場合には、その日数分を使用者が時季を指定すべき年5日の年次有給休暇から控除することができますか。

A　時季指定にあたって、労働者の意見を聴いた際に、半日単位での年次有給休暇の取得の希望があった場合には、半日（0.5日）単位で取得することとして差し支えありません。また、労働者自ら半日単位の年次有給休暇を取得した場合には、取得1回につき0.5日として、使用者が時季を指定すべき年5日の年次有給休暇から控除することができます。（なお、時間単位の年次有給休暇については、使用者による時季指定の対象とはならず、労働者が自ら取得した場合にも、その時間分を5日から控除することはできません）。

［前年繰り越し分の対応(1)］
Q　パートタイム労働者など、所定労働日数が少ない労働者であって、1年以内に付与される年次有給休暇の日数が10日未満の者について、前年度から繰り越した日数を含めると10日以上となっている場合、年5日確実に取得させる義務の対象となるのでしょうか。
A　対象とはなりません。前年度から繰り越した年次有給休暇の日数は含まず、当年度に付与される法定の年次有給休暇の日数が10日以上である労働者が義務の対象となります。

［前年繰り越し分の対応(2)］
Q　前年度からの繰り越し分の年次有給休暇を取得した場合には、その日数分を使用者が時季を指定すべき年5日の年次有給休暇から控除することができますか。
A　労働者が実際に取得した年次有給休暇が前年度からの繰り越し分の年次有給休暇であるか当年度の基準日に付与された年次有給休暇であるかについては問わないものであり、ご質問のような取扱いも可能です。

［特別休暇の取扱い］
Q　法定の年次有給休暇に加えて、会社独自に法定外の有給の特別休暇を設けている場合には、その取得日数を5日から控除することはできますか。
A　法定の年次有給休暇とは別に設けられた特別休暇（例えば、労基法115条の時効が経過した後においても、取得の事由及び時季を限定せず、法定の年次有給休暇日数を引き続き取得可能としている場合のように、法定の年次有給休暇日数を上乗せするものとして付与されるものを除く。以下同じ）を取得した日数分については、控除することはできません。
　なお、当該特別休暇について、今回の改正を契機に廃止し、年次有給休暇に振り替えることは、法改正の趣旨に沿わないものであるとともに、労働者と合意をすることなく就業規則を変更することにより特別休暇を年次有給休暇に振り替えた後の要件・効果が労働者にとって不利益と認められる場合は、就業規則の不利益変更法理に照らして合

理的なものである必要があります。

[育児休業復帰者の取扱い]
Q　年度の途中に育児休業から復帰した労働者等についても、年5日の年次有給休暇を確実に取得させる必要があるのでしょうか。
A　年度の途中に育児休業から復帰した労働者等についても、年5日の年次有給休暇を確実に取得していただく必要があります。ただし、残りの期間における労働日が、使用者が時季指定すべき年次有給休暇の残日数より少なく、5日の年次有給休暇を取得させることが不可能な場合には、その限りではありません。

就業規則規定例

就業規則において、休暇は絶対的必要記載事項（労基法89条）であるため、新労基法による、年次有給休暇の確実な取得の義務化についても、就業規則への記載が必要であり、その具体例を以下に示すこととします。

第○条（年次有給休暇）
　入社日から6か月間継続勤務し、所定労働日の8割以上出勤した労働者に対しては、10日の年次有給休暇を与える。その後1年間継続勤務するごとに、当該1年間において所定労働日の8割以上出勤した労働者に対しては、次の表のとおり勤続年数に応じた日数の年次有給休暇を与える。

勤続年数	0.5	1.5	2.5	3.5	4.5	5.5	6.5以上
日数	10	11	12	14	16	18	20

　なお、週所定労働時間30時間未満であり、かつ週所定労働日が4日以下（週以外の期間によって所定労働日数を定める労働者については年間所定労働日数が216日以下）の労働者に対しては、次の表のとおり所定労働日数及び勤続年数に応じた日数の年次有給休暇を与える。

週所定労働日数	年間所定労働日数	勤続年数						
		0.5	1.5	2.5	3.5	4.5	5.5	6.5以上
4	169〜216	7	8	9	10	12	13	15
3	121〜168	5	6	6	8	9	10	11
2	73〜120	3	4	4	5	6	6	7
1	48〜72	1	2	2	2	3	3	3

2 前項の出勤率の算定にあたっては、次の各号の期間は出勤したものとみなす。
  (1) 業務上の傷病により休業した期間
  (2) 年次有給休暇を取得した期間
  (3) 産前産後休業期間
  (4) 育児介護休業法に基づく育児休業期間及び介護休業期間

3 年次有給休暇は、労働者があらかじめ請求する時季に取得させる。ただし、労働者が請求した時季に年次有給休暇を取得させることが事業の正常な運営を妨げる場合は、他の時季に取得させることがある。
　　なお、取得する年次有給休暇は、原則として1労働日を単位とするが、労働者が希望した場合には、半日を単位として分割して取得することができる。この場合における半日とは、次のとおりとする。
　　午前休：午前〇時から午後〇時まで
　　午後休：午後〇時から午後〇時まで

4 前項の規定にかかわらず、労働者代表との書面による協定により、各労働者の有する年次有給休暇のうち5日を超える部分について、あらかじめ時季を指定して取得させることがある。

5 年次有給休暇が10日以上与えられた労働者に対しては、第3項の規定にかかわらず、付与日から1年以内に、当該労働者の有する年次有給休暇日数のうち5日について、会社が労働者の意見を聴取し、その意見を尊重したうえで、あらかじめ時季を指定して取得させる。ただし、労働者が第3項又は第4項の規定による年次有給休暇を取得した場合においては、当該取得した日数分を5日から控除するものとする。
　　なお、半日単位の年次有給休暇の取扱いについては、時季指定にあたって、労働者の意見を聴いた際に、半日単位での取得の希望があった場合には、

半日単位で時季指定を行い、また労働者自ら半日単位での取得を行った場合には、取得1回につき0.5日として、5日から控除するものとする。
【改正労基法への対応として本項を定める】

6 年次有給休暇により休んだ期間については、通常の賃金を支払うものとする。

7 会社は、年次有給休暇を取得した労働者に対して昇給や賞与等において不利益な取扱いを行ってはならない。

8 付与日から1年以内に取得しなかった年次有給休暇は、付与日から2年以内に限り繰り越して取得することができる。

9 前項について、繰り越された年次有給休暇とその後付与された年次有給休暇のいずれも取得できる場合には、繰り越された年次有給休暇から取得するものとする。

第7章

非正規社員の処遇改善（均等・均衡処遇）に向けた取組

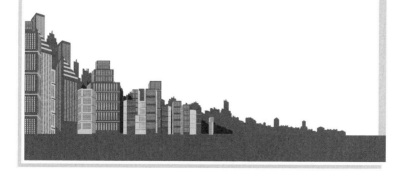

はじめに

 働き方改革の主要テーマの一つである正規・非正規の格差是正について、この章では、正規雇用労働者と非正規雇用労働者の賃金格差を巡る問題を事例として取り上げます。以下、第8章、第9章においてもこの章と同じ事例を基にカンファレンスを行っていきます。

1 ケーススタディ

[非正規社員（有期労働契約を反復更新しているパート）から自身の待遇（賃金）が不合理であるとして改善要求がされた場合の対応]

 Y社は、A・G・M県内で喫茶店50店舗を展開する外食業者であるが、店舗の人員確保に苦慮している。過日、a店のパートX（配偶者とは離別、中学生の子を扶養しており、他に収入はなし）から、正社員との賃金格差を改善するよう求められた。同社の正社員（100名程）とパート（学生アルバイトを含め300名程）の処遇等は次表の通り。

	正社員	パート・学生アルバイト
契約期間	期間の定めなし	3か月間の有期労働契約
勤務地、職務の内容、時間外・休日労働の有無	主に本部（A県）または営業所（G県・M県）で、管理・企画開発部門等に所属。一定期間、店舗の業務に従事する者もいる。勤務地・職務は限定なし。時間外・休日労働あり。	店舗における調理・接客。勤務地は契約時の店舗に限定。勤務はシフト表による。

基本給	月給制（本給＋職能給：資格等級制度）	時間給制（昇給制度なし）
諸手当	通勤手当・役職手当・外勤手当・赴任手当・扶養手当・勤続手当・皆勤手当、以上の他、店舗業務従事者には、責任者手当・祝日給・年末年始手当	通勤手当のみ

　Y社の就業規則及び賃金規程は、正社員とパートとで別個作成され、それぞれ独立して適用されていた。

　X自身は、労働契約上、勤務地は契約時の店舗（a店）に限定され、週の所定労働時間は、店舗正社員の週平均40時間（勤務シフトによる1か月単位の変形労働時間制）より5時間程短いとされていたものの、会社が組むシフトには協力的で、来客数の多い週末・祝日勤務にも積極的に応じていた。店舗での業務内容自体は、正社員とほぼ同様で、パート要員が不足するときには、時間外労働に従事し、または他店舗の応援勤務を要請されることも頻繁であった。また、Xが勤務するa店では、正社員は店長1名のみで、同人が不在の時間帯または休日を取った日については、Xが事実上の責任者として店を切り盛りしていた。

2　ケーススタディを理解するために

　働き方改革関連法は、「雇用形態にかかわらない公正な待遇の確保」の実現を、重要な柱の一つとして位置付けます。有期で雇用されまたは短時間勤務に従事している者と正社員（無期雇用フルタイム労働者）との処遇格差の問題は、パート・有期労働法[43]（以下、本章において「新法」と言う場合がある）により規制されることになります。本ケースでは、短時間・有期雇用労働者[44]と通常の労働者（いわゆる正社員で、施行通達

（102頁脚注47参照）では「無期雇用フルタイム労働者」）との間の不合理な待遇の相違を禁じる新法8条（いわゆる均衡待遇規定）及び通常の労働者と同視すべき短時間・有期雇用労働者への差別的取扱いを禁止する新法9条（いわゆる均等待遇規定）が主たる参照条文となります。法条文の内容等は、次のカンファレンスで確認のうえ本件を検討します。

なお、平成30年通常国会会期中、新法8条に統合されることとなる労契法20条に関する初めての最高裁判決[45]が下され、労契法20条の趣旨について、「同条は、有期契約労働者については、無期契約労働者と比較して合理的な労働条件の決定が行われにくく、両者の労働条件の格差が問題となっていたこと等を踏まえ、有期契約労働者の公正な処遇を図るため、その労働条件につき、期間の定めがあることにより不合理なものとすることを禁止したものである」とし、判決中、同条の立法事実及び立法目的について明確に指摘しています。

---

[43] パートタイム労働法は、短時間労働者を適用対象とし、一方、平成24年改正の労契法は、有期雇用労働者に対する保護規定として、無期労働契約への転換（18条）、有期労働契約の更新（19条）、不合理な労働条件の禁止（20条）の三つを定めていたところ、今回の改正は、パートタイム労働法の法律名を改めるとともに、労契法の前記3条文のうち20条を削除し、パートタイム労働法の8条に統合したうえ、パートタイム労働者と有期雇用労働者とをあわせて規制しようとするもの。新法の施行日は、大企業が令和2年4月1日、中小企業が令和3年4月1日とされている。なお、新法8条と同趣旨の規制である労契法20条、パートタイム労働法8条は、現行法として存在しており、新法の施行日にかかわらず、速やかな対応が求められる。

[44] 新法2条は、「短時間労働者」を通常の労働者と比べ週の所定労働時間が短い者、「有期雇用労働者」を期間の定めのある労働契約を締結する者と定義し、この両者をあわせ「短時間・有期雇用労働者」と定義する。これにより、新法は3種類の労働者、すなわち、①労働時間が短い有期雇用労働者、②労働時間が短い無期雇用労働者、③労働時間が通常の労働者と同じ有期雇用労働者、の全てに適用されることになる。また、労契法18条の無期転換制度（脚注124）により①の者が無期雇用となった場合は当然新法の対象となるが、③の者は対象から外れることとなる。なお、法文上、「通常の労働者」の定義はないが、後述の施行通達（脚注47）によれば、社会通念に従い、比較の時点で当該事業主において「通常」と判断される労働者を言うと記述されている。

[45] ハマキョウレックス事件・最二小判平30.6.1

3 カンファレンス

ア．パート・有期労働法8条・9条の要件と効果

A 今回のケースを検討するにあたり、新法8条、9条についてみんなの共通認識をそろえておく必要があります。新法8条、9条の規定はいずれも、私法的効力を有する規定[46]とされます。不合理と認められ（8条）または差別的取扱いにあたるとされる（9条）待遇を定めた労働契約は無効とされ、その定めによる処遇は不法行為に基づく損害賠償責任を発生させます。例えば賃金であれば、短時間・有期雇用労働者は、過去の差額賃金相当額等の損害賠償を請求することができるものとされます。

パート・有期労働法9条違反が成立するのは、当該短時間・有期雇用労働者について、①「職務の内容が通常の労働者と同一」であること、②雇用の全期間、「職務の内容及び配置が当該通常の労働者の職務の内容及び配置の変更の範囲と同一の範囲で変更されることが見込まれる」

---

[46] 新法8条に統合されることとなる労契法20条の規定について、前掲・ハマキョウレックス事件（脚注45）は、「私法上の効力を有するもの」と解するのが相当とし、有期労働契約のうち同条に違反する労働条件の相違を設ける部分は無効とすると判断、「理念的な規定」ないし「訓示規定」であり民事上の効力がないとする会社側の主張を退けた。なお、学説でも、労契法20条の規定は民事的効力を有すると解し、有期契約労働者に関する不合理な労働条件格差は裁判上是正の対象とされるとしていた（荒木尚志・菅野和夫・山川隆一『詳説労働契約法 第2版』（弘文堂）40頁）。

[47] 本条が適用される短時間・有期雇用労働者に対しては、「全ての賃金、教育訓練、福利厚生施設、休憩、休日、休暇、安全衛生、災害補償、解雇等の全ての待遇」につき差別的取扱いをしてはならないとされている。なお、この場合であっても、労働時間が短いことに比例した取扱いの差異として、賃金が時間比例分少ないといった合理的な差異は許容され、「差別的取扱い」にはあたらないと解される（「短時間労働者及び有期雇用労働者の雇用管理の改善等に関する法律の施行について」（パート・有期労働法の施行通達）平31.1.30基発0130第1号・職発0130第6号・雇均発0130第1号・開発0130第1号参照）。また、本文①②の要件を満たす者（通常の労働者と同視すべき短時間・有期雇用労働者）と通常の労働者との待遇に相違が存在する場合であっても、その相違の理由が、例えば、勤続年数、資格が相違する等、「短時間・有期雇用労働者であること（本文③）」以外にあるのであれば差別的取扱いとはならない。

ことの2要件が充足されている場合で、③短時間・有期雇用労働者であることを理由として「差別的取扱い」がされたときです。本条は、労働時間及び労働契約の期間を除いて、待遇に関し一切の差別的取扱いを禁止[47]する、いわゆる均等処遇を求める規定ですが、要件が厳格に規定されていることで、適用対象者が極めて限定されます。

これに対し、パート・有期労働法8条は、9条の差別禁止とは異なる規定ぶりとなっています。同条が規制するのは、(1)短時間・有期雇用労働者の待遇が、「通常の労働者の待遇との間において」相違する場合に、(2)当該待遇の相違が、「不合理と認められる」ものであることとされます。8条は全ての短時間・有期雇用労働者が規制の対象とされ、9条の2要件が満たされない場合であっても、待遇の相違を違法とする根拠条文となります。

なお、無効とされた賃金等の待遇ですが、上記規定には、その効果として、無効となった部分が、正社員の待遇によって当然に補充される（自動的に代替される）とする旨の明記がないことから、その効力として、短時間・有期雇用労働者の待遇が正社員の待遇と同一のものになるとまでは解されません[48]。また、本件のように、正社員就業規則及び賃金規程と短時間・有期雇用労働者に適用される就業規則とが、別個独立して作成されているような場合、就業規則の合理的解釈によっても、正社員賃金規程の定めが短時間・有期雇用労働者に適用されると解することは困難であるとされています。[49]したがって、8条違反と認められた場合であっても、当該短時間・有期雇用労働者に正社員就業規則等が適用されるわけではなく、例えば手当であれば、不合理な相違であるとされた手当分の差額、あるいはその差額相当分の何割かについて損害賠償が認め

48 　前掲・ハマキョウレックス事件（脚注45）は、有期・無期雇用労働者間の労働条件の相違が労契法20条に違反する場合であっても、同条の効力により当該有期雇用労働者の労働条件が比較対象である無期雇用労働者の労働条件と同一のものになるものではないとする。この点、前掲・施行通達（脚注47）は、新法8条について、「私法上の効力を有する規定であり、短時間・有期雇用労働者に係る労働契約のうち、同条に違反する待遇の相違を設ける部分は無効となり、故意・過失による権利侵害、すなわち不法行為として損害賠償が認められ得ると解される」としたうえ、同条違反の場合であっても、「同条の効力により、当該短時間・有期雇用労働者の待遇が比較の対象である通常の労働者の待遇と同一のものとなるものではないと解される」とする。

られることになると考えられます。

イ．本件に適用される法条文と不合理性の解釈

A Xからの賃金改善要求について参照すべき条文はどうなりますか。

B Xが、パート・有期労働法9条が定める「通常の労働者と同視すべき短時間・有期雇用労働者」に該当するかについては、パート・有期労働法の施行通達[50]を参照しても否定的に判断せざるを得ません。一方、パート・有期労働法8条は当然に適用されますが、待遇の相違が「不合理と認められ」違法となるのか否かは、Xの処遇がY社正社員との比較において、単に低いというのではなく、法的に否認すべき程度に不公正に低い場合に違法と判断されるべきものと考えます。その結果、法的に否認されるほどの不合理性が認められなければ、正社員とXとの間に待遇差を設けることは認められるということになります。

---

49 無効となった短時間・有期雇用労働者の待遇を、正社員に関する就業規則を合理的に解釈することで、短時間・有期雇用労働者にも適用できる場合、正社員の待遇を補充することはあり得る。裁判例は、この点、正規・非正規に対する就業規則の適用範囲、特則の有無に着目して無効となった賃金を正社員就業規則の賃金によって補充することの適否を判断するものがある。肯定例として、長澤運輸事件・東京地判平28.5.13は、正社員就業規則が、「会社に在籍する全従業員に適用する」とされたうえ、ただし、定年後嘱託再雇用の有期契約社員については、「規則の一部を適用しないことがある」と定めていることから、嘱託社員の労働条件のうち無効である賃金の定めに関する部分については、これに対応する正社員就業規則その他の規定が適用されるとする。一方、否定例として、ハマキョウレックス事件・大阪高判平28.7.26は、正社員就業規則と契約社員就業規則が独立して存在しており、正社員就業規則が会社の全従業員に適用されることを前提に、契約社員については特則として契約社員就業規則に関する規定を適用するような形式を採っていないことから、契約社員就業規則で定める労働条件が労契法20条に違反する場合に、正社員就業規則で定める労働条件が適用されることはないと判断する。なお、前掲・施行通達（脚注47）も、新法8条に関し、「個々の事案に応じて、就業規則の合理的な解釈により、通常の労働者の待遇と同一の待遇が認められる場合もあり得ると考えられる」としている。

50 前掲・施行通達（脚注47）は、要件①の同一性について、「業務の内容や当該業務に伴う責任の程度が同一であるか」をいうとし、業務の内容が「実質的に同一」であるかどうかを、次に責任の程度が「著しく異なって」いないかで判断するとし、要件②の同一性については、「職務の内容及び配置の変更の範囲（人材活用の仕組み、運用等）が、当該事業主との雇用関係が終了するまでの全期間において、通常の労働者と同一であること」を言うとし、職務の内容や配置が将来にわたって通常の労働者と同じように変化するかについて判断するとしている。

   Ⓒ　本件が9条ではなく、8条の事案であることは、その通りです。ただ、Xは賃金に係る格差を問題にしていることからパート・有期労働法10条も適用されます。確かに10条が対象とする賃金[51]は均衡の努力義務にしかならないものですが、同条が列挙する「職務の内容、職務の成果、意欲、能力又は経験その他の就業の実態に関する事項」は、8条が定める「不合理な待遇の禁止」を判断する際の考慮要素としても勘案されるべきです。特に、新法では、10条に「就業の実態に関する事項」との文言が新たに挿入され、職務関連の手当のうち、例えば、勤続年数、出勤率といった客観的指標を勘案要素として決定されるべき賃金項目については、特に正社員との間の均衡努力が要請され、不合理性の判断にも影響が及ぶものと考えます。

ウ．不合理と認められるものの意味

   Ⓒ　Bさんの「法的に否認すべき程度に不公正に低い」場合に初めて違法となるとの見解は、労契法20条に関する学説[52]からの引用です。この解釈では、正規・非正規間の待遇格差を認するためのグレーゾーンが大幅に拡大し、その範囲に収まれば格差は法的に許容、幅の限度ラインを超えると断定できる場合に限って初めて違法とするとの結論を導くもので、均衡処遇の実現を目指す8条の趣旨には沿わないものと考えます。パート・有期労働法8条に統合される労契法20条については、正規・非正規に分断された労働市場の現実に対し強行的な民事的効力を付与して、労働契約関係の是正を意図する「社会改革的規定」[53]であるとも評されています。本件のようにXが現に自身の処遇に不満を抱き、待遇差を巡る紛争が発生するおそれがあるのであれば、まさに、

51　その対象は、職務の内容と密接に関連して支払われる賃金とされる。条文上は、「通勤手当その他の厚生労働省令で定めるものを除く」賃金と規定され、施行規則3条は、通勤手当、家族手当、住宅手当、別居手当、子女教育手当等は本条の対象外であるとしている。

52　前掲書（脚注46）234頁は、「有期契約労働者の労働条件が、無期契約労働者の労働条件に比し、本条の趣旨に照らして法的に否認すべき内容ないし程度で不公正に低いものであってはならないとの意味と解される」とする。

53　前掲書（脚注46）228頁。

8条の実効性を高める観点から、問題とされている個々の待遇の相違につき、その確たる合理的理由が見いだせない場合、つまり「合理的理由はないが、不合理であるとも断定できない相違」については、割合的に幅のある処遇の仕方があり得ることも踏まえ、格差を縮小させる方向で柔軟に解釈すべきではないでしょうか。

A 　Cさん、「割合的に幅のある処遇の仕方」とはどういうことですか。

C 　Bさんの考え方では、非正規の処遇が正規と比べ低いことが合理的でないとしても、不合理であるとまでの評価に至らない場合、非正規は何ら救済されません。確かに、ハマキョウレックス事件最高裁判決（脚注45）は、労契法20条にいう「不合理と認められるもの」とは、「有期契約労働者と無期契約労働者との労働条件の相違が不合理であると評価することができるものであることをいう」と解し、「合理的でないものと同義であると解すべき」とする労働者側の主張を斥けました。一方、同判決は、労契法20条の趣旨を、「職務の内容等の違いに応じた均衡のとれた処遇を求める規定」であるとも解し、同条の「不合理」性の意味するところを明らかにしています。そして、「均衡」の法的意味について、有期・無期契約労働者間で労働条件に相違があり得ることを前提に、「職務の内容等が異なる場合であっても、その違いを考慮して両者の労働条件が均衡のとれたものであることを求める規定である」と判示します。これは、職務の内容等が異なることから、労働条件が相違すること自体は正当化できるとしても、相違の程度が大きすぎる（均衡を失する）場合には、不合理性を判断するうえで問題となり得ることを明らかにしたものと理解できます。また、その他の事情を含め職務の内容等の違いに応じた均衡のとれた処遇を求める規定であるとも解しています。このような理解をさらに一歩進め、働き方改革関連法の目的である「雇用形態にかかわりない公正な待遇の確保」を実現しようとするのであれば、パート・有期労働法8条を行為規範として捉え、Xの待遇の不合理性を将来的にどのような形で解消すべきかとの観点からの検討が不可欠です。

(図1)

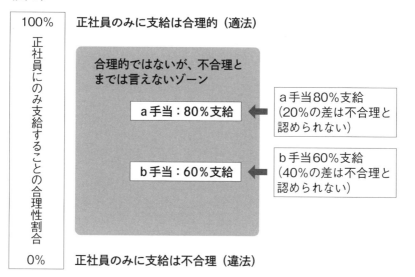

　この点、先に引用した最高裁判決も、「両者の労働条件が均衡のとれたものであるか否かの判断に当たっては、労使間の交渉や使用者の経営判断を尊重すべき面があることも否定し難い」としています。つまり、適法と違法との間にあるグレーゾーンに位置する手当等、個々の賃金項目の性質によっては、正規・非正規の就業実態を勘案のうえ（10条）、非正規に対し全く支給されていないのであれば、その意味においては不合理であるといった発想の下、労使間の話合いや経営上の判断により、均衡のとれた処遇、言い換えれば割合的に支給する方向で検討がされてもいいのではないかということです。**図1**がイメージです。この視点では、例えば、ある手当が正社員には支給され、非正規社員に対しては全く支給されていないという相違の不合理性について、グレーゾーンではあるが、まだ法的に否論すべき程度にまでは至っていないと判断される場合、違法ではないから問題なしとするのではなく、グレーゾーンにある個々の手当の趣旨・目的等を分析し、不合理とならない限度で、例えばa手当は8割相当（正社員と2割程度の相違であれば不合理と認められない場合）、b手当は6割相当（同様に4割程度）といった、柔軟性を持った幅のあ

る割合的な処遇の仕方があり得るとの趣旨で発言したものです。もちろん、相違の大きさがどの程度であれば不合理なのかという別の問題が残りますが、この点、残存する相違の理由について、同じく行為規範たるパート・有期労働法14条2項による説明が付くものなのかが問われることになると考えます。

　なお、8条は一般的に均衡処遇を求める規定[54]であると言われていますが、個別の労働条件によっては均等、すなわち割合的なものでなく差額全額が支払われないことが違法とされることにも留意して検討すべきです。要約すれば、8条が禁止する不合理な待遇には、正社員との間に、(1)差異があること（つまり同一内容でないこと）をもって不合理とされるもの、(2)同一でなければならないといったレベルまでは要求されないものの差異の程度が大きいことによって不合理とされるものの二つに区分でき、(1)にあたる手当は均等処遇を、(2)は均衡処遇とする方向で、格

---

[54]　前掲・ハマキョウレックス事件（脚注45）は、労契法20条について、有期雇用労働者と無期雇用労働者との間で労働条件に相違があることを前提に、「職務の内容等の違いに応じた均衡のとれた処遇を求める規定であると解される」とし、均衡処遇を強調している。

[55]　日本郵便事件・東京地判平29.9.14は、労契法20条違反と判断された場合の不法行為における損害の算定にあたり、無期契約労働者に対する手当等との「差額全額」とするものと「相当な損害額」として認定するものに区分して判断。前者は、同一労働同一賃金と同様の効果（均等原則）となり、後者は、個別の手当によっては、割合的な救済（均衡原則）があり得ることを示すもの。また、最近のメトロコマース事件・東京高判平31.2.20判決は、一審では相違の不合理性が否定された退職金について、退職金の法的性格が、賃金の後払い、功労報償など様々であるとしたうえ、契約社員（一審原告ら）は、原則として有期労働契約を更新され定年が65歳と定められていたところ、原告のうち2名は定年まで10年前後勤務していたこと等を挙げ、「長年の勤務に対する功労報償の性格を有する部分に係る退職金」すら一切支給しないことは不合理であるとし、「功労報償の性格を有する部分」を、各原告の月額賃金を基準に、正社員の退職金規程の計算方法にあてはめて算出した額の「少なくとも4分の1はこれに相当する」とし、長期間勤務を継続した契約社員にも「全く退職金の支給を認めないという点において不合理」と評価できるとした。なお、学説でも、同様の見解を示すものがあり、土田道夫『労働契約法 第2版』（有斐閣）802-803頁では、労働条件の相違が不合理と判断された場合の救済範囲について、Ⓐ当該労働条件（賃金であれば、無期契約労働者との間の賃金差額）全体が不合理で無効とされ、労働者は差額賃金相当額全部を請求できるとする見解と、Ⓑ当該労働条件の一部（賃金であれば、例えば無期契約労働者の賃金の8割以下となる格差部分）が不合理で無効とされ、労働者は当該差額賃金相当額を請求できるとする見解（割合的認定説）とがあり得るとし、Ⓑ説が妥当とする。ただし、有期・無期契約労働者間で、20条が定める三つの考慮要素全ての点で違いがない場合は、Ⓐ説によって差額賃金相当額全部の請求を肯定すべきであろうともする。

差解消に向け検討することとなります。[55]

　また、有期雇用に特有の問題として、当初は正社員との待遇差が直ちに不合理でないとしても、契約が反復更新され全体の勤務期間が長期化した場合、その時点において、当該待遇が有期雇用労働者に全く付与されないということについては不合理であるとの判断がなされ得る[56]という点にも留意が必要と考えます。先の「割合的処遇」の派生類型とも言えるのですが、ここでは、勤務期間の長さの程度に応じて差異の程度を含めた不合理性の判断が求められることがあるという点で、「期間応分的処遇」とでも表現しておきます。

A　勤務期間の長期化により、当初は不合理でなかったものが後に不合理になり得る、すなわち待遇の性質によっては、長期雇用の過程で応分の処遇が求められることがあるとのご指摘かと思います。どのくらいの期間が経過するとそうなるのでしょうか。

C　近時の裁判例[57]で、通算契約期間が5年を超える日以降は不合理であると明示したものがあります。同事件では一部の手当、夏期冬期休暇、病気休暇について、当該手当・休暇の趣旨・目的に照らし、正社員と契約社員との間の労働条件の相違が直ちに不合理と評価できない場合であったとしても、契約社員について、契約の通算期間が5年を超えた日以降は、これらの労働条件に差異を設ける根拠は薄弱なものとならざるを得ず、手当の場合であれば一切支給しないという労働条件の相違は労契法20条にいう不合理と認められるものにあたると判断しています。その一方、契約の通算期間が3年程にとどまるのであれば、柔軟な労働力の補充・確保のための短期雇用という性質はいまだ失われてい

56　前掲・日本郵便事件（脚注55）は、病気休暇に関する相違（正社員には有給の病気休暇が少なくとも90日付与され、時間給契約社員には、無給の病気休暇10日のみ）について、職務の内容、配置の変更範囲の違いに照らし、長期雇用を前提とする正社員に対し、有為な人材の確保・定着を図る目的で、有給の病気休暇を付与することには一定の合理的な理由があり、そのような事情のない時間給契約社員との間で差異を設けることは、その差異の程度により、不合理とはならない場合があり得ると指摘したうえ、病気休暇の趣旨を、労働者の健康保持のため、私傷病により勤務できなくなった場合に療養に専念させるための制度であると解釈し、「時間給契約社員に対しては、契約更新を重ねて全体としての勤務期間がどれだけ長期間になった場合であっても、有給の病気休暇が全く付与されないことは」不合理であり、労契法20条に違反すると判断した。

ないとし、相違の不合理性を否定しています。

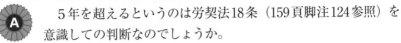　5年を超えるというのは労契法18条（159頁脚注124参照）を意識しての判断なのでしょうか。

　同判決は無期転換ルールを定める労契法18条を参照しています。同事件の一審原告8名中、7名は改正労契法施行日（平成25年4月1日）時点で、通算契約期間が5年を超え、問題となった手当の相違は不合理とされました。残る1名は同時点での通算契約期間は約3年で不合理とは言えないものの、その後、さらに有期労働契約が更新され、5年を超えた平成27年5月1日以降は不合理であると判断されています。図2がイメージです。

（図2）　有期労働契約の通算年数と労働条件相違の不合理性

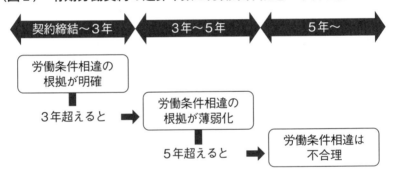

57　日本郵便事件・大阪高判平31.1.24は、年末年始勤務手当を、郵便事業の特殊性から年末年始の時期に業務に従事しなければならない正社員の苦労に報いる趣旨で支給されるものとし、一方、契約社員は同期間に（むしろ同期間にこそ）業務に従事することを当然の前提として採用されていることを指摘したうえ、同手当に関する労働条件の相違を、直ちに不合理なものと評価することは相当でないとする。「もっとも、本件契約社員にあっても、有期労働契約を反復して更新し、契約期間を通算した期間が長期間に及んだ場合には、年末年始勤務手当を支給する趣旨・目的との関係で本件比較対象正社員と本件契約社員との間に相違を設ける根拠は薄弱なものとならざるを得ないから、このような場合にも本件契約社員には本件比較対象正社員に対して支給される年末年始勤務手当を一切支給しないという労働条件の相違は、職務内容等の相違や導入時の経過、その他……事情などを十分に考慮したとしても、もはや労契法20条にいう不合理と認められるものに当たる」と判断する。他にも祝日給の一部、夏期冬期、病気休暇について、年末年始勤務手当の考え方はあてはまるとする。

🅐　Bさん、何かご意見はありますか。

🅑　パート・有期労働法8条は文言上、「不合理と認められる相違を設けてはならない」と規定され、裁判規範としては、相違があることが合理的と評価されない場合であっても、不合理との評価にまで至らなければ原告の請求は棄却されざるを得ないのではないでしょうか。[58] 一方、ある労働条件について、原告の請求が容認され、不合理とされた労働条件が無効となった結果、過去の差額分についての救済が図られたとしても、将来的には、新たに労働条件を設定することでしか、真の問題解決とはならないことも確かです。[59] 8条の問題を、司法判断の場面と公正な労使関係の構築に向けた行為規範と把握し検討する場面とで、分けて議論すべきとのご意見として理解しました。ただ、いわゆる労契法20条裁判でも、不合理性の判断にあたり、「その他の事情」として、労使協議の状況[60]といった具体的な行為の有無が考慮要素の一つとされ得ることから、これらの場面の違いによっても法的判断なり検討の仕方が大きく乖離するものでないことは、Cさんと認識をあわせることができるものと思います。

🅒　一言、補足します。社会保険労務士は、労使双方の利益に目配りし、適正な労務管理の下、公正な労使関係の構築を目指すことを生業とします。[61] 8条を裁判規範として捉え、その実効性に絞りを掛けすぎてしまうと、同条の趣旨や、働き方改革の目的の実現が危ぶ

58　前掲・ハマキョウレックス事件（脚注45）は、労契法20条にいう「不合理と認められるもの」という意味は、「合理的でないもの」とは同義ではないとし、同条はあくまでも労働条件の相違が不合理と評価されるか否かを問題とするものであるとする。ただし、これは、「法的に否認すべき内容ないし程度で不公正に低いもの」との表現とは異なり同見解を採用したわけでもないことをも意味すると考えられる。

59　前掲・日本郵便事件（脚注55）は、労契法20条の法的効果として、補充的効力を否定したうえ、無効とされた労働条件の不合理性の解消は、労使間の個別的あるいは集団的な交渉により決定されるべきものとする。言い換えれば、使用者が自主的に相違を是正する措置を講じなければ、事態は何も変わらないことになる。

60　長澤運輸事件・東京高判平28.11.2は、会社が、労働組合との団体交渉の過程で、老齢厚生年金の報酬比例部分の未支給期間につき調整給を支給（月額1万円、その後組合から不十分であるとの主張を受け2万円に増額）したこと等、労働条件の改善に向け、労使間で一定程度の協議が行われたことを、考慮すべき事情として評価する。

まれます。また、本件のように、現に格差に対する不満が表面化しているのであれば、まずは経営上も可能な範囲で、実効性ある解釈の下、処遇改善の実施に向けた具体的行動をとることが労使間の信頼関係の構築に役立ち、経営上もプラスに作用するものと考えます。このことは、また、仮に訴訟となった場合、顧問先が敗訴するリスク縮減につながり、この点、Bさんの考え方とは大きく相違しません。

エ．パート・有期労働法14条の説明義務

A パート・有期労働法14条2項は、Xから求めがあった場合、正社員との間の待遇の相違に関して、その内容と理由、また、8条が定める「不合理な待遇の禁止」に向けた考慮事項について説明義務を課しました。[62]この点は、8条の不合理性判断との関係で何か影響しますか。

C パート・有期労働法は、旧法（パートタイム労働法）と異なり、8条を説明義務の対象に含めました。このことは、Xに対し、自身の待遇が正社員との比較でどう異なるのか、違う理由は何なのかについて認識させる契機となるものです。納得性、透明性のある説明にY

61　社会保険労務士法は、その1条で「事業の健全な発達と労働者等の福祉の向上に資することを目的とする」と定める。

62　労働政策審議会同一労働同一賃金部会は、平成30年11月27日、諮問された省令案要綱・指針案についておおむね妥当と認め了承した。これを受け、パートタイム労働指針（平19.10.1厚生労働省告示第326号）が改正され、新たに「事業主が講ずべき短時間労働者及び有期雇用労働者の雇用管理の改善等に関する措置等についての指針」（以下、「パート・有期労働指針」と言う）が、平30.12.28厚生労働省告示429号として公表された。新法14条2項との関係では、(1)比較対象となる通常の労働者を「職務の内容、職務の内容及び配置の変更の範囲等が、短時間・有期雇用労働者の職務の内容、職務の内容及び配置の変更の範囲等に最も近いと事業主が判断する通常の労働者」とし、(2)待遇の相違の内容として、「通常の労働者と短時間・有期雇用労働者との間の待遇に関する基準の相違の有無」及び①「通常の労働者及び短時間・有期雇用労働者の待遇の個別具体的な内容」または②「通常の労働者及び短時間・有期雇用労働者の待遇に関する基準」のいずれかを説明するとし、(3)待遇の相違の理由として、「通常の労働者及び短時間・有期雇用労働者の職務の内容、職務の内容及び配置の変更の範囲その他の事情のうち、待遇の性質及び待遇を行う目的に照らして適切と認められるものに基づき、待遇の相違の理由を説明する」とし、(4)説明方法として、「資料を活用し、口頭により説明することを基本」としつつ、「説明すべき事項を全て記載した短時間・有期雇用労働者が容易に理解できる内容の資料を用いる場合には、当該資料を交付する等の方法でも差し支えない」と規定する。

社が失敗すれば、結局、Ｘは不満感を抱いたまま不本意ながらも継続就労するか、転職するか、場合によっては行政ＡＤＲへの調停[63]の申請または訴訟[64]を提起するかのきっかけとなり得ます。8条は、短時間・有期雇用労働者であれば、当然に適用されるものであることから、14条2項は不合理な待遇差の是正に向け大きなインパクトを与えるものと考えます。

　なお、14条3項は、事業主に対し、説明を求めたことを理由として不利益取扱いをすることを禁止します。

　Ⓑ　貴重な人材を失わないという観点からも、誠意ある説明が求められることは当然です。Ｘは正社員との賃金格差の是正を求めていますので、8条に関する説明義務との関係では、賃金制度の仕組み及び正社員と相違する理由として、10条に列挙された「職務の内容、職務の成果、意欲、能力又は経験その他の就業の実態に関する事項」のうち、どの要素を勘案して賃金が決定されたのか、基本給の構成要素、諸手当の趣旨等について、責任の重さ、業務遂行にあたっての困難度、配転、昇任・昇格、登用、評価項目等の人事制度との関連性をも踏まえ、あらかじめ合理的な説明ができるよう準備しておくことが肝要です。

---

[63] 新法22条（苦情の自主的解決）は、新たに8条に関する事項を追加、これにより不合理な待遇の禁止に係る紛争が、26条が定める調停（個別労働紛争解決促進法6条1項に定める紛争調整委員会に委任され行われる）の対象に含まれることとなった。

[64] 前掲書（脚注31）93頁は、14条2項の説明義務について、労使間の情報の不均衡を是正し労働者が訴えを提起することを可能とするための情報的基盤となり、事業主が十分な説明をしなかったことは、待遇の相違の不合理性を基礎付ける重要な事情となると解されるとする。また、前掲・施行通達（脚注47）も、事業主が待遇の相違の内容等について十分な説明をしなかったと認められる場合、その事実も、考慮要素の一つである「その他の事情」に含まれ、不合理性を基礎付ける事情として考慮され得るとする。この点、平成30年5月23日、衆議院厚生労働委員会において、加藤勝信厚生労働大臣（当時）は、「事業主が……この待遇差について十分な説明をしなかったと認められる場合にはその事実、そして、していなかったという事実もその他の事情に含まれ、不合理性を基礎付ける事情としてこの司法判断において考慮されるものと考えているところであります」と答弁している。なお、長澤運輸事件・最二小判平30.6.1は、会社が、労働組合との団体交渉で労働条件の改善を求められていたという経緯を、過失があったことを基礎付ける事実として指摘し、会社は、不法行為に基づく損害賠償として損害賠償金等の支払義務を負うと判断する。また、新法では、26条の調停の内容も拡充され、14条2項の「待遇の相違の内容及び理由」に関する説明についても行政ＡＤＲの対象となる。同説明義務の懈怠が、過失の有無の判断に及ぼす影響についても注目される。

なお、誰と比較するかですが、14条2項は比較対象となる通常の労働者を特定していません。本件では、正社員が店舗業務に従事する期間は、一時期にすぎないことから、Y社が、本部・営業所に勤務する正社員一般を広く比較対象者として選定のうえ説明することで差し支えないと考えます。

C　待遇差の比較対象者ですが、Xと同一店舗または他店舗に勤務する正社員とすることが、説明のわかりやすさとXの納得性の観点から適当です。なお、14条2項による説明義務の履行として選定された正社員が、8条に基づき、司法判断を求めようとする際に比較対象とされる正社員と一致するものではないことは留意すべきです。

A　比較対象となる通常の労働者の選定については、パート・有期労働法の施行通達[65]が「職務の内容、職務の内容及び配置の変更範囲等が、短時間・有期雇用労働者の職務の内容、職務の内容及び配置の変更範囲等に最も近いと事業主が判断する通常の労働者」であるとし、詳細に選定方法を定めており参考となります。これによれば、通常の労働者との「近さ」で判断するとしており、正社員一般といった広く抽象的な集団を比較対象とすることは不適切となります。

オ．不合理性判断の考慮要素

A　待遇の不合理性を判断するための考慮要素として、パート・有期労働法8条は、①「業務の内容及び当該業務に伴う責任の程度（職務の内容）」[66]、②「当該職務の内容及び配置の変更の範囲」[67]、③「その他の事情」[68]を挙げています。

　労契法20条違反が争われた事案に関してですが、②について、最高裁は、

---

[65]　前掲・施行通達（脚注47）は、職務の内容（①）、職務の内容及び配置の変更の範囲（②）等の近さによる判断が基本となるとしたうえで、具体的には、①と②が同一である通常の労働者→①は同一であるが②は同一でない通常の労働者→①のうち、「業務の内容」または「責任の程度」が同一である通常の労働者→②が同一である通常の労働者→①、②のいずれも同一でない通常の労働者、といった順での選定となり、さらに、同じ区分に複数の該当者がいるのであれば、基本給の決定等において重要な要素（職能給であれば能力・経験、成果給であれば成果など）における実態、説明を求めた短時間・有期雇用労働者と同一の事業所に雇用されるかどうか等の観点から絞り込むことも、事業主の判断としては考えられるとする。

「広域異動の可能性」や「中核を担う人材として登用される可能性」といった、当該事案に即した具体的な言い回しをしています。[69] ③については、最高裁は労契法20条に関する別の事件[70]で、「職務内容及び範囲変更に関連する事情に限定すべき理由は見当たらない」とし、広く捉える考え方を示しています。なお、労契法20条に関し、学説は不合理と主張される当該労働条件の設定手続[71]、属人的な要素の違い（年齢、勤続年数、経歴）、拘束度の違い（労働時間・休日・休暇設定の自由度、所定外労働の有無、兼職の自由の有無）など[72]といった多様な基準が含まれるとしています。また、労契法20条に関する下級審判決[73]では、正社員登用制度の存在により、正社員と期間雇用社員との地位が必ずしも固定的なものでないこと、中途採用制度により無期契約労働者の一部は有期契約労働者から採用されており両者の地位がある程度流動的であることが、

---

66 前掲・施行通達（脚注47）によれば、「業務」とは職業上継続して行う仕事を言う。「責任の程度」とは、業務に伴って行使するものとして付与されている権限の範囲・程度等を言うとし、具体的には、授権されている権限の範囲（単独で契約締結可能な金額の範囲、管理する部下の数、決裁権限の範囲等）、業務の成果について求められる役割、トラブル発生時や臨時・緊急時に求められる対応の程度、ノルマ等の成果への期待の程度等を指すとしている。なお、責任の程度を比較する際は、所定外労働も考慮すべき要素の一つであるとするが、これについては、所定外労働を命ずる可能性といった形式的な判断ではなく、実態として業務に伴う所定外労働が必要なのかをみて判断するとしている。

67 前掲・施行通達（脚注47）によれば、「職務の内容の変更」とは、配置の変更によるものであるか、業務命令によるものであるかを問わず、職務の内容が変更される場合を指すとし、他方、「配置の変更」とは、人事異動等によるポスト間の異動を指し、結果として職務の内容の変更を伴う場合もあれば、伴わない場合もあるとする。また、それらの変更の「範囲」とは、変更により経験する職務の内容または配置の広がりを指すものであるとする。

68 前掲・施行通達（脚注47）によれば、職務の内容並びに職務の内容及び配置の変更の範囲に関連する事情に限定されるものではないとし、具体例として、職務の成果、能力、経験、合理的な労使の慣行、事業主と労働組合との間の労使交渉の経緯などの諸事情が想定されるとする。また、「その他の事情」は、考慮すべきその他の事情があるときに考慮すべきものであるともいう。

69 前掲・ハマキョウレックス事件（脚注45）は、考慮要素②の適用にあたり、正社員は、出向を含む全国規模の広域異動の可能性がある他、等級役職制度が設けられており、職務遂行能力に見合う等級役職への格付けを通じて、将来、会社の中核を担う人材として登用される可能性があると位置付け、一方、契約社員は、就業場所の変更や出向は予定されておらず、将来、そのような人材として登用されることも予定されていないとした。なお、原審（脚注49）は、「今後の見込みも含め、転勤、昇進といった人事異動や本人の役割の変化等（配置の変更を伴わない職務の内容の変更を含む）の有無や範囲を指し、人材活用の仕組みと運用と言い換えることができる」としていた。

③として不合理性判断において考慮すべき事情になると判断するものがあります。他には、当該労働条件が導入された趣旨・経緯、有期契約労働者に対する手当等が支給されているか否か、正社員を厚遇することによる長期雇用の奨励施策等といった項目が挙げられます。新法は上記①〜③のうち「当該待遇の性質及び当該待遇を行う目的に照らして適切と認められるものを考慮して、不合理と認められる相違を設けてはならない」と規定しています。上記3要素に照らしてXとY社正社員との賃金格差は、「不合理と認められ」違法と判断されるのでしょうか。

70　前掲・長澤運輸事件（脚注64）は、労働者の賃金に関する労働条件は、「労働者の職務内容及び変更範囲により一義的に定まるものではなく、使用者は、雇用及び人事に関する経営判断の観点から……様々な事情を考慮して、労働者の賃金に関する労働条件を検討するものであり、また賃金の在り方については基本的に団体交渉等による労使自治に委ねられるべき部分が大きい」とし、また、ハマキョウレックス事件（脚注45）は、「労働条件が均衡のとれたものであるか否かの判断に当たっては、労使間の交渉や使用者の経営判断を尊重すべき面があることも否定し難い」と述べている。なお、長澤運輸事件の原告3名は外部労働組合の所属組合員であるが、会社は、その組合との間で、平成24年から平成26年にかけて団体交渉を実施し、順次、嘱託社員の労働条件を改善してきたという経緯があった。まず1年目は、基本賃金を10万円から12万円に引き上げ、2年目には、1万円であった嘱託社員の無事故手当を正社員と同額の5千円に引き下げる代わりに、嘱託社員の基本賃金を5千円増額した。3年目は調整給（嘱託社員のみに適用される賃金項目で、特別支給の老齢厚生年金（報酬比例部分）の支給開始年齢が引き上げられることに伴い年金の空白期間が生じるため、その間支給するとされる金員）の支給を行うこととし、当初会社は月額1万円と回答するも、組合から不十分であると反論があり、その後2万円を支給している。なお、2年目の賃金改定は、無事故手当は事故を起こせば支給されない賃金であるため、これを減額し、その分を基本賃金に上乗せすることにより賃金を固定化するものであり、そのような意味において改善にあたる。

71　前掲書（脚注46）238頁。

72　前掲書（脚注55）794-795頁。

73　日本郵便事件・大阪地判平30.2.21、井関松山ファクトリー事件・松山地判平30.4.24、井関松山製造所事件・松山地判平30.4.24。これらの他、前掲・メトロコマース事件（脚注55）は、一審原告らの本給が、比較対象である売店業務に従事する正社員の72.6%〜74.7%であったところ、「このような賃金の相違については、決して固定的・絶対的なものではなく」、契約社員B（一審原告らのこと）から契約社員A（平成28年4月に職種限定正社員に名称が変更された無期契約労働者）へ、契約社員Aから正社員へといった、登用制度の利用によって解消する機会が与えられているとして、相違の不合理性を否定している。なお、労契法20条の趣旨を、正規・非正規の分断と、その地位の固定化を問題とし、両者間の処遇格差、労務契約関係を是正しようとする「社会改革の規定」（前掲書（脚注46）228頁）と把握し、その思想が新法8条に引き継がれたと考えれば、非正規社員にも正社員への登用の途があり、非正規社員としての地位・待遇が流動的になり得るような人事制度の存在と、そのような運用実態は、③その他の事情として肯定的に評価され得るものと考えられる。

カ．不合理性の判断手法と比較対象者

<small>Ⓑ</small>　パート・有期労働法 8 条は、不合理性判断の中核的な考慮要素として①・②を明示しており、これら 2 要素に違いが認められるか否かで、Y 社正社員と X との間の待遇の相違が、不合理と認められるか否かが判断されます。Y 社人事部へのヒアリングによれば、①について、正社員に対しては、本部または営業所の人事・総務、営業企画、店舗管理等の部署における多様な業務への従事が予定されており、相応の権限が付与されるとともに一定の成果も求められています。店舗業務への従事はあるものの、キャリア形成過程における一定期間にすぎないとのことです。また、店舗に勤務する期間中も、正社員は、X らパート・有期社員と同様に調理接客等の業務は行うものの、店舗の売上管理と本部への報告、顧客とのトラブル対応、パートのシフト管理等の職務もあわせ担っているとのことです。②についても、正社員は業務上の必要性により転居を伴う転勤、担当職務の転換を命じられ、また、昇進モデルが定められ管理職層への昇任昇格が予定されています。一方、X ら店舗業務に従事するパートは、調理接客及び付随業務に従事するのみで、勤務場所は雇用契約に明示された店舗に限定されています。

　正社員の基本給は月給制で職能による昇給があり、将来的役割に期待し長期の雇用を前提とした制度として設計されています。これら 2 要素について明らかな相違があることから、X らパート・有期社員と異なる賃金体系を設けることは Y 社の人事施策として不合理であるとは言えません。また、通勤手当を除く諸手当についても、職務内容及び人事制度と密接に関連する一つの賃金体系として構成されており、必ずしも手当の項目ごとに不合理性について論じる事案であるとは言えないのではないでしょうか。これら手当を、X に支給しないことが不合理であるとまで断定することは困難です。なお、Y 社は X に対し通勤手当を支給していますが、労契法 20 条に関する施行通達に沿った適正な取扱いであります。

<small>Ⓒ</small>　まず、比較対象者としての正社員を広く Y 社全体で捉えるのか、X が勤務する店舗の正社員とするのかが検討されるべきです。この点、確かにパート・有期労働法は、パートタイム労働法と異なり、

正社員を事業主単位で定義[74]し、比較対象者は「同一の事業主」であるY社に雇用される正社員ということになります。ただ、このことは単に、Y社の本部、営業所、他の店舗に勤務する正社員が含まれるということにすぎません。Xらパート・有期社員にとって納得感を伴う均衡待遇の実現という観点からは、待遇の相違の不合理性を検討するうえで、担当業務が類似する店舗配属の正社員を主たる対象者とし[75]、賃金の項目のそれぞれについて、個々の給付の性質・目的を踏まえ[76]、また、個々の賃金の性格によっては店舗以外の正社員も広く含めて、比較すべきと考えます。この点、パート・有期労働法8条は、「短時間・有期雇用労働者の……待遇のそれぞれについて、当該待遇に対応する通常の労働者の待遇との間において」と規定し、比較の対象を「労働者」ではなく「待遇」であるとしています。本件では、責任者手当、祝日給、年末年始手当の相違が問題となるのであれば、Y社全体の正社員のうち、店舗業務に従事する正社員といった狭義の意味での正社員概念を創出し、Xとの比較対象者として設定することになります。また、役職・外勤・赴任・扶養・勤続・皆勤といった広くY社正社員全般に支給される手当について問題となるのであれば、当該手当の支給要件に合致する正社員を本部、営業所に勤務する者も含めて比較することになるのではないでしょうか。つまり、比較対象となる正社員はY社に雇用される正社員全体ですが、当該手当ごとに比較対象が細分化され、必ずしも同一の正社員ではないということです。Bさんが言われた通り、仮に手当が全体として一つの賃金体系として構築され基本給と密接に関連するものであったとしても、

---

[74] 新法2条は、いわゆる正社員を「同一の事業主に雇用される通常の労働者」と定義。一方、パートタイム労働法は「同一の事業所に雇用される通常の労働者」と定義していた。なお、新法8条に統合される前の労契法20条は「同一の使用者」に雇用されている有期・無期雇用労働者間の労働条件を比較のうえ、相違の不合理性を規制するものであった。

[75] 前掲・日本郵便事件（脚注55）は、原告である時給制契約社員と労働条件を比較すべき正社員は、担当業務や異動等の範囲が限定されている点で類似する新一般職とするのが相当とした。

[76] 前掲・長澤運輸事件（脚注64）は、労働者の賃金が複数の項目から構成されている場合、個々の賃金項目は、通常、その趣旨を異にするとし、不合理性の判断にあたっては、当該賃金項目の趣旨により、考慮すべき事情や考慮の仕方も異なり得るとしたうえ、賃金の総額を比較することのみによるのではなく、当該賃金項目の趣旨を個別に考慮すべきと指摘した。

8条は、③の「その他の事情」を不合理性に係る判断要素の一つとして挙げ、③において賃金全体の整合性をも勘案して判断できる[77]ことから、個別比較によることが原則となります。

🅱　そうでしょうか。Y社では、店舗業務に従事するか否かにかかわらず正社員に適用される就業規則に違いがなく、このことにより比較対象者は広く正社員全般とするのが相当と指摘する裁判例[78]もあるところです。また、職務・勤務地等を限定する正社員制度も存在しませんので、店舗所属の正社員に限定して判断することは適当でないと考えます。

なお、先程は考慮要素③について言及しませんでしたが、正社員就業規則には、兼職について同業他社は禁止、同業でない場合は許可制としています。一方、Xらパート・有期社員に適用されるパート・有期社員就業規則には兼職を制限する規定は存在しません。勤務日・勤務時間も、パートについては本人との合意のうえその都度シフトを組む旨の定めがあり、正社員に比べ働き方の自由度について格段に優遇されています。これら「その他の事情」も総合勘案しての、不合理性の判断になるので

---

[77]　前掲・長澤運輸事件（脚注64）は、不合理性の判断にあたっては、「賃金の総額を比較することのみによるのではなく、当該賃金項目の趣旨を個別に考慮すべき」と指摘したうえ、「ある賃金項目の有無及び内容が、他の賃金項目の有無及び内容を踏まえて決定される場合もあり得るところ、そのような事情も、有期契約労働者と無期契約労働者との個々の賃金項目に係る労働条件の相違が不合理と認められるものであるか否かを判断するに当たり考慮される」と指摘しており、不合理性判断の際は、手当相互の関連性をも含めて考慮すべきとする。

[78]　メトロコマース事件・東京地判平29.3.23は、駅構内の売店業務に専従する正社員とそれ以外の正社員とで適用される就業規則に違いがないこと等を踏まえ、原告（駅構内の売店業務に従事する契約社員）との労働条件を比較するうえでは、広く被告（会社）の正社員一般の労働条件を比較対象とすることが相当であるとした。これに対し、控訴審判決（脚注55）は、労契法20条が比較対象とする無期契約労働者を具体的にどの範囲の者とするかは、有期契約労働者が特定し主張すべきものであり、裁判所はその主張に沿って当該労働条件の相違が不合理と認められるか否かを判断すれば足りるとしたうえ、原告らが、比較すべき無期契約労働者を、正社員全体でなく、売店業務に従事している正社員に限定しているのであるから、これに沿って両者の労働条件の相違が不合理と認められるか否かを判断するとし、一審判決の判断を否定した。なお、控訴審判決は、比較対象とすべき無期契約労働者を正社員全体に設定した場合、契約社員B（原告ら）は売店業務のみに従事しているため、それに限られない業務に従事している正社員とは職務の内容が大幅に異なることから、それだけで不合理性の判断が極めて困難になるとも述べている。

はないでしょうか。

> （C）パート・有期労働者が特に不満感を抱いていないのであれば、賃金は均衡が保たれて設計されていると言えるのかもしれません。問題はXが、現に、自身の賃金格差を不合理であると認識し是正を求めているということです。新法8条の不合理性の判断にあたって留意されるべき点を数点指摘したいと思います。

キ．不合理性の判断枠組みと立証責任〜留意点その1

> （C）まず、待遇が相違することの不合理性は、賃金であれば個々の賃金項目ごとに[79]、当該賃金の支給要件やその内容から判断して、どのような趣旨[80]で支給されるものなのかを把握・分析します。次に、法所定の①から③の要素のうち、個々の賃金項目の趣旨と関連すると認められるものを適切に取捨選択します。そして、例えば、ある手当の支給・不支給といった相違が問題となっているのであれば、取捨選択した要素を考慮した[81]ときに、当該手当の「性質」（意味合い）及び当該手当を支給する「目的」（意図・理由）が短時間・有期雇用労働者に対しても同様に及ぶものなのか否かを、公正かつ客観的な視点から捉え、相違の不合理性が判断されるべきものです。[82] この点、各種手当等の支給に関する相違が労契法20条違反にあたるかが争われた前述の最高裁の

---

[79] 新法8条の条文では、「基本給、賞与その他の待遇のそれぞれについて」とされる。また、前掲・施行通達（脚注47）でも、待遇差が不合理と認められるか否かの判断は、個々の待遇ごとに、当該待遇の性質及び当該待遇を行う目的に照らして適切と認められる考慮要素で判断されるとする。

[80] 新法8条の条文では、「当該待遇の性質及び当該待遇を行う目的」とされる。

[81] 前掲・ハマキョウレックス事件（脚注45）は、通勤手当につき、通勤に要する交通費を補填する趣旨で支給されるものと解し、労働契約に期間の定めがあるか否かによって通勤に要する費用が異なるものではないとして、通勤手当の金額が異なるという労働条件の相違を不合理と判断したが、職務の内容及び配置の変更の範囲が異なること（②）は、通勤に要する費用の多寡とは直接関連するものではないとして考慮しなかった。

[82] 新法での条文上、「当該待遇の性質及び当該待遇を行う目的に照らして適切と認められるものを考慮して」とされている。なお、「同一労働同一賃金ガイドライン案」（脚注10）を公表した「働き方改革実現会議」の構成員である水町教授は、8条の不合理性の判断手法として、個々の待遇の性質・目的に照らして適切と認められる考慮要素を抽出して、それとの関係で待遇の相違の不合理性を判断することが求められているとする（前掲書（脚注31）69頁）。

二つの判決は、不合理性の判断手法について一定の考え方を示し、新法8条との関係でも参考となります。以下に述べます。

第一に、当該手当の趣旨（性質・目的）に照らし、それと関連する要素（事情）をフィルターにかけ考慮したときに、その趣旨が正社員に対してのみ及ぶと考えることが相当である場合、その相違（非正規社員に対して支給されないこと）は不合理ではないと解されます。[83] なお、この場合であっても、理論的には趣旨が妥当する程度に応じた割合的な均衡待遇が求められるという考え方もあり得ます。

第二に、当該手当の趣旨（性質・目的）に照らし、それと関連する要素（事情）をフィルターにかけ考慮したときに、その趣旨の妥当する範囲が正社員のみならず非正規社員に対しても同様に及ぶと考えることが相当であるような場合、その相違（非正規社員に対して支給されないこと）は、この時点で、一旦不合理であると判断され、次に、不合理であるとの評価を妨げるその他の事情（考慮要素③としての多様な事情）が存在しない場合、結果として、相違を設けることは不合理と認められ、同一処遇（均等待遇）が求められることになります。[84]

---

[83] 前掲・ハマキョウレックス事件（脚注45）は、従業員数4,500人以上の上場会社であって、正社員と有期労働契約の契約社員とを比較すると、労契法20条の三つの考慮要素のうち、職務内容は同じ（原告はドライバーとして正社員と同様に配送業務に従事し、正社員との間で業務の内容や責任の程度に相違はなかった）であり、一方、人材活用の仕組みが異なる（正社員は全国規模の転勤や出向の可能性があり、契約社員は各支店の現地採用でもあり、転勤や出向は予定されず、また、正社員は中核人材として管理職的な仕事に登用される可能性があるが、契約社員にはそのような人材登用は予定されていなかった）といった事案で、正社員に対してのみ住宅手当が支給されていたことにつき、住宅手当は、従業員の住宅費用を補助する趣旨で支給されるものと解し、契約社員は就業場所の変更が予定されていないのに対し、正社員は転居を伴う配転が予定されている（②）ため、契約社員と比較して住宅に要する費用が多額となり得るとし、同手当の相違は、不合理とは認められないと判断した。

[84] 前掲・ハマキョウレックス事件（脚注45）は、正社員である乗務員に対してのみ無事故手当が支給されていたことにつき、無事故手当は、優良ドライバーの育成や安全な輸送による顧客の信頼の獲得を目的として支給されるものと解し、契約社員と正社員の職務内容（①）は異ならないから、安全運転及び事故防止の必要性は、職務の内容によって差異が生じるものでなく、また、上記の必要性は、当該労働者が将来転勤や出向をする可能性や、会社の中核を担う人材として登用される可能性（②）の有無といった事情により異なるとはいえないとし、そのうえで、無事故手当に相違を設けることが不合理であるとの評価を妨げるその他の事情（③）もうかがわれないとして、同手当の相違は、不合理と認められるものと判断した。

第三に、上記第二の場合と同様、当該手当の趣旨の妥当する範囲が、正社員及び非正規社員の双方に及び、一旦不合理と判断される場合であったとしても、なお不合理であるとの評価を妨げるその他の事情（考慮要素③としての多様な事情）が存在するのであれば、ここでの相違は不合理と認められるものにはあたらないと解されることになります。[85] この場合であっても、第一の場合と同様、趣旨が妥当する程度に応じた均衡待遇が求められることがあり得るものと考えます。
　以上を、まとめたものが次頁の図3になります。

Ⓒ　なお、例えば通勤手当[86]（他に給食手当）のように、労働契約の期間の定めの有無または労働時間の長短に直接関連するものでない手当で実費補填を目的とするものについて金額や算定方法に差異を設けることは、③により不合理性の評価を覆させるような特段の事情が認められない限り、①②の要素を検討するまでもなく不合理であると評価されるものと考えます。また、事案によっては、その他の事情（③）

---

[85] 前掲・長澤運輸事件（脚注64）は、小規模のセメント運送会社で、定年退職後、有期労働契約で再雇用された嘱託乗務員が、定年前と同じようにセメントを配送しており、就業規則には正社員と同様、会社の都合により勤務場所及び担当業務を変更することがあると定められており、労契法20条の三つの考慮要素のうち職務内容と人材活用の仕組みが同一の事案であったところ、住宅手当・家族手当を、正社員である乗務員に支給し、嘱託乗務員には不支給とする相違につき、これら手当を、従業員の住宅費・生活費に対する補助として、福利厚生及び生活保障の趣旨で支給されるものと解したうえ、正社員には、嘱託乗務員と異なり、幅広い世代（20歳代から59歳まで）の労働者が存在し、正社員にローン等の住宅費や家族を扶養するための生活費を補助することは相応の理由があるとする一方、嘱託乗務員は、正社員として勤続した後に定年退職した者であり、老齢厚生年金を受けることが予定され、その報酬比例部分の支給が開始されるまでは調整給が支給される（考慮要素③）ことを指摘し、結論として、嘱託乗務員と正社員との職務内容（①）、変更範囲（②）が同一であるといった事情を踏まえても、これら手当の相違は、不合理と認められるものにあたらないと判断した。なお、判決は、会社は、労働組合との団体交渉（③）を経て月2万円の調整給を支給していることも指摘している。現役世代である正社員と定年後の嘱託乗務員との間の、生活環境、ライフステージの差異に着目した判断で、同じ住宅手当であっても、前掲・ハマキョウレックス事件（脚注45）とは理由付けが異なっている。

[86] 前掲・ハマキョウレックス事件（脚注45）は、契約社員の通勤手当の額が、交通手段と通勤距離が同じ正社員と比較して、2,000円少ないという相違があったことにつき、通勤手当は、通勤に要する交通費を補償する趣旨で支給されるものであるとし、労働契約に期間の定めがあるか否かによって通勤に要する費用が異なるものではなく、また、職務内容・配置の変更範囲が異なることは、通勤に要する費用の多寡とは直接関連するものではないと指摘し、加えて、通勤手当に相違を設けることが不合理であるとの評価を妨げるその他の事情もうかがわれないとし、不合理と判断した。

（図3）不合理性の判断順序

当該賃金項目の趣旨　→　どのような性質・目的（必要性を含む）で支給されるのか

趣旨と関連する要素（①職務の内容・②当該職務の内容及び配置の変更の範囲・③その他の多様な事情）を取捨選択し、考慮したときに

その趣旨が正規・非正規に対し同様に及ぶと考えるのが相当なのか

第一のケース

| 当該賃金項目の趣旨が正規に対してのみ及ぶ | | 待遇の相違は不合理ではない |

第二のケース

| 当該賃金項目の趣旨が正規・非正規の双方に対して及ぶ | | 待遇の相違は一旦不合理と判断される |

| 不合理との評価を妨げる③の事情が存在しない | | 結論として、待遇の相違は不合理とされる |

第三のケース

| 当該賃金項目の趣旨が正規・非正規の双方に対して及ぶ | | 待遇の相違は一旦不合理と判断される |

| 不合理との評価を妨げる③の事情が存在する | | 結論として、待遇の相違は不合理とされない |

が不合理性の判断指標として、いきなり考慮されることもあります。定年後再雇用の事案で、例外的なケースと言えるものです。最高裁は、住宅手当・家族手当の趣旨を従業員に対する福利厚生・生活保障であり、定年退職後の再雇用であることが③として考慮されると解したうえ、定年前の幅広い世代の正社員に住宅費・生活費に対し補助することは相応の理由があるとし、生活保障の必要性と③の要素を関連付けて判断しています。[87] 一方、精勤手当について皆勤を奨励する趣旨で支給されるものと整理したうえ、皆勤を奨励する必要性は③の事情とは関係しないことから、精勤手当については考慮されていません。[88]

A 次に、不合理性の主張・立証の考え方について述べてください。特に、上記第三のケースでは、一旦不合理とされたものが、③その他の事情によってひっくり返る展開となっていますが、この点はいかがですか。

C 労契法20条に関して、最高裁は、労働者側が待遇の相違の不合理性を基礎付ける事実を主張立証し、使用者側が不合理性の評価を妨げる事実を主張立証すべきとの考え方を示しています。[89] 新法8条においても、労契法20条の考え方がそのまま妥当するものと考えま

87　この点、前掲・同一労働同一賃金ガイドライン（脚注17）は、「有期雇用労働者が定年に達した後に継続雇用された者であることは、通常の労働者と当該有期雇用労働者との間の待遇の相違が不合理と認められるか否かを判断するに当たり、短時間・有期雇用労働法第8条のその他の事情として考慮される事情に当たりうる」とする。

88　前掲・長澤運輸事件（脚注64）は、精勤手当について、従業員に対して休日以外は1日も欠かさずに出勤することを奨励する趣旨で支給されるものと解し、嘱託乗務員と正社員との職務内容（①）が同一である以上、両者の間で、皆勤を奨励する必要性に相違はないとし、結論として、嘱託乗務員に対して支給しないという労働条件の相違は、不合理と認められるものにあたると判断した。

89　前掲・ハマキョウレックス事件（脚注45）は、労働条件の相違が不合理であるか否かの判断は規範的評価を伴うものであるから、当該相違が不合理であるとの評価を基礎付ける事実については当該相違が同条に違反することを主張する側が、当該相違が不合理であるとの評価を妨げる事実については当該相違が同条に違反することを争う側が、それぞれ主張立証責任を負うものと解されるとした。

90　前掲・施行通達（脚注47）は、裁判上の主張立証について、「待遇の相違が不合理であるとの評価を基礎付ける事実については短時間・有期雇用労働者が、当該相違が不合理であるとの評価を妨げる事実については事業主が主張立証責任を負う」とし、「立証の負担が短時間・有期雇用労働者側に一方的に負わされることにはならないと解される」としている。

す。[90]そうしますと、第三のケースにおいては、一旦不合理と評価されるべきものを、③の事情によって妨げようとするわけですから、その事実は使用者側が主張立証責任を負担すべきこととなります。

B 長澤運輸事件で最高裁は、「定年退職後に再雇用された者であること」は、労契法20条の考慮要素の一つである「その他の事情」にあたると指摘しています。同事件は、①②において相違がないケースですから、ある賃金項目について嘱託乗務員に対し支給しないことについての不合理性評価を、③の事情によって妨げようとするのであれば、使用者側が主張立証責任を負うことになります。上記で言えば第三のケースが問題となる事案だと思います。

A ③の部分の立証責任と関係するのでしょうが、最高裁は、「ある賃金項目の有無及び内容が、他の賃金項目の有無及び内容を踏まえて決定される場合もあり得る」とし、そのような事情も、不合理性の判断にあたり考慮されるとも言及しています。

B 会社側は、定年後再雇用者である嘱託乗務員の賃金水準について、労働組合との協議を経て改善を行ってきた旨を主張していました。この会社は、正社員に対し基本給・能率給・職務給を支給し、嘱託乗務員には基本賃金・歩合給を支給するものの、能率給・職務給は支給しないといった相違を設けていたのですが、最高裁は、③のその他の事情として、有期契約である嘱託乗務員の歩合係数を正社員より有利に設定し労務の成果が反映しやすい工夫をしたこと、労使協議を経て調整給を支給することで賃金差の縮小を図ったことを評価し、結論として、

---

91 前掲・長澤運輸事件(脚注64)は、正社員には基本給(稼働額にかかわらず固定支給)・能率給(職種に応じた係数を月額稼働に乗じて支給)・職務給(職種に応じて支給)が支給され、嘱託乗務員には基本賃金(基本給と同じ)・歩合給(能率給と同じ)が支給され、能率給・職務給が支給されていないといった相違について、基本賃金の額が基本給の額を上回っていること、歩合給に係る係数が能率給に係る係数の約2～3倍に設定されていること、会社が労働組合との団体交渉を経て、基本賃金を増額し歩合給に係る係数の一部を有利に変更していることを挙げ、「労務の成果が賃金に反映されやすくなるよう工夫している」と評価し、嘱託乗務員の基本賃金及び歩合給が、正社員の基本給、能率給及び職務給に対応するものであることを考慮する必要がある」とし、さらに、会社が組合との団体交渉を経て、老齢厚生年金の報酬比例部分の支給が開始されるまでの間、嘱託乗務員に2万円の調整給を支給していることを指摘したうえで、嘱託乗務員と正社員との職務内容(①)、変更範囲(②)が同一であるといった事情を踏まえても、これら労働条件の相違は、不合理と認められるものにあたらないと判断した。

不合理性を否定しています。[91]

ク．雇用の実態・処遇の実情に基づく判断～留意点その2

C 次の留意点として、待遇の相違の不合理性は、雇用関係の実態、処遇の実際の在り様に基づき判断されなければならない[92]ということです。二つ例を挙げます。一つ目は、平成19年改正のパートタイム労働法8条1項違反を肯定した裁判例[93]です。同事件は、正社員（1日8時間勤務）と準社員（1日7時間勤務で有期雇用契約を反復更新）との間の賞与額の格差等が、「通常の労働者と同視すべき短時間労働者」に対する差別的取扱いにあたるのかが争点となったものです。同法8条1項・2項（当時）は、❶職務内容と❷配置の変更範囲の同一性、❸当該パートが無期労働契約または無期契約と同視できること（❸は平成26年改正により削除され、❶❷を満たす場合を適用対象としたうえ新たに9条として規定）を適用要件としていました。当該事案では、❶について当事者間で争いがなく、❸も労契法19条1号・2号[94]に該当することを前提に、❷について転勤・出向の有無等が重要な争点となりました。裁判所は就業規則上の文言ではなく雇用関係の実態に即して、人事異動等の有無・範囲の同一性を肯定し[95]、原告が通常の労働者と同視すべきパートに該当すると判断しています。二つ目は、労契法20条に関する最

---

92 この点、前掲・指針（脚注17）では、通常の労働者と短時間・有期雇用労働者の賃金が相違する場合で、その要因が賃金の決定基準・ルールの相違にあるときは「『通常の労働者と短時間・有期雇用労働者との間で将来の役割期待が異なるため、賃金の決定基準・ルールが異なる』等の主観的又は抽象的な説明では足りず、賃金の決定基準・ルールの相違は、通常の労働者と短時間・有期雇用労働者の職務の内容、当該職務の内容及び配置の変更の範囲その他の事情のうち、当該待遇の性質及び当該待遇を行う目的に照らして適切と認められるものの客観的及び具体的な実態に照らして、不合理と認められるものであってはならない」とされており、就業規則等の文言等による形式ではなく、就業の実態を踏まえて判断されるべきものとする。

93 ニヤクコーポレーション事件・大分地判平25.12.10

94 平成24年改正労契法は、判例上形成されていた雇止め法理を明文化し（19条）、雇止めに客観的合理性・社会的相当性が求められる有期労働契約の類型として、同条1号で、有期労働契約の反復更新により雇止めが無期労働契約の解雇と社会通念上同視できる場合としてのタイプ（いわゆる実質無期契約型）を、同条2号で、有期労働契約の満了時に労働者が更新を期待することに合理的理由が認められる場合としてのタイプ（いわゆる期待保護型）を、それぞれ定める。

初の最高裁判決（ハマキョウレックス事件）のうち皆勤手当について言及した部分です。原審の大阪高裁（104頁脚注49参照）は、同手当を正社員にだけ支給し契約社員に不支給とすることの合理性を積極的に肯定することは困難としつつも、結論として、相違の不合理性を否定しました。論拠は、契約社員就業規則で、全営業日に出勤した場合の昇給や、有期労働契約更新時の時間給増額があり得ることが規定されているということです。これに対し、最高裁は、被上告人（契約社員）の労働契約及び同人に適用される就業規則は、原則として昇給しないが会社業績・勤務成績を考慮し昇給することがあると定め、このことから、昇給しないことが原則であり、皆勤の事実を考慮して昇給が行われたとの事情もうかがわれないとして不合理性を認めています。[96]

Ⓑ　二つ目の事件ですが、大阪高裁は、一審原告の基本給（時給）が、有期労働契約の更新時に1,150円から1,160円に増額されていることを指摘していました。契約社員には皆勤手当という名称の項目としては支給されていませんが、全営業日の出勤といった同手当と共通する趣旨に則り更新時に昇給があり得ることは、不合理性判断にあたり要素③として考慮されてもよいのではないでしょうか。

---

[95] 前掲・ニヤクコーポレーション事件（脚注93）は、転勤・出向に関し、正社員就業規則には、業務の都合によりこれらを命ずることがあり、正当理由がない場合には拒めないとの定めがあり、一方、準社員就業規則には、転居を必要とする転勤・出向を命ずることはないとの定めがあるものの、実際には正社員の転勤事例も少なく、近年には九州管内の転勤・出向はみられないこと等を認定し、❷の同一性要件の充足合いを実質的に判断している。なお、前掲・施行通達（脚注47）は、配置の変更の範囲の同一性は完全に一致している必要はなく、「実質的に同一」と考えられるかどうかという観点から判断すべきとする。

[96] 前掲・ハマキョウレックス事件（脚注45）は、正社員である乗務員に対してのみ皆勤手当が支給されていたことにつき、皆勤手当は、会社が運送業務を円滑に進めるため、一定数のトラック運転手を確保する必要があることから、皆勤を奨励する趣旨で支給されるものと解し、契約社員と正社員の職務内容（①）は異ならないから、出勤する者を確保することの必要性は、職務の内容によって差異が生じるものでなく、また、上記の必要性は、当該労働者が将来転勤や出向をする可能性や、会社の中核を担う人材として登用される可能性（②）の有無といった事情により異なるとは言えないとし、そのうえで、被上告人（労働者）の労働契約、契約社員就業規則については、会社の業績と本人の勤務成績を考慮して昇給することがあるとされているものの、昇給しないことが原則であるうえ、皆勤の事実を考慮して昇給が行われたという事情（③）もうかがわれないとして、同手当の相違は、不合理と認められるものと判断した。

Ⓒ　そこがまさに処遇の実情に基づく判断ということなのだと思います。同社では正社員に支払われる皆勤手当が1万円で、一方、一審原告の時間給の増額幅は、複数年の有期契約を更新する過程で僅かに10円にすぎません。最高裁は、この点、特には言及していませんが、10円の増額は単純計算で月間1,000時間分の労働によって初めて釣り合うものであり、先述の割合的支給（または期間応分的処遇）の考え方を取り入れたとしてもこの点が考慮されなかったのは当然ではないのでしょうか。

Ⓐ　一つ目の例は、パート・有期労働法で言えば9条に関する先例としての意義もあるのではないでしょうか。新法は、パートタイム労働法9条と異なり、その適用対象をフルタイムの有期雇用労働者にも拡大し[97]、①職務内容と②職務内容・配置の変更範囲の同一性の2要件を満たす場合、パート・有期雇用であることを理由とした差別的取扱いを禁止するものです。つまり、新法8条とは異なり、その他の事情をも考慮して待遇の不合理性を判断するという構造ではなく、①②の要件を満たした場合、ストレートに差別的取扱いが禁止されるという効果を生じさせるものです。ケースによっては、定年後再雇用者についても、新法9条が適用される場面があり得るものと解します。[98]なお、②は、新法においても、引き続き「雇用関係が終了するまでの全期間」における同一性を求めており、過去における実例、就業規則規定に基づく将来

---

[97] 新法9条は、「通常の労働者と同視すべき短時間・有期雇用労働者」を同条の適用対象とするとし、パートタイム労働法9条では適用外とされた、有期労働契約を締結するフルタイム労働者も新たに均等待遇規定（差別的取扱い禁止規定）の対象となる。

[98] 筆者が相談を受けた金融機関の例では、60歳定年時に営業店支店長として勤務していたところ、定年後再雇用（1年間の有期労働契約）の1年目に嘱託店長として、年収が相当程度引き下がることを前提に、同一の営業店で引き続き支店長としての勤務を打診されたケースがある。前掲・施行通達（脚注47）は、9条の要件を満たした場合であっても、「個々の労働者について査定や業績評価等を行うに当たり、意欲、能力、経験、成果等を勘案することにより個々の労働者の賃金水準が異なることは、通常の労働者であっても生じることであって問題とはならない」としているが、①②の要件が満たされたまま、単に定年後の再雇用を理由とする年収低減は、そもそも査定や業績評価といった能力等の発揮度合いに関連するものではなく、経験や成果等といった就業実態に関係するものとは言えない。また、定年前の通常の労働者間で起こり得ることでもないため、新法9条に違反する取扱いと判断される可能性があると考えられる。

の可能性をどう捉えるか[99]は、今後の論点となり得ます。なお、新法9条の適用対象とされないとしても、8条が適用されることから同条の要素②を考慮する際は、就業規則等に記載された文言ではなく、雇用の実態に即して検討すべきことは実務上、留意すべき点と考えます。また、これとは別の論点として、新法9条は、条文上、短時間・有期雇用労働者であることを「理由として」と定めており、定年後再雇用の事例では、高年齢者等の雇用の安定等に関する法律上の再雇用であるという事情が汲み取れないかも議論となり得ます。とりわけ、終身雇用制度を背景に年功給的色彩が強い賃金体系が採られている場合、雇用の全期間を通じて賃金の均衡が図られていることとの関係上、定年後の賃金が、定年直前の賃金と比較して低額となることは、有期であることを「理由とした」差別的取扱いではなく、新法9条に違反しないとする解釈が可能かということです。

　二つ目の例の考え方は、新法8条にもそのままあてはまると考えます。Cさん指摘の**図3**（123頁）で言えば、第二・第三のケースで、不合理性評価を妨げるその他の事情（考慮要素③）の存否を検討する際の留意点となり、賃金制度を設計しようとする際も、待遇と雇用の実態とが説明が付くよう意識して検討すべきということになります。

ケ．均衡処遇の一形態としての割合的処遇〜留意点その3

　最後に、均衡のとれた処遇という考え方には、正社員との割合的な処遇という発想も含まれ得るということです。図3の第一・

---

[99] この点、前掲・施行通達（脚注47）によれば、「当該事業主との雇用関係が終了するまでの全期間」とは、雇入れ後①または②が通常の労働者と異なっていた期間があったとしても、その期間まで「全期間」に含めるものでなく、①と②が「同一となった時点から将来に向かって判断するものである」とし、「見込まれる」とは、有期雇用労働者の場合、労働契約の更新が未定の段階であったとしても、更新をした場合にはどのような扱いがされるかを含めて判断されるものとしている。なお、パートタイム労働法旧8条違反を認めた京都市立浴場運営財団事件・京都地判平29.9.20は、短時間労働者（嘱託職員）であっても主任になる者もいたこと、嘱託職員と正規職員との間に異動に関する相違も認められないこと等を認定し、「その全期間において、正規職員と職務の内容及び配置の変更の範囲が同一の範囲で変更されると見込まれるもの」に該当すると判断している。

[100] 前掲・ハマキョウレックス事件（脚注45）。

第三のケースにあたる場合であったとしても、相違の程度に応じた割合的な均衡処遇が求められることがあるという点には留意すべきと考えます。「均衡のとれた処遇」という点は最高裁も言及[100]しているところです。また、前述の通り労契法20条に関する下級審でも割合的な認定により有期雇用労働者を救済した例[101]もあります。学説でも、労契法20条違反の法的効果として割合的な認定による救済があるとするもの[102]、新法8条について、端的に一定の違いがある場合には相違に応じた取扱いが確保されていなければ違反となると解するもの[103]もあります。

Ⓐ Cさんの指摘は、司法判断として法が許容する範囲をどこまでみるのか、違反した場合の法的効果として労働者に対する救済範囲をどこまで広げるのかということに関係するのだと思います。ここでは、紛争防止の観点も含め、不合理と認められない方向で賃金制度をどう設計していくかという視点で議論していただけますか。

Ⓒ 図1（107頁）は、割合的な処遇を検討する際のイメージを示したもので、正社員との比較で、a手当の額は8割相当、b手当は6割相当としています。例えばある手当（c手当）が、図3（123頁）の第三のケースに該当すると判断される場合、この場合の例は多様ですが、例えば他の代替的な手当で差額を補おうとするのであれば、正社員に対してのみ支給されている手当の趣旨が、短時間・有期雇用労働者に対しても同様に及んでいることから、c手当の額は必然的に10割に近づいてきます。そのうえで、代替分に相当する割合（例えば、8割から2割ほど）が減じられ、結果的に、これもイメージですが、正社員に支給される額の2割から8割といった額が妥当するのだと思います。図4がそのイメージとなります。

---

101 前掲・日本郵便事件（脚注55）参照。なお、同事件控訴審判決（東京高判平30.12.13）は、一審判決の住居手当の6割、年末年始手当の8割を損害額とする判断を変更し、これら手当相当額全額の賠償を認定している。

102 前掲書（脚注55）802頁。

103 前掲書（脚注31）66頁は、個々の待遇につき、その性質・目的にあたる事情が無期雇用フルタイム労働者と短時間・有期雇用労働者とで同一である場合には同一の取扱い（均等待遇）を、当該事情に一定の違いがある場合にはその相違に応じた取扱い（均衡待遇）をすることが求められ、この均等待遇または均衡待遇が確保されていなければ「不合理な待遇の相違」として違反となるものと解されるとする。

（図4）　手当の趣旨が正規・非正規双方に及ぶ場合、本来は、

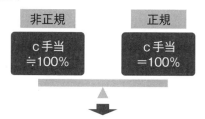

考慮要素③のその他の事情により、代替手当が20～80％支給されると、c手当は、100％－代替手当

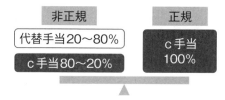

　Ⓐ　均衡処遇を巡る問題は、必ずしも10対0の判定による決着には馴染まない部分が残されているということなのだと思います。今般の法改正で確かに司法判断の根拠規定として新たに8条が整備されました。訴訟で仮に過去分について割合的な救済が図られたとしても、裁判官により判断された割合が労使当事者にとって真に納得のいくものでなければ双方の不満は解消されません。また、将来に向けて同割合で支給するものとして当事者間で決着を付けたとしても、一定程度の不満が残されたままということになります。Ｘら短時間・有期雇用労働者の意向も聴取したうえ、将来的に不合理性を解消していくという視点で賃金制度を労使当事者が自らの手で再構築していく、そのための話合いを促進させること[104]が、司法判断の場面でも③の事情として考慮され得る

---

[104]　前掲・パート・有期労働指針（脚注62）は、労使の話合いの促進について適切な措置を講ずるべきであるとし、その一つに、「事業主は短時間・有期雇用労働者の就業の実態、通常の労働者との均衡等を考慮して雇用管理の改善等に関する措置等を講ずるに当たっては、当該事業主における関係労使の十分な話合いの機会を提供する等、短時間・有期雇用労働者の意見を聴く機会を設けるための適当な方法を工夫するように努めるものとする」と規定する。

ことをY社側に説明しましょう。

C 割合的支給を行おうとする場合、Y社は、当該手当につき、正社員との対比で、Xらに対し、支給しようとする割合を検討することになります。その割合の妥当性を担保しようとする仕組みが新法14条2項[105]の役割だと思います。同項は、Y社に対し、Xらから求めがあった場合、当該手当がXらに支払われていなかったこと及びその理由について説明義務を課すものです。また、8条の不合理と認められる待遇の相違を設けないために、Y社が考慮した事項についても説明を義務付けています。そうしますと、図4で言えば、例えばc手当について、Y社が正社員の支給額の5割が妥当と考え、その理由が、Xらに説明が付くものであれば5割ということになりますし、Xらから合理的な対案がでれば、Y社においても、例えば6割まで増額するなどし、不合理と認められない程度まで格差を埋める努力をしていくことになります。

A 経営側の努力という点では、社会保険労務士としての知見がY社にとって有用となります。最高裁[106]も、使用者も経営判断の視点から、考慮要素①②にとどまらない様々な事情を考慮し、賃金に関する労働条件を検討するものと述べ、経営判断を尊重する姿勢を示しています。

C そうしますと、ゼロ給付であること、または支給されているもののその割合が低すぎることをもって不合理とされるものについて、待遇差を縮小させるために工夫するといった経営側の努力は、考慮要素③その他の事情として司法判断の際も評価対象となり、ここに社会保険労務士が企業（ここではY社）に関与することの意義があると言えます。

---

[105] 新法14条2項は、「事業主は、その雇用する短時間・有期雇用労働者から求めがあったときは、当該短時間・有期雇用労働者と通常の労働者との間の待遇の相違の内容及び理由並びに第6条から前条までの規定により措置を講ずべきこととされている事項に関する決定をするに当たって考慮した事項について、当該短時間・有期雇用労働者に説明しなければならない」と定め、8条の不合理な待遇の相違を設定しないために、事業主が考慮した事項についても説明義務の対象としている。

[106] 前掲・長澤運輸事件（脚注64）。

コ．本件Ｙ社についての個々の労働条件ごとの不合理性判断

🅐　では、本件について、具体的に検討しましょう。
　　Ｙ社からのヒアリングによれば、Ｘは勤続4年、その勤務実態は、正社員の所定労働時間である8時間を超えることが度々あり、店舗パート要員が慢性的に不足するなか週末のシフト組にも協力し、また、他店の人員が不足する場合、応援勤務にも積極的に応じていたとのことです。Ｙ社の側でもこれらＸの貢献に期待していたことが確認されています。これらを踏まえれば、諸手当のうち、職務に関連するもので、Ｘの意欲、能力、経験等を勘案[107]し、本人の働いた成果、店舗業務への貢献に見合った賃金決定がされるよう、一部のものについては支給する方向で検討されてもよいと考えます。

　また、ＸとＹ社正社員との間に、①②といったメインの考慮要素に違いがあり、賃金に差異があること自体が不合理であると認められないとしても、次のステップとして、当該賃金項目の趣旨（性質・目的）に照らした場合、その違いを超える賃金の差異が生じていないかをチェックし、その差異の程度が著しいことをもって不合理であると認められるものについては、その不合理性を今後どのように解消していくべきかとの観点から、不合理とならない程度で、割合的に賃金を支給することも検討に含めましょう。

　Ｙ社の賃金規程では諸手当に関し、どのように定められているのですか。また、処遇の相違が不合理と言えるか否かも検討してください。

---

[107]　新法10条は賃金についての均衡考慮の努力義務として、通勤手当その他の厚生労働省令で定めるもの（家族手当、住宅手当、別居手当、子女教育手当その他名称のいかんを問わず支払われる賃金（職務の内容に密接に関連して支払われるものを除く））を除き、「職務の内容、職務の成果、意欲、能力又は経験その他の就業の実態に関する事項」を勘案のうえ、決定するよう求める。前掲・施行通達（脚注47）によれば、これらは、短時間・有期雇用労働者の働きや貢献を評価する要素の例示として挙げられ、どの要素を勘案するかは、各企業の判断に委ねられるものの、14条2項を念頭に、説明ができるものとされるべきとする。なお、「その他の就業の実態に関する事項」としては、例えば、勤続年数が考えられるとする。この点、前掲・日本郵便事件（脚注57）が、労契法18条を参照し、5年経過時点における不合理性を認定したことは、Ｃ社会保険労務士が発言した「期間応分的処遇」により不合理性を解消していこうとする労務管理上の対応を含め、実務に大きなインパクトを与えるものと推測される。

B **C** まず、職務に関連しない手当ですが、通勤手当の支給基準及び額については、正社員とパート・有期社員との賃金規程に差異はありません。一方、扶養手当は、世帯主である正社員に対してのみ支給され、扶養親族の種類（配偶者・子）に応じ定額（配偶者は１万円・子は１名あたり5,000円）で設定され、手当の対象者について一定の収入・年齢要件（配偶者は健康保険法上の被扶養配偶者・子は被扶養者で18歳到達年度末までの未婚の子）が課されています。

次に、職務関連の手当を確認します。正社員賃金規程によれば、役職手当は本部・営業所勤務の課長以上の役職者に対し職責の程度に応じ、外勤手当は、スーパーバイザー等、店舗管理の外勤業務に従事する者に対し一定時間数の残業代を含むものとして規定されています。赴任手当は、転勤発令を受け、単身赴任する者に対し支給されています。実際にＧ県Ｔ市とＭ県Ｙ市にある営業所間での隔地転勤もあり、転居に伴う二重の生活費負担を軽減する趣旨で支給されるものです。また、勤続手当ですが、正社員賃金規程は勤続３年に達した正社員に対して月額１万円を、その後勤続年数に応じ一定額まで増額する仕組みで支給しています。Ｙ社人事担当者に確認したところ、毎年の定期昇給とは別に支給され、早期退職を防止し人材の定着を図ることを目的に支給しているとのことです。この点、パート・有期社員は期間の定めがあることから、手当の性質上、支給対象とはしていないとの説明でした。皆勤手当は、賃金計算期間中、遅刻・早退・欠勤がなく勤務した者に支給されます。以上の手当は、店舗勤務であるか否かを問わず、正社員に対してのみ支給されるものです。

なお、正社員のうち、店舗配属者に対しては、店長の職にある間、責任者手当が、また、店長以外の正社員を対象に、祝日給として、土・日・祝日の勤務に、１日あたり1,000円、年末年始手当として、12月24日から１月５日までの間の勤務につき、１日あたり3,000円（祝日給とは重複して支給されない）が支給される旨、規定されています。これらについても、パート・有期社員に対しては支給されていません。

A 通勤手当を除く賃金について、パート・有期労働法８条の不合理性が問題となり得るものを検討してください。まず、Ｂさん、いかがですか。

134　第７章　非正規社員の処遇改善（均等・均衡処遇）に向けた取組

B 本件において、Ｘとの賃金の相違を検討するうえで、比較対象とされるべき正社員は、店舗業務に従事する者のみならず広くＹ社全体の正社員であると考えます。そのことを前提に、８条の主たる考慮要素である①②が実態として明らかに相違しており、③その他の事情として、例えば、正社員と比べ、勤務シフト設定の自由度等といった拘束の度合いについても相違が認められることから、Ｘの賃金が不公正な程に低く違法であるとまで判断することは困難です。この判断は、10条で定められている「意欲」といった抽象的な要素を含めて勘案しても覆るものではないと考えます。

A 次に、Ｃさん、いかがですか。

C 検討の前提として３点確認します。まず、検討の順番の第一は、考慮要素ではなく賃金ごとの趣旨であって、あくまで三つの要素は、当該賃金の趣旨（性質・目的・必要性）に関連する限りにおいて考慮されるという点です。単純に比較対象者を無限定に働く正社員にまで拡大し、それとの比較で考慮要素①②が異なるから不合理ではないという発想は採られていません。次に、条文上「待遇のそれぞれについて」とあり、相違の不合理性は個別に、すなわち、基本給及び個々の手当につき判断すべきこととされています。最後に、待遇ごとの比較対象者となる正社員も単にＹ社全体の正社員というのではなく、待遇ごとに異なり得る[108]ということです。そうしますと、Ｘの比較対象者は、個別の賃金項目によっては、正社員の店舗業務への従事期間が一時期に限られるとしたとしても、なお店舗に勤務する正社員とすることも合理的ではないでしょうか。

A Ｙ社からの情報によれば、Ｘが問題視しているのは、賃金が固定化し、自身の貢献に見合っていないという点であるとのことです。８条違反の可能性について、これまでの議論を踏まえ、具体的

---

[108] 新法８条は、待遇のそれぞれについて不合理な相違を禁止するが、どの正社員の待遇と比較するかについて、条文上、「当該待遇に対応する通常の労働者の待遇」と定め、待遇の性質・目的に照らし、比較対象となる正社員は均一ではないことを明らかにしている。

に論じてください。

サ．基本給が相違することの不合理性

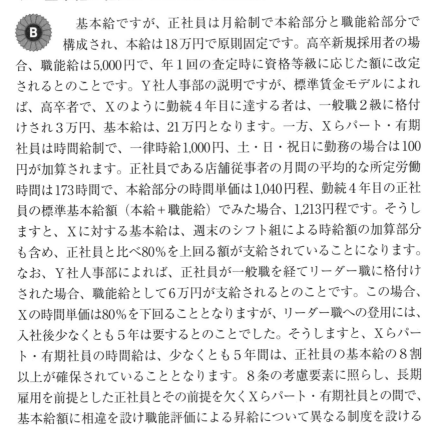

基本給ですが、正社員は月給制で本給部分と職能給部分で構成され、本給は18万円で原則固定です。高卒新規採用者の場合、職能給は5,000円で、年1回の査定時に資格等級に応じた額に改定されるとのことです。Y社人事部の説明ですが、標準賃金モデルによれば、高卒者で、Xのように勤続4年目に達する者は、一般職2級に格付けされ3万円、基本給は、21万円となります。一方、Xらパート・有期社員は時間給制で、一律時給1,000円、土・日・祝日に勤務の場合は100円が加算されます。正社員である店舗従事者の月間の平均的な所定労働時間は173時間で、本給部分の時間単価は1,040円程、勤続4年目の正社員の標準基本給額（本給＋職能給）でみた場合、1,213円程です。そうしますと、Xに対する基本給は、週末のシフト組による時給額の加算部分も含め、正社員と比べ80％を上回る額が支給されていることになります。なお、Y社人事部によれば、正社員が一般職を経てリーダー職に格付けされた場合、職能給として6万円が支給されるとのことです。この場合、Xの時間単価は80％を下回ることとなりますが、リーダー職への登用には、入社後少なくとも5年は要するとのことでした。そうしますと、Xらパート・有期社員の時間給は、少なくとも5年間は、正社員の基本給の8割以上が確保されていることとなります。8条の考慮要素に照らし、長期雇用を前提とした正社員とその前提を欠くXらパート・有期社員との間で、基本給額に相違を設け職能評価による昇給について異なる制度を設ける

109　丸子警報器事件・長野地上田支判平8.3.15では、正社員の給与は月給制で年功序列の基本給、他に残業・役付・家族・通勤手当からなり、臨時社員の基本給は日給制（勤続年数により三段階に分かれる）、特別手当と残業手当からなり、雇用期間は2か月で更新が当然に予定されていた。判旨は、被告会社が原告（女性）を臨時社員として採用したままこれを固定化し、女性正社員との顕著な賃金格差を維持拡大しつつ長期間の雇用を継続したことを指摘のうえ、「前提要素として最も重要な労働内容が同一であること、一定期間以上勤務した臨時社員については年功という要素も正社員と同様に考慮すべきこと」等を考慮すれば、原告の賃金が、「同じ勤続年数の女性正社員の8割以下となるときは、許容される賃金格差の範囲を明らかに超え」、その限度において会社の裁量が公序良俗違反として違法となると判断する。

ことは、Y社の人事施策上の判断として不合理性は認められないものと考えます。

(基本給)

正　社　員	パート・有期社員
本給部分（18万円（月給制））＋職能給部分（資格等級（※）に応じ昇給） ※高卒の場合の標準モデル（基本給の時間単価） 　1年目：18万円＋5,000円（1,069円） 　4年目一般職2級 　　：18万円＋3万円（1,213円） 　5年目リーダー職 　　：18万円＋6万円（1,387円）	1,000円（時間給制）＋ 土・日・祝日は100円加算 昇給制度なし

Ⓐ　基本給が、8割以上であれば相違の不合理性が否定されるのですか。

Ⓑ　女性臨時社員と女性正社員との賃金格差の違法性について争われた裁判例[109]では、臨時社員の賃金が、同じ勤続年数の正社員の8割以下となった場合、その限度で会社の裁量が公序良俗違反となると判断しています。作業内容、勤務時間・日数、QC活動への関与など全てが同様で、臨時社員が長年働き続けるつもりで勤務している点でも正社員と何ら変わりがないといった事案で、労基法3条・4条の根底にある均等待遇の理念に依拠した判決でした。そうすると、「均衡」処遇が問題となるY社の場合、8条の考慮要素に違いが認められるのであれば、賃金の根幹部分である基本給について、2割の幅の範囲内にとどまる相違については、Y社の裁量と言え不合理とは認められないものと評価できます。また、下級審の最近の裁判例[110]ですが、労契法20条の事案で、考慮要素①②に大きな相違があるとの前提の下、原告である契約

110　前掲・メトロコマース事件（脚注78）は、原告である契約社員Bの本給が、正社員（高卒新規採用10年目）の本給の8割以上確保されていること、契約社員Bの本給も毎年時給10円の昇給があること、契約社員Bには正社員にはない早番手当及び皆勤手当が支給されること等を踏まえ、本給等の相違について不合理性を否定している。

社員（期間1年以内の有期雇用）の本給（時間給）が被告会社正社員の本給（月給制）の8割以上確保されていた事案で、本給における相違の不合理性が否定されたものがあります。

C 　　後者の裁判例についてですが、同事件は、契約社員の時間給が毎年10円ずつ昇給していることもあわせ考慮されたうえでの判断です。Y社の場合、Xらパート・有期社員に対する昇給制度が存在しません。一方、正社員に対しては、職能査定による昇給の他に勤続年数の上昇に伴う手当（勤続手当）が併存し、長期雇用となるほど相違が拡大する仕組みとなっています。拡大していく相違につき、現状、何らの措置も講じられていません。

シ．諸手当の相違についての不合理性

A 　　基本給については、手当との関連性も含めて再度検討することとし、次に諸手当について議論してください。

B 　　手当の支給の相違について、8条の考慮要素に関連するもの、すなわち職務内容に密接にかかわるもので、役職手当と責任者手当は、正社員のなかから指定された役職者・責任者であること、外勤手当は、時間外を含む外勤業務を指示されたことに対して支給されています。また、人材活用とのかかわりでは、赴任手当は、転居に伴う二重生活の費用が多額となり得ることから、これを補助する趣旨で支給されるものです。そうしますと、これら各手当を正社員に支給する一方、役職・店長への任命、外勤業務への従事、単身赴任が予定されていないXらに対し、支給しないという待遇の相違の不合理性は否定されるものと考えます。扶養手当は、正社員に対する子育て期の生活補助を手厚くすることにより人材の獲得・定着を図るという趣旨で支給され、また、勤続手当は、長期の雇用を前提に功労報奨的な性格の意味合いを持たせるもので、これら手当を正社員に対してのみ支給することについての不合理性も同様に否定されるものと考えます。皆勤手当についても、始業・終業時刻を厳守させ、皆勤を奨励する観点から支給されるものであることから、勤務時間の設定に一定程度の自由があり、拘束がより緩やかなXらに対し支給されないことが不合理であるとまで断定することは困難です。

最後に、祝日給と年末年始手当ですが、これらはいずれも店舗業務に従事する正社員に対してのみ支給されるものです。Y社人事部に確認したところ、本部・営業所勤務の正社員は完全週休２日制で日曜日と祝日は所定休日として固定され、一方、店舗勤務の正社員は月単位の勤務シフトが組まれ、来客数が多くなる週末・祝日、繁忙期である年末年始期間は勤務に応じざるを得ない状況にあります。そうしますと、これら二つの手当は、祝日・年末年始等の勤務が予定されない事務系・営業系正社員との間の公平を図る必要性から支給されるもの、言い換えれば正社員間のバランスを取る趣旨のもので、パート・有期労働法における待遇差の問題からは外れるのではないでしょうか。

C 言葉をはさみますが、８条は「待遇」が不合理に「相違」することを禁止する規定です。Xらパート・有期社員に対しては祝日給と年末年始手当が支払われていないという「相違」が現に存在している以上、パート・有期労働法における待遇差の問題として取り扱われるべきと考えます。

B ８条の問題であるとしても、先程触れた手当の導入経緯や、Xらに対して、週末祝日の勤務には時給が100円加算されていること、無期契約である正社員に対しては、祝日・年末年始等の勤務により、家族と過ごすことができないことに報いる趣旨で手当を支払い、長期雇用への動機付けとするといった趣旨も否定できません。これらは８条の考慮要素③「その他の事情」として斟酌され判断されます。また、同条は、その文言に照らせば、待遇の相違について合理的理由があることまで要求する趣旨ではありません。そうしますと、Xらパート・有期社員に対し祝日給・年末年始手当が支給されないことについて、積極的に合理的な理由がないとしても、不合理であるとまでは言えないことになり、結論として、不合理性は否定されるのではないでしょうか。

A 次に、Cさん、お願いします。

C パート・有期労働法８条の実効性を高めるという観点に立ち、諸手当のうち扶養・勤続・皆勤・責任者・年末年始の各手当を取り上げ、相違の不合理性を検討します。

上記のうち、まず勤続手当ですが、正社員賃金規程は勤続3年に達した正社員に対して月額1万円を、その後勤続年数に応じ一定額まで増額すると定めています。Y社人事部担当者によれば、正社員は最短5年目でリーダー職に格付けされますが、この時点の勤続手当は2万円であり、実質的にみれば賃金の昇給であり基本給の一部と考えられます。そうしますと、勤続5年目以降の格差は、基本給の24万円（本給18万円＋職能給6万円）に基本給の一部とも言える勤続手当の2万円を加えれば合計で26万円、正社員の時間単価は1,502円程となり、Xの時給との相違は66％程となります。

Ⓑ　勤続手当は、定期の職能給の改定（昇給）とは別に、早期退職を防止し人材の定着を図ることを目的に支給されるものです。長期雇用を前提に有為な人材を確保するための手当を、正社員に対してのみ支給することは、Y社の人事施策上、不合理とは言えないのではないでしょうか。

Ⓒ　仮にY社のパート・有期社員が、3か月の契約期間で当然に雇用関係が終了するタイプの有期労働契約を締結しているのであればBさんご発言の通りなのでしょうが、実際には、そうではありません。前述の通り、待遇と考慮要素の関係性は実態をみて判断がなされるべきです。慢性的に店舗の人員が不足するなか、Xは有期の契約を反復更新し勤続が4年に達し、Y社も勤務状況が良好な同人を高く評価し、今後も雇止めする意向がありません。このことを踏まえれば、早期退職を防止し、そのような人材の定着確保といった勤続手当の趣旨はそのままXに対しても妥当し、正社員であったとすれば勤続3年の支給要件を満たすXに対し、期間の定めがあることにより支給対象から外すことは、不合理であると評価されるものと考えられます。なお、一言付け加えます。ご発言のいわゆる「有為人材確保論」は、労契法20条にかかわる下級審判決において、使用者が不合理性を否定する論拠（有為な人材を確保するために労働条件の相違が必要とする主張）として使われたことがありますが、最高裁の理由付けにおいては採用されませんでした。[111]「正社員は有為である」との言葉の背後には非正規社員は有為ではないとの語感が横たわっています。まさにマジックワードであり、非正規社員の

あるべき公正な処遇改善を阻害し、麻痺させるトリックとして感覚的に用いられるおそれがあり安易に使用すべきでないと考えます。

A 勤続手当をＸらに対し支給するという考え方もありますが、この場合であっても、Ｘの職能、店舗業績への貢献が基本給に反映されていないといった点において均衡処遇を欠くという問題が残ります。これら双方への対応に向け検討が求められます。

　8条は条文上、短時間・有期雇用労働者の待遇と「当該待遇に対応する通常の労働者の待遇」を比較して相違の不合理性を判定するとしており、待遇の個別比較が原則となります。一方、本件では、Ｘらの時間給（基本給）に対応する正社員の待遇を、基本給（本給＋職能給）と勤続手当をあわせた一体のものと捉えることもできます。[112] この場合、例えばＹ社において、基本給の相違は割合的に8割が均衡上妥当であるとした場合、勤続5年目以降の相違が66％程となっているのであれば、8割との差違で

111　前掲・メトロコマース事件（脚注78）では、「企業が長期雇用を前提とした正社員に対する福利厚生を手厚くし、有為な人材の確保・定着を図るという被告の主張する人事施策上の目的にも一定の合理性が認められる」とする。なお、最高裁判決（前掲・ハマキョウレックス事件（脚注45））は、契約社員に対する住宅手当の不支給を不合理なものとは認めなかったが、同事件原審（脚注49）が挙げる「有能な人材の獲得・定着を図るという目的自体は……相応の合理性を有する」といった理由は、最高裁の理由付けには採用されなかった。もっとも、同事件で最高裁は、「正社員は会社の中核を担う人材として登用される可能性」があるといった「中核人材確保論」は採用している。

112　前掲・長澤運輸事件（脚注64）は、正社員には「基本給」「能率給」「職務給」を、嘱託乗務員には「基本賃金」「歩合給」が支払われていたところ、判決は「嘱託乗務員の基本賃金及び歩合給が、正社員の基本給、能率給及び職務給に対応するものであることを考慮する必要がある」とし、相互に関連する複数の賃金項目をまとめて「実質的な基本給部分」であると位置付けて不合理性を判断している。

113　前掲・指針（脚注17）は、基本給であって、(1)労働者の能力または経験に応じて支給するものについて、通常の労働者と同一の能力または経験を有する短時間・有期雇用労働者には、能力または経験に応じた部分につき、通常の労働者と同一の基本給を支給しなければならない。また、これらに一定の相違がある場合には、相違に応じた基本給を支給しなければならない、(2)労働者の業績または成果に応じて支給するものについて、通常の労働者と同一の業績または成果を有する短時間・有期雇用労働者には、業績または成果に応じた部分につき、通常の労働者と同一の基本給を支給しなければならない。また、これらに一定の相違がある場合には、相違に応じた基本給を支給しなければならない、(3)労働者の勤続年数に応じて支給するものについて、通常の労働者と同一の勤続年数である短時間・有期雇用労働者には、勤続年数に応じた部分につき、通常の労働者と同一の基本給を支給しなければならない。また、勤続年数に一定の相違がある場合には、相違に応じた基本給を支給しなければならないと規定する。

ある14％程を、固定的に昇給する部分と職能・貢献度等の評価により昇給する部分とに分け、Xらパート・有期社員の基本給のなかに位置付けることにより、正社員との均衡を図っていくという考え方もあり得ます。[113]

B 勤続5年目の標準的な正社員の基本給は24万円（本給18万円＋職能給6万円）、勤続手当は2万円です。職能評価部分は、職能給の6万円、固定的昇給部分は、勤続手当の2万円で、その割合は、75％対25％です。

C 正社員の実質的な基本給である26万円の8割に相当するXの時間給は1,200円程となり、現状との差額は200円です。これを75％対25％で計算すれば、職能評価による変動部分は150円、残りの25％にあたる固定的な昇給部分は50円となります。規定例として以下に示します。

（基本給＋勤続手当）

正社員（高卒標準モデル）	パート・有期社員
基本給＋勤続手当 5年目：24万円＋2万円＝26万円 （8割に相当する時間単価1,200円程） 本給部分＝18万円、 職能評価部分＝6万円、 勤続3年目以降の固定的昇給部分＝2万円	1,000円（正社員の本給部分に相当） ＋200円（正社員の8割に相当する時間単価との差額） 差額のうち、職能評価部分と固定的昇給部分が占める割合は 75％ vs 25％（150円 vs 50円）

（パート・有期社員賃金規程規定例）

【基本給】
第○条　パート・有期社員の基本給は、本給、職能給及び勤続給をもって構成することとし、その支払形態は時間給とする。本給の額については、1,000円とする。職能給は、職務遂行能力、店舗業績への貢献等を評価のうえ、必要に応じ、改定する。評価の対象期間は、4回の労働契約期間を通算した期間（原則1年間）とし、各人ごとに決定する。勤続給は、勤続3年に達した者を対象に支給することとし、通算した契約期間が3年を超える日を始期とする契約期間の初日を基準日とし、勤続1年あたりにつき、25円を支給する。

🅐　Y社には、上記の内容で、Xらパート・有期社員の基本給制度の構築を提案しましょう。

　また、基本給の議論を経ての感想ですが、ある意味、Xらに対し有期労働契約を繰り返し更新していくこと自体の合理性が問われているとも言えます。労契法18条は5年の通算契約期間に達することを無期転換権行使の要件とします（159頁脚注124参照）。例えば3年到達で無期転換権を付与するといった労務管理上の判断[114]も含め、限定正社員[115]など多様な正社員制度の構築と均衡処遇の実現とを絡めた取組が検討されてもよいものと考えます。ここでは問題意識として共有しておきたいと思います。

🅒　次に責任者手当です。店舗系正社員で店長職に在る者に対し、その間、月額3万円を支給するというものです。確かに、店長は配属店舗の運営と管理の全般に責任を有し、一方、これら職責がないことを理由に、パート・有期社員を支給の対象外とすることには相応の合理性があるのだと思います。ただ、Xが勤務する店舗では、店長が1名配属されるのみで、同人が不在の時間帯または休日を取った日については、Xが事実上の店舗責任者として顧客クレームに対する初期対応、店の当日の売上報告等、店長と類似の役割を任され責任を負担しているとのことです。ここでも実態判断が求められます。

---

[114] 新法13条は、通常の労働者への転換を推進するための措置を義務付けたうえ、講ずべき措置の一つとして、「一定の資格を有する短時間・有期雇用労働者を対象とした通常の労働者への転換のための試験制度を設けることその他の通常の労働者への転換を推進するための措置を講ずること」を定める（3号）。前掲・施行通達（脚注47）は、「一定の資格」として、例えば勤続年数等があり得るとするが、著しく長い勤続期間を要することとするなど、当該事業所の雇用管理の実態からみても制限的なものと考えられ、対象者がほとんど存在しないようなものは、該当しないとも述べている。

[115] 当初「多様な正社員」と言われていたもので、厚生労働省で設置された「『多様な正社員』の普及・拡大のための有識者懇談会」が取りまとめた報告書（平成26年7月発表）は、「働き方の二極化を緩和し、労働者一人ひとりのWLBと、企業による優秀な人材の確保や定着を同時に可能とするような、労使双方にとって望ましい多元的な働き方の実現が求められている」とする。そして、「そうした働き方や雇用の在り方の一つとして、職務、勤務地、労働時間を限定した『多様な正社員』の普及を図ることが重要となっている」と指摘した。ここで言う「職務、勤務地、労働時間を限定した多様な正社員」が限定正社員を意味する。

A 　正社員は店長以外にも本部・営業所勤務の者も存在します。
　パート・有期労働法は、先程議論した通り、通常の労働者（正社員）を「事業主」単位で定めており、Xらとの比較対象は、店舗のみならず本部等の正社員も含まれます。そうしますと、責任者手当が支給されていない正社員も多数存在することになりますが、この点、どう考えたらよいのでしょうか。

B 　一つの考え方として、責任者手当は、事務系・営業系の正社員とは異なる特殊勤務への代償の趣旨として支給され、役職手当類似の給付であると言えます。Y社では、全ての正社員が、キャリア形成過程の一時期、等しく店舗勤務を経験し、正社員は同一の雇用区分で管理され同一の就業規則が適用されます。以上のことからすれば、責任者手当は、店長として店舗勤務の期間中、店舗勤務以外の正社員との公平性を図る趣旨で支給されるもので、かつ8条の考慮要素である職務内容・人材活用と密接不可分に関係する手当であるとの理解が可能で、相違の不合理性は否定されるものと考えます。

C 　Xとの比較対象となる正社員の話に戻りますが、一般論として、職務内容等、考慮要素①②の相違が大きければ大きいほど賃金格差の不合理性が否定され、逆に①②の相違が小さくなればなるほど不合理性が肯定される余地が広がります。本件において、比較対象となる正社員を、本部・営業所勤務の者まで拡大した場合、とりわけ②の要素の相違は否定しがたく、Xは全く救済されません。[116] 一方、比較対象を店長と捉えた場合、①の職責等の類似性から一定程度、不合理性が肯定される可能性が生まれます。加えてこのように捉えた場合、責任の程度

---

[116] 本ケースのY社では限定正社員制度が存在しないとの前提で議論しているが、仮に職務、勤務地等を店舗に限定する正社員がいたとした場合、新法8条が「通常の労働者」の範囲を限定していないことから、本部所属の総合職正社員と店舗勤務の正社員の双方が比較の対象となる。この場合、Xの待遇が総合職正社員との間においては相違の不合理性を否定されるとしても、定型的な店舗業務に従事する限定正社員との関係においては①②の近接性から、不合理性が肯定されることがあり得る。その一方、同制度の存在は③の「その他の事情」として不合理性を否定する方向で作用するものとも解され、この場合、総合職正社員とパート・有期社員であるXとの中間的な処遇（割合的処遇・期間応分的処遇）を整備し、限定正社員に付与することは、比較対象者間（限定正社員とX）の相違を圧縮するという点で、不合理性を否定するうえでの有効な手立てになるものと解される。

等が相違することを前提に、必ずしも差額全体ではなく不合理とならない程度で差を割合的に埋めていくという柔軟な手法、つまりゼロ支給であることが不合理であるといった視点から格差是正を図ることも可能です。

🄐　具体的には、どう考えるのですか。

🄒　Ｙ社ａ店においては、店長が不在となる時間帯または日があり、その間、Ｘに対し店長の代行的な役割を期待していたとのことです。例えば時間帯責任者手当といった項目の手当を新たに設定し、Ｘのような役割を担うパート・有期社員に対して支給することを検討してもよいと思います。店舗の店長を含めた正社員の月平均所定の勤務時間は173時間で、責任者手当は月額３万円ですから、時間単価は173円です。

　Ｙ社からのヒアリングによれば、Ｘが店長不在時に担っていた役割は、あくまでも初動対応にすぎず何かあれば本部へ連絡する、または店舗の売上代金を店長に代わって報告するといった限定的なものであったようです。相違を割合的に埋めるというのであれば、店長が本来担う職責との対比で、６割程度となる100円を時間帯責任者手当の名目で支給することが妥当かと思います。

　Ｙ社には、上記の内容で提案しましょう。

（正社員・パート・有期社員賃金規程規定例）

> 【責任者手当】
> 第○条　責任者手当は、店舗の運営管理に係る職責への対価として支給する。
> ２　前項の手当の対象者は、正社員のうち店舗の店長の地位にある者及びパート・有期社員のうち、店長不在時に当該店舗の責任者（以下、「店舗責任者」という）としてあらかじめ指定された者とする。
> ３　第１項に定める手当の額は、店長については、月額として支給することとし、その額は30,000円とする。店舗責任者に対しては、１時間あたりにつき支給することとし、その額は100円とする。

🄒　次に、年末年始手当です。その趣旨は、Ｙ社によれば、本部系正社員は年末年始期間が休日で、これとの公平を図ること、

年末年始の勤務により家族と過ごすことができないことからその苦労に報いるとともに、店舗に勤務する正社員（店長以外）に対し長期雇用に向けた動機付けをしようとするものです。この点、Y社人事部が認めていることですが、正社員が店舗業務に従事するのはキャリア形成過程における一定期間にすぎないとのことです。パート・有期社員にも家族を有する者はいますし、実際にXはシングルマザーとして中学生の子と暮らしています。正社員の店舗勤務期間が一定期間にすぎないにもかかわらず、同手当が支給されており、その趣旨が継続的な長期雇用の動機付けにあるというのであれば、店舗の人員が不足するなか、その動機付けの必要性はXらに対しても同様に及ぶものと考えます。この点に加え、同手当は特定の繁忙期である12月24日から1月5日までの間、店舗業務に従事すること自体に着目して支給される性質を有するものであることから、パート・有期社員に全く支給されていないということは不合理な相違と判断されるのではないでしょうか。

🅐　Cさんの「全く支給されていない」という表現は、Y社に割合的な支給を勧めることにより不合理性を解消することを意識したものなのですか。

🅑　言葉をはさみますが、パート・有期社員は、自身の都合を優先してY社と基本となる勤務パターンを取り決め、各月の具体的な勤務シフトは店長と合意のうえ、都度、確定しています。店長は、年末年始の期間、人員の確保に苦労していたようですが、パート・有期社員に対し勤務を強要することはありませんでした。このような事情を踏まえれば、Y社に対し支給する方向で検討を求めるとしても、正社員と同額ではなく、一定割合とする考え方が妥当と思います。

🅒　確かに、Xらパート・有期社員には、シフト組における本人の意向が反映されます。ただ、同手当の性質は、あくまで年末年始期間の勤務に着目して支給されるものであり、その趣旨は8条の考慮要素①の職務内容、②の当該職務内容・配置の変更範囲が異なることとは直接関連するものではありません。一方、Bさんご発言の事情は、③のその他の事情として、相違の不合理性を否定する方向に働くものと考えます。図3（123頁）で言えば、第三のケースに該当するのでしょ

が、この場合であっても、前述の通り、割合的な均衡処遇が求められることがあり、「全く支給されていない」という点で不合理と認められるものと判断します。正社員の所定労働時間が8時間、年末年始手当の額が3,000円であることから、時間単価は375円です。③の事情を踏まえれば、不合理とならない程度としては8割相当額にあたる300円が適当であると考えます。

現状、正社員に支給される年末年始手当は祝日給（1,000円）とは重複して支給されません。一方、パート・有期社員の時間給は、土・日・祝日の勤務に対し100円が加算されています。Cさんご発言の300円が適当であるとしても、100円加算分との重複はないとするのが均衡処遇上、適切ではないでしょうか。

おっしゃる通りかと考えます。

Y社には、上記の通り提案しましょう。

（正社員・パート・有期社員賃金規程規定例）

【年末年始手当】
第○条　年末年始手当は、会社が定める特定の繁忙期（原則として毎年12月24日から1月5日までの間）において、店舗業務に従事したことへの対価として支給する。
2　前項の手当の対象者は、店長を除く正社員及びパート・有期社員で、前項に定める期間、実際に店舗業務に従事した者とする。
3　第1項に定める手当の額は、正社員については、日額として支給することとし、その額は3,000円とする。パート・有期社員に対しては、1時間あたりにつき支給することとし、その額は300円とする。
4　第1項に定める手当が支給された場合、正社員に対する祝日給（1,000円）又はパート・有期社員に対する土曜・日曜・祝日加算（100円）については、支給しないものとする。

117　前掲・指針（脚注17）は、家族手当等、指針に原則となる考え方が示されていない待遇についても、不合理と認められる待遇の相違の解消等が求められるとし、労使により、個別具体の事情に応じて待遇の体系について議論していくことが望まれると規定する。

A 次に、扶養手当[117]についてもご指摘されていましたが。

C 同手当は扶養親族の有無及びその収入等の状況に着目して一定額を支給するというものです。その趣旨は、世帯主である正社員の扶養親族に係る生活費負担を軽減しようとすることにあり、生活費の援助としての性質を有するものと言えます。このことからすると、職務内容の差異によって援助の必要性の程度が大きく左右されるものではなく（8条の考慮要素①）、この必要性は、本部・店舗間の異動、将来的なキャリアパスといった人材活用の仕組み（同②）によって異なるものとも言えません。そのうえで、パート・有期社員に同手当を支給しないことが不合理であるとの評価を妨げるその他の事情（同③）がうかがわれないとすれば、同手当が支給されないという相違は不合理であると認められます。

A この場合、パート・有期社員のうち世帯主であることを支給要件とするとの前提は、正社員と変わらないと理解してよろしいでしょうか。

C 一応は、その通りと考えます。ただ、後ほどの議論となりますが、世帯主とは異なる合理的な前提要件を付すという考え方もあり得ます。このこととは別に、Y社のパート・有期社員の多くは、週の所定労働時間が正社員より短いことから、短時間労働者であるということがその他の事情（同③）として考慮されるのか否かは検討を要します。一方、週40時間勤務の有期社員については、正社員との相違の不合理性は、パート社員との対比においては、より認められる可能性が高まるものと考えます。

B 働き方改革の議論のなかでも、副業・兼業といった柔軟な働き方の実現に向けた環境整備がテーマとして掲げられていました。今後、柔軟な働き方が広がろうとするなか、世帯主であるパート・有期社員に扶養親族がいたとしても、それら親族の生計を、Y社から受け取る給与のみで維持しているのかは、同手当支給の妥当性にも影響します。支給の必要性を検討するとしても、パート社員については、一定の線引きをすることが合理的であると考えます。

C 　先程、職務内容の差異等によって支給の必要性の程度が大きく左右されるものではないと述べました。一方、Bさんご発言の通り、パート社員については、その他の事情として短時間労働者であることが、支給の必要性の程度を左右し得るとする考え方もあり得ます。

A 　具体的に進めてください。

B 　パート・有期社員がY社から受領する給与でもって扶養親族の生計を維持しているのか、言い換えれば、扶養親族の生活が、Y社からの給与に依存するものなのか否かは、当該パート・有期社員がY社と常用的使用関係にあるかどうかで判断するといった区分が有用と考えます。この点、公的な医療保険である健康保険法には、1週間の所定労働時間が正社員の4分の3未満である者、Y社の例で言えば、週30時間未満の者は健康保険から除外される[118]と定めており、厚生年金保険法にも同様の趣旨の規定が存在します。そうしますと、労働契約の締結時または更新時における週の所定労働時間が30時間以上である者を対象に同手当を支給するという考え方を採ることが、同手当の趣旨に適うのではないでしょうか。

A 　その場合、具体額をどうするのですか。

C 　正社員に支給される扶養手当の40分の30以上40分の40未満で、その間の週の所定労働時間に相当する額とするのが適当である

---

[118]　健康保険法3条1項9号は、1週間の所定労働時間がパートタイム労働法に規定する通常の労働者の4分の3未満である短時間労働者は被保険者となることができないと定め、厚生年金保険法12条1項5号にも同様の適用除外規定がある。この適用基準は、昭和55年6月6日付け「内翰」という行政の内部文書の形で示されていたものが、平成24年改正で法律に明示されることになったものである。なお、平成28年10月より、「特定適用事業所（被保険者総数が常時500人を超える事業所）」に勤務する短時間労働者は、以下(i)から(iv)の全ての要件に該当する場合に被保険者となることとされ、社会保険の適用対象を拡大する改正がなされている。(i)1週間の所定労働時間が20時間以上、(ii)賃金月額が88,000円以上、(iii)雇用期間が1年以上見込まれる、(iv)学生でないこと。また、「特定適用事業所」に該当しない場合であっても、平成29年4月より、被保険者の2分の1以上の同意があれば、被保険者数500人以下の規模の事業所（「任意特定適用事業所」と言う）に勤務する短時間労働者であっても、前記4要件に該当する場合、被保険者となる。

と考えます。Xの場合、週35時間の契約であることから、子に対する手当額の40分の35相当額となります。

A パート・有期社員に対する扶養手当の問題とは別に、「働き方改革」の視点から人事制度を改革しようとする潮流があります。Y社の正社員に対する扶養手当がまさにそうなのですが、配偶者に対する支給要件を税法上の非課税者あるいは健康保険法上の被扶養配偶者に限定することで、パート主婦が、その要件から外れないよう年収上限の範囲内で就業調整するといったことが常態化し、このことが女性の労働参加を阻害する要因の一つであると指摘されています。Y社への提案にあたっては、この点を踏まえてください。

B 例えば、一案として、扶養手当の名称を子育て支援手当に改め、配偶者を対象とする部分を廃止のうえ、その原資を子に再配分し、子育て支援を手厚くするといったことが考えられます。

C この場合、二つの効果が期待できます。一つは、Y社正社員の配偶者（その多くは女性）の労働参加の促進で、社会的に意義があり「働き方改革」の流れに沿うものです。二つ目には、X自身にあてはまることです。彼女のような30歳代のシングルマザー[119]にとっては手当が増額し、Y社非正規社員に対する均衡処遇の実現に資するという点で社内的にも意義あることと言えます。ただし、一点、Y社正社

---

[119] 労働政策審議会建議「同一労働同一賃金に関する法整備について（報告）」（平成29年6月16日）は、「30歳代半ば以降を中心に、子育て・介護等を背景とした時間や勤務地の制約等により、非正規雇用を選択する層が多いことも事実である」とし、パート・有期労働法改正の主要なターゲットが、Xのように、30歳代半ば以降、子育て等を理由に、非正規雇用を選択せざるを得ない労働者層であることを示唆している。報告は、法改正の基本的考え方として、正規・非正規間の待遇格差が、「少子化の一要因となるとともに、ひとり親家庭の貧困の要因となる等、将来にわたり社会全体へ影響を及ぼす」ことを指摘し、不合理な待遇差の是正が政策的に必要であるとする。同報告は、法改正の背景と方向性を知るうえで手がかりとなる。

[120] この点、前掲・指針（脚注17）は、事業主が、通常の労働者と短時間・有期雇用労働者との間の不合理と認められる待遇の相違の解消等に対応するため、就業規則を変更することにより、その雇用する労働者の労働条件を不利益に変更する場合、労契法9条の規定に基づき、原則として、労働者と合意する必要がある。また、労働者と合意することなく、就業規則の変更により労働条件を労働者の不利益に変更する場合、当該変更は、労契法10条の規定に基づき、当該変更に係る事情に照らして合理的なものである必要があるとする。

員の視点からは、手当の対象から配偶者が外れることで年収にして手当分12万円が減額となり、何らかの不利益緩和措置の検討が必要となります。[120]

　　　　Bさん、Cさん、以上を踏まえた提案を準備してください。

（正社員・パート・有期社員賃金規程規定例）

> 【子育て支援手当】
> 第○条　子育て支援手当は、子育てに要する費用の一部を支援する目的で支給する。
> 2　前項の手当の対象者は、健康保険法上の被扶養者である18歳到達年度末までの子（未婚）を現に有する者とする。
> 3　第1項に定める手当は、月額として支給する。手当の額は、子1名あたりにつき、正社員は、10,000円とする。パート・有期社員に対しては、労働契約上の週所定労働時間（30時間から40時間）に応じ、7,500円から10,000円の範囲内で、当該時間を基準に定めることとし、100円未満の端数が生じる場合はこれを切り捨てる。なお、対象となる子の人数に上限は設けない。
> 4　本条の施行時に、配偶者を対象とする扶養手当を受給していた者については、施行後の3年間のうち、健康保険法上の被扶養配偶者を有する間に限り、その差額に相当する額を支給する。

　　　　最後になりますが、皆勤手当[121]についても指摘されていましたね。

121　前掲・指針（脚注17）は、精皆勤手当について、通常の労働者と業務の内容が同一の短時間・有期雇用労働者には、通常の労働者と同一の精皆勤手当を支給しなければならないと規定したうえ、問題とならない例として、「A社においては、考課上、欠勤についてマイナス査定を行い、かつ、そのことを待遇に反映する通常の労働者であるXには、一定の日数以上出勤した場合に精皆勤手当を支給しているが、考課上、欠勤についてマイナス査定を行っていない有期雇用労働者であるYには、マイナス査定を行っていないこととの見合いの範囲内で、精皆勤手当を支給していない」ことを挙げている。この例によれば、本件のケースは、店舗正社員とXには業務内容に顕著な相違がないものの、Y社が正社員の欠勤に対しマイナス査定を行い、Xが欠勤した場合にマイナス査定を行っていないとすれば、問題とならないことになる。本件と指針の問題とならない例との違いは、本件では、店舗要員が慢性的に不足するなか、パート・有期社員の出勤をプラス思考で評価しその観点から議論しているのに対し、指針の例はマイナス査定の有無を評価の視点に置いていることに関係するものと考えられる。

C これも趣旨を明らかにしたうえ、比例的な支給方法も視野に入れ検討することになります。同手当の趣旨は、特に店舗系の正社員に該当することですが、パート・有期社員が不足するなか、店舗を円滑に運営するため、正社員に始業終業時刻を厳守させ、皆勤を奨励するために支給されるものです。この点、円滑な店舗運営には一定数のパート・有期社員を確保する必要があること、正社員とパート・有期社員との間で、日常の業務内容には顕著な相違があるとは言えないことから、出勤する者を確保する必要性は、職務の内容によって差異が生じることはなく（8条の考慮要素①）、この必要性は将来的な人材活用の仕組みの違い（同②）といった事情により異なるものとも言えません。この時点で、同手当をパート・有期社員に対して支給しないという相違は一旦不合理であると判断されますが、扶養手当の議論と同様、短時間・有期雇用労働者として勤務日の設定に一定の自由があるといった事情が、その他の事情（同③）として考慮されるかは問題となります。

B 先程の常用的使用関係の議論がここでもあてはまるのではないでしょうか。人員の確保は、労働契約上、ある程度の勤務が期待される者を前提に図られるもので、その必要性は契約された一定日数の勤務が行われることにあります。健康保険・厚生年金保険の適用除外規定ですが、先の週所定労働時間による基準とは別に、1月間の所定労働日数が正社員の4分の3未満である者、Y社の例で言えば、月平均の所定労働日数が21.5日であることから、月17日未満の者を両保険から除外すると定めています。そうしますと、労働契約の締結時または更新時における月の所定労働日数が17日以上である者を対象に同手当を支給するという考え方があり得るのだと思います。

A 皆勤手当の額はどうなるのですか。

C 正社員が月額1万円であることから、勤務シフト上の所定労働日数を皆勤した場合に、4分の3相当額である、月額7,500円とすることが妥当と考えます。

(正社員・パート・有期社員賃金規程規定例)

> 【皆勤手当】
> 第○条　皆勤手当は、始業・終業時刻の厳守と所定労働日数の皆勤を奨励する趣旨で支給する。
> 2　前項の手当の対象者は、正社員及びパート・有期社員のうち健康保険法上の被保険者資格を有し、労働契約上、月の所定労働日数が17日以上である者とし、遅刻・早退等がなく、月の所定労働日数を皆勤した場合に支給する。
> 3　第1項に定める手当は、月額として支給する。手当の額は、正社員は10,000円、パート・有期社員は7,500円とする。

A　上記以外の手当である、役職・外勤・赴任手当は、パート・有期社員に対しては支給されません。これら手当が支給されない理由について説明を求められた場合、Y社は説明義務を負うことになります。説明方法として、指針では、資料を活用のうえ口頭で行うことを基本に、当該資料を交付するなどの方法でもよいとされています。この点、いかがですか。

B　Y社では、就業規則・賃金規程等を社内イントラネットでアップする方法により周知しています。例えば、これら手当の趣旨(性質・目的)を明らかにした賃金規程を説明資料の一つとして活用することが検討されてもよいと考えます。

A　引き続き、これら手当についても検討してください。

C　条項は、先程までと同様、まず第1項として当該手当の趣旨(支給目的・性格等)を明記、次に支給対象者等の要件、支給額を、最終項に第1項の趣旨に照らしパート・有期社員に対しては支給外となる旨を規定することになります。

B　まず、役職手当ですが、その趣旨からすれば、考慮要素のうち適切と認められるものとしては、責任の程度(8条の考慮要素①)となります。役職者として職責を担うことが予定されていないことを理由に、パート・有期社員に対して支給しないという相違は不合理

とは認められない旨を規定することになるのだと思います。

（正社員・パート・有期社員賃金規程規定例）

【役職手当】
第○条　役職手当は、役職者として、業務の成果について求められる役割及び当該役割に伴う職責への対価として支給する。
2　前項の手当の対象者は、正社員のうち本部又は営業所に勤務する者で、課長職以上の地位にある者とする。
3　第1項に定める手当は月額として支給することとし、その額は当該役職に伴う責任の程度に応じ、次に定めるとおりとする。
　①　課長　　○○○○○円
　②　・・　　○○○○○円
　③　・・　　○○○○○円
4　パート・有期社員については、役職者としての責任を負担しないことから第1項に定める手当は支給しない。

B　外勤手当は、いわゆる固定残業代として支給されるものです。Y社では、SV（スーパーバイザー）と呼ばれる店舗運営管理のための巡回指導業務に従事する者が指定され、外勤に伴う一定の残業時間数を見込んで同手当が支給されています。その趣旨は、業務の実態として法所定の労働時間を超える勤務が必要とされること、店舗のトラブル発生時に臨時の対応が求められること等にあり、これら責任の程度（8条の考慮要素①）がパート・有期社員とでは異なることを理由に、パート・有期社員に対しては同手当が支給されない旨を規定することになります。

（正社員・パート・有期社員賃金規程規定例）

【外勤手当】
第○条　外勤手当は、時間外労働に対する代償として、月を単位とする割増賃金の趣旨として支給する。
2　前項の手当の対象者は、正社員のうち店舗の運営管理等、外勤業務に従事する者とする。
3　第1項に定める手当は月額として支給することとし、その額は時間外労働等の状況などを勘案のうえ個別に決定する。
4　前項に定める額に含まれる時間外労働時間数は、次の計算式による。
外勤手当の額／（基礎賃金／1か月平均所定労働時間数×1.25）
5　第3項に定める額が、労働基準法所定の計算式による額を下回るときは、その差額を支払うものとする。
6　パート・有期社員については、店舗管理に伴う外勤業務に従事しないことから第1項に定める手当は支給しない。

🌼Ｂ　赴任手当は、転勤に伴う生活費の負担を補助する趣旨で支給されるものです。正社員に対しては、転居を伴う単身赴任が求められており、住宅等に要する費用が多額となる実態があります。8条の要素で言えば人事異動の有無（考慮要素②）が考慮され、就業場所の変更が予定されていないことを理由に、パート・有期社員は支給の対象外である旨を規定することになります。

（正社員・パート・有期社員賃金規程規定例）

【赴任手当】
第○条　赴任手当は、単身赴任に伴う生活費の負担を軽減する趣旨で支給する。
2　前項の手当の対象者は、正社員のうち転勤発令を受け単身にて赴任する者とする。
3　第1項に定める手当は月額として支給することとし、その額は○○○○○円とする。
4　パート・有期社員については、転居を伴う赴任が求められないことから第1項に定める手当は支給しない。

おおむね議論は尽くされたように思います。Y社には、これら議論を踏まえた内容で検討するよう伝えましょう。
議論された内容をまとめておいてください（下表）。

 はい。

（表）

X：a店勤務で4年目のパート・有期社員、週所定の労働時間は35H+α、店長代行・他店舗への応援あり（契約外）
比較対象；店舗勤務正社員

賃金項目		趣旨 （性質・目的）	8条不合理性	是正に向けた提案内容 （対正社員比率％）
基本給	① 本給	生活給 （原則固定）	不合理 ②③の相当分が支給されていないこと及び昇給制度がないこと	①～③の合計で正社員との格差を2割の範囲内に収めることで制度を設計 正社員の時給換算 1,500円×80％＝時給　1,200円 勤続年数に応じて拡大する格差防止措置の検討策 ①時間給部分　据置　1,000円 　　8割に相当する1,200円との差額200円を、正社員の②：③の比率（75：25）で案分 ②査定によりランク・等級付け 　200円×75％×査定（100％の場合）＝150円 ③勤続年数に対応する部分の支給 　200円×25％＝50円　　　　（80％）
	② 職能給	職能資格制度：賃金表（経験・能力・職責評価）		
	③ 勤続手当	長期勤続功労給（4年目以降）		
昇給（昇級・昇格）		毎年1回 ②査定（等級・ランク改定） ③定昇		
責任者手当		店長職に対する職責手当	不合理 代行業務の職責相当分が支給されていないこと	店長不在時の責任者手当として、その職責相当分（60％）を「時間帯責任者手当」名目で支給 店長の時給換算173円×60％＝100円 （60％）
年末年始手当		年末年始勤務負担の金銭補填	不合理 全く支給されていないこと	正社員の80％相当額の支給 正社員の時給換算375円×80％＝300円 （80％）
皆勤手当		円滑な店舗運営（皆勤奨励、シフト確保）	不合理 全く支給されていないこと	月間17日以上勤務の（常用）者に、正社員の3/4相当額を支給 正社員の支給額1万円×3/4　＝月額7,500円 （75％）
〈趣旨変更〉 扶養手当 →子育て支援手当		福利厚生 （子育て・女性活躍支援）	不合理 全く支給されていないこと	週30時間以上の（常用）者に、所定労働時間に応じた月額を支給 正社員（週40時間）の支給額×35/40～40/40　　　（75％～100％）

4 総括

上記カンファレンスの内容に基づき、パート・有期労働法8条に関する労務管理上の留意点を挙げれば以下の通りとなります。

(1) 前提

理解の前提として、パート・有期労働法8条の「不合理な待遇の禁止」規定（有期雇用労働者については労契法20条、パート労働者についてはパートタイム労働法8条とほぼ同一内容）には、不合理性判断の考慮要素が三つ（①職務内容、②人材活用の仕組み、③その他の事情）あり、同条は、①〜③が異なる場合であっても、その違いを考慮して正社員と短時間・有期雇用労働者（以下非正規社員）との間の待遇が均衡のとれたものであることを求める規定であるということ。

このうち、例えば、②の要素の一つである転勤、昇進といった人事異動、役割の変化等の有無・範囲等については、労働契約、就業規則上の規定の差異ではなく実態で判断されるもの、また、③は当該待遇が設定されるまでの間の労使の交渉態度の他、使用者の経営判断として賃金制度の設計の仕方（非正規社員の収入が安定することに対する配慮・非正規社員の労務の成果が賃金に反映されやすくなるような工夫）が含まれます。

(2) ステップ1

まず、比較対象となる正社員を特定のうえ、その正社員と非正規社員との間に、個々の待遇（基本給、賞与、諸手当等、賃金に関する待遇、福利厚生、休職規定の適用等、個別の労働条件）ごとに、どのような相違が存在しているのか（通常は正社員に対してのみ支給され、非正規社員には不支給または支給されていたとしてもより低いレベルにとどまる）を確認します。

その際に、例えば、関連する複数の手当があり、それら手当の性質・目的を精査したときに相互に補完する関係にあるものなのか否か、ま

たは相違があるものの、過去の経緯をみたときに使用者の経営判断によりその相違の幅を縮小するような配慮・工夫がされた形跡（歴史的経緯）が見受けられるのか、もしくは労使交渉による調整が図られたものであるのかなどを、あわせて確認しておきます。

(3) ステップ２

次に、正社員に支給されている個々の待遇（労働条件）について、支給要件やその内容からして、どのような趣旨に基づくものなのかを整理し、そのうえで、①～③の要素を考慮したときに、その性質・目的が非正規社員に対しても同様に及ぶものなのか否かを客観的に検討します。

例えば、「特殊作業手当」という手当が、業務の危険度や過酷な作業環境を強いることへの代償という趣旨に基づき支給されるものであると整理された場合、実際に正社員と非正規社員が同一の特殊作業に従事しているのであれば、同手当を支給することの趣旨は、その性質・目的に照らせば、職務の内容によって差異が生じるものでなく（上記考慮要素①）、また、上記の趣旨は、当該社員が将来転勤や昇進といった可能性の有無といった事情により異なるものとは言えず（上記考慮要素②）、そのうえで、特殊作業手当に相違を設けることが不合理であるとの評価を妨げるその他の事情（上記考慮要素③）もうかがわれないとすれば、同手当の相違は、不合理と認められ、非正規社員に対しても正社員と同一の支給をすることが求められます。

(4) ステップ３

そして、待遇に相違が生じている場合、なぜ違いが生じているのかについて、個々の待遇に対応する①～③のいずれかの要素を考慮したうえ、待遇差を正当化し得る理由があるのか、あるとすれば何であるのか、非正規社員に対してその理由でもって果たして説明[122]が付くものなのか否かを客観的に検討します。

122　新法は14条２項の待遇差の内容・理由に関する説明についての紛争も行政ＡＤＲ（調停）の対象とする。

(5) ステップ4

　検討の際、正社員には支給され、一方、非正規社員に対しては支給されていないもののうち合理的な説明が付かないものについては、上記の判断枠組みにより同一支給とするもの（均等処遇）、割合的に支給することがより適切なもの（均衡処遇）に振り分け、後者については、ゼロ給付であることの不合理性を解消するとの観点から、不合理とならない程度（例えば正社員の給付額の8割とか6割といった割合的な給付）で支給することも検討する。この場合、具体的割合について、非正規社員の意見を聴取し、反映させるプロセス（例えばアンケート等による意見の集約）[123]を経て、最終的に決定することで、上記考慮要素③の事情の一つとして斟酌されることとなります。

(6) ステップ5

　そのうえで、趣旨が不明な手当等は統廃合し、または手当等が複数の項目から構成され、それらが相互に関連しているような実態がある場合、就業規則（賃金規程）、雇用契約書（労働条件通知書）に当該手当（労働条件）の趣旨・目的を明確に規定、必要に応じ支給額を改定（個々の待遇によっては、非正規社員の処遇を割合的ないし有期雇用労働者の場合、通算契約期間の長さに従い応分的に改善）、その他、正社員と非正規社員との間で、職務内容、人材活用の仕組み・運用等が異なる場合は、役割規程、出向規程などで違いが判別できるよう定めておく他、非正規社員の意見を聴取し反映することが可能な処遇について改善しておくこと（上記考慮要素③）など、諸規程、説明会資料、経緯書などを整備するとともに、非正規社員から、正社員との待遇差の理由等について説明を求められた場合、対応できるよう準備してお

---

[123] パートタイム労働法7条は、労基法90条の義務とは別に、パートに係る就業規則の作成・変更について過半数代表者（「労働者の過半数で組織する労働組合」を意見聴取の相手方とするとの文言はない）の意見聴取の努力義務を定めているところ、新法7条は2項を新設し、有期雇用労働者についても同様に定める。

[124] 同一の使用者との間で、2以上の有期労働契約が通算して5年を超えて反復更新された場合は、労働者の申込みにより、原則、期間の定めを除き、直前の有期労働契約と同じ条件で、無期労働契約に転換する制度。なお、通算の対象となる有期労働契約は平成25年4月1日以後に開始するもの。

きます。

　また、特に有期雇用労働者については、労契法18条の無期転換制度[124]により無期労働契約に転換した後の労働条件を整備しておくことはもとより、通算契約期間が5年に達する前の時点においても、パート・有期労働法13条3号に定める正社員転換を推進するための措置を講じる等、いわゆる限定正社員（正規・非正規の中間に位置する社員）制度を設計することもあわせて検討します。

(7) ゴール

　以上により、同一企業内における正社員と非正規社員との間における不合理な待遇差をなくす努力が図られ、「雇用形態にかかわらない公正な待遇の確保」の実現に資するとともに、待遇差に関する潜在的な労務リスクは相当程度軽減されることになると思われます。上記プロセスの概略をまとめれば図5のようになります。

（図5）

| ステップ1　個々の待遇（労働条件）ごとに相違の有無を確認 |

| ステップ2　個々の待遇（労働条件）ごとにその趣旨を整理 |

| ステップ3　趣旨に照らして個々の待遇（労働条件）ごとの不合理性を検討 |

| ステップ4　不合理性を否定できない場合、改善策を検討 |

| ステップ5　就業規則、賃金規程等を改正、限定正社員制度の導入を検討 |

Column 1

コラム1　働き方改革における限定正社員の位置付け

　働き方改革関連法が成立し、短時間労働者（以下、「パート」と言う）と有期労働契約を締結する労働者（以下、「有期」と言う）が、新たな法律名（以下、「新法」と言う）[125]の下、令和2年4月1日（中小事業主は令和3年3月31日まで適用猶予）より、同一の規制下に置かれることになります。

　改正前のパートタイム労働法13条は、事業主に対し、パートから通常の労働者（以下、「正社員」と言う）への転換推進措置を義務付けられますが、新法施行後は、フルタイム有期についても、同措置が義務化されます。ここで言う「通常の労働者」とは、限定正社員（143頁脚注115参照）を含むのでしょうか。パートタイム労働法の施行通達は、複線型であっても最終的に正社員への転換ルートが確保されていれば義務が履行されたとし、例えば、パート→正社員の経由点としての短時間正社員の設置は望ましいとしていました。新法においても、有期→限定正社員→正社員として、正社員に至る障壁を乗り越えるための中間点に限定正社員を設けることは問題がなく[126]、むしろ、以下の理由から労務管理上も望ましいと考えます。

　第一に、有期の均衡処遇実現のステップとすることが挙げられます。新法8条は、有期と正社員との間の不合理な待遇の相違を禁じるものですが、限定正社員制度を設けた場合、比較対

---

[125]　短時間労働者及び有期雇用労働者の雇用管理の改善等に関する法律。

[126]　新法の施行通達（脚注47）は、この点、勤務地、職務内容または勤務時間が限定され、ライフスタイル等に応じた働き方が可能な、いわゆる多様な正社員については、一般的に、時間や配置転換等の制約が比較的大きい短時間・有期雇用労働者であっても就業しやすい形態であることから、多様な正社員への転換を推進する措置が講じられている場合は、本条の義務の履行と考えられるとする。

Column 1

象となる正社員の選択は検討を要します。この点、新法8条に統合される労契法20条違反が争われた事件で、比較対象は、原告である有期契約社員と担当業務や異動範囲が類似する正社員であるとした裁判例[127]があります。同事件は、人事制度上、正社員が複数のコースに分かれ、在職中のコース変更は原則ないといった事案でした。本コラムで言う、限定正社員は、コース間の変更がないという硬直的な制度を意味しませんが、待遇の相違を、(1)有期と限定正社員との間で、また(2)限定正社員と正社員との間で比べることで、より均衡処遇実現のためのハードルを低くし（次頁図6の賃金差イメージでは、(1)につき60vs70〜80の相違となる）、早期の段階的な実現を可能とするものです。有期の比較対象者が、一足飛びに（働き方が無限定な）正社員に限るとすれば、8条の考慮要素（職務内容、人材活用の仕組み等）からして、均衡処遇そのものの実現が危ぶまれます。

　第二は、有期に特有の問題として勤続年数に着目した対応の必要性です。新法13条は、通常の労働者への転換推進措置を義務付けたうえ、その一つとして、「一定の資格を有する短時間・有期雇用労働者を対象とした通常の労働者への転換のための試験制度を設けること」等、登用制度の構築を求めています（3号）。なお、新法の施行通達（102頁脚注47参照）は、一定の資格として、勤続年数等があり得るとつつも、著しく長期の勤続期間を要するなど、制限的に運用されるものは、該当しないとも述べています。また、新法10条は賃金についての均衡考慮の努力義務として、「職務の内容、職務の成果、意欲、能力又は経験その他の就業の実態に関する事項」を勘案のうえ決定するよう求め、同通達は、14条2項を念頭に、どの勘案要素により賃金が決定されたかが説明できなければならないとしています。

---

[127] 前掲・日本郵便事件（脚注55）。

（図6） 賃金イメージ[128]

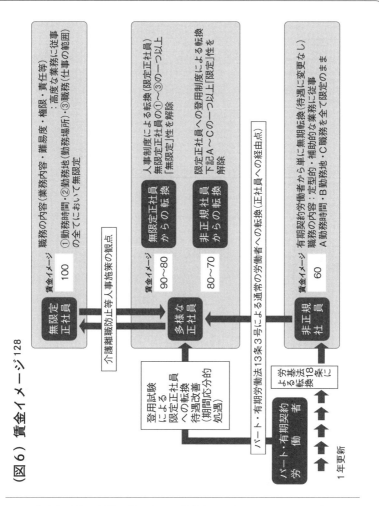

[128] 独立行政法人労働政策研究・研修機構の調査によると、正規・非正規雇用者間の賃金格差の程度は、非限定正社員vsパートで63.0％、非限定正社員vs契約社員で76.3％、非限定正社員vs派遣社員で81.1％、非限定正社員vs限定社員で91.9％、この順で賃金格差が大きい。なお、この調査では、非限定正社員は従来の正社員の概念に合致し、限定正社員は従来の正社員と非正規雇用者の中間的存在で、非限定正社員に比べ、職種、勤務地、労働時間、昇進などの労働条件が限定されている者を言う（労働政策研究・研修機構編『非正規雇用の待遇差解消に向けて』（労働政策研究・研修機構）63頁・73頁）。

Column 1

そして、「その他の就業の実態に関する事項」として、ここでも、勤続年数等が考えられるとします。これらを踏まえれば、有期労働契約を反復更新し、契約期間を通算した期間が長期に及んだ場合、賃金について、勤続年数に応じた相応の処遇が求められ、正社員との間に相違が残るとしても、相違する理由について説明が付くものでなければならないというのが、新法の立場であると理解することができます。このように、均衡処遇の実現に向け、新法が勤続年数を重視していること、近時の裁判例[129]でも、手当の性質によっては、時の経過とともに、有期に対し支給しないこととする根拠が薄弱化するものがあり、その場合、具体的には、5年を超える時点（労契法18条を参照）での相違は不合理であると判断したものもあります。本章のカンファレンスでC社会保険労務士が述べる「期間応分的処遇」を図るといった視点からも、有期に対し、契約期間を通算した一定の時点で限定正社員登用のための道筋を付け、賃金等、処遇の改善を図るといった労務管理が望まれます。

　第三は、有期と正社員との間の待遇差の内容・理由について、事業主に課せられた説明義務（新法14条2項）との関係です。有期は、自身の賃金等労働条件が正社員と比べ、どの程度異なるのか、その理由は何なのかについて説明を求めることができ、比較対象となる正社員の選定は、説明を受ける側の納得感にも影響するものです。前記施行通達は、この点につき、職務内容、配置の変更範囲等が、説明を求めた有期と「最も近い」と事業主が判断する正社員であるとします。ここでも、正社員と有期との中間的な存在である限定正社員を置くことで、段階的な説明を可能とし、有期が納得のうえ定着することはもとより、限定正社員を経由しての正社員への途があることで、転換に向け

129　前掲・日本郵便事件（脚注57）。

たインセンティブとなることが期待されます。

　第四に、新法8条に基づき不合理性が訴訟で争われた場合、限定正社員制度は、格差縮減のための経営努力、工夫として、一定程度、肯定的に評価されるものと推測され、行政ADR（調停）においても同様に判断されるものと思われます。いわゆる労契法20条裁判で、正社員に登用される途があり、正社員と有期との地位が必ずしも固定的なものでないことが、不合理性の判断にあたり「その他の事情」として考慮するのが相当としたもの[130]があります。

　第五に、労契法18条が定める無期転換（159頁脚注124参照）との関係です。同条は、労働者が権利として契約期間を有期から無期へ転換させるものですが、新法13条と異なり、労働条件を正社員並みに引き上げようとするものではありません。使用者の選択肢は、(i)無期転換前と同じ、または、別段の定めとして、(ii)正社員レベルもしくは(iii)限定正社員として中間的処遇の創設となります。WLB等の観点から積極的に短時間勤務（有期）を望む者（学生アルバイト、主婦パート、高齢の嘱託等が想定されます）は(i)を選択します。一方、(iii)は、かつて有期であった者に対しての均衡処遇に向けたステップとなるにとどまらず、正社員内部を多様化し、無限定に働く正社員のWLB等の実現にとっても有意義な制度であると言えます。つまり、第六として、働き方改革の実現は、長時間労働の是正、介護離職の防止、病気治療との両立、キャリアアップ・生産性向上にも資するリカ

---

[130] 前掲・日本郵便事件（脚注73）。この点、前掲書（脚注46）によれば、労契法20条は、正規・非正規の分断と、その地位の固定化を問題とするもので、両者間の処遇格差、労働契約関係を是正しようとする「社会改革的規定」であるとされている（同書228頁）。この趣旨が新法8条に引き継がれたと考えれば、非正規社員にも正社員への登用の途が用意され、非正規社員としての地位・待遇が流動的になり得るような人事制度の存在と、そのような運用実態は、③その他の事情として肯定的に評価され得るものと考えられる。

Column 1

レント教育(学び直し)の機会の付与等、働く環境は正社員にとっても切実な問題であり、正社員と限定正社員との間の相互転換制度の創設は、これら課題の解決に有効な手法となり得ます。

図6(163頁)は、正社員、限定正社員、非正規社員の賃金差を含めたイメージです。なお、正社員から限定正社員への転換は賃金等労働条件の不利益変更の問題でもあり、転換する期間の他、転換後に適用される就業規則の適用を受けることも含め本人との同意が原則であること、また、ここでの賃金はあくまで調査によるイメージで、新法8条は、賃金項目ごとに、その性質・目的に照らして均衡または均等処遇を求めるものであることには留意が必要です。

以下に、本章及び第8章のカンファレンス(均衡均等処遇・ADR)で議論の対象としてきた非正規社員Xを念頭に、第8章のカンファレンス(ADR)で検討した皆勤手当の規定例(188頁参照)を踏まえ、限定正社員への転換等に関する就業規則規定例を挙げておきます。

【限定正社員への転換制度】

第○条　店舗勤務のパート・有期社員のうち、賃金規程第○条に定める皆勤手当を36月以上支給されもしくはその総額が36万円以上となった者又は本人が希望し所属店舗の店長の推薦を受けた者で、会社が実施する登用試験に合格した者については、限定正社員に転換することができる。

2　前項の登用試験は、原則として、毎年3月と9月に実施することとし、転換を希望する者は、実施月の前月までに所定の試験申込書を本部総務課までに提出しなければならない。なお、試験に合格した者は、当該実施月の翌月より限定正社員として勤務することとする。

3　第1項に定める限定正社員とは、次の1号から4号に掲げる態様で勤務する者をいうが、具体的な組み合わせは本人が選択することができる。なお、会社とは期間の定めのない労働契約を締結することとし、その定年は○○とする。
　① 　勤務地を本人が選択する店舗に限定して勤務する正社員
　② 　業務の内容を本人が選択する職種・職務に限定して勤務する正社員
　③ 　所定の勤務時間を週40時間（週の法定労働時間）と定めたうえ、時間外労働を行うことなく勤務する正社員
　④ 　所定の勤務時間を週40時間を下回る時間と定めたうえ、その範囲内に限定して勤務する正社員

4　正社員のうち、前項に定める限定正社員への転換を希望する者で、会社の承認を受けたときは、限定正社員に転換することができるものとする。

5　第1項又は前項の規定により限定正社員に転換した者のうち正社員への転換を希望する者で、会社が実施する登用試験に合格した者については、正社員に転換することができる。ただし、正社員であらかじめ期間を定めて限定正社員へ転換した者については、この限りでない。

6　第3項に定める限定正社員の賃金等処遇は、同項各号に定める組合せに応じ、賃金規程第○条に定めによるところとする。

第8章

非正規社員の処遇改善に向けた社会保険労務士会ADRの活用

はじめに

　パート・有期労働法の改正により、非正規労働者の待遇差等に関する紛争がADRによって解決される可能性が拡充しました。

　この章では、社会保険労務士会におけるADR手法を検討しています。第7章で取り上げた正規・非正規の賃金格差を巡る不満・苦情は、今後、労使間での対応が求められる重要なテーマの一つであり、その解決策として、ADRが活用されていくと考えます。

　社会保険労務士会におけるADR（社会保険労務士会ADR）は、いまだその活用が広く周知されていないこともあり、利用件数は少なく、その意味でも、ADRの在り方も含め広く皆さんに周知したいというメッセージでもあります。

1 ケーススタディ

> [非正規社員が、正社員と同一価値の仕事をしていると認識しているにもかかわらず、自身の待遇（賃金）が不合理に低いとして不満を表明し、紛争となるおそれがあるなか、社会保険労務士会が主催する民間ADRにおいて、解決に向けた可能性を模索しようとする場合の対応]
>
> 　第7章のケーススタディ（非正規社員の処遇改善に向けた取組、99頁）の事案で、Ｙ社が、パートＸに対し改善策を提示したところ、同人から、皆勤手当の支給に関する正社員との格差は、パート・有期労働法8条が禁止する不合理な相違であるとの苦情の申出があり、対応に苦慮している。

2 ケーススタディを理解するために

「働き方改革実行計画」（平成29年3月28日働き方改革実現会議決定）は、雇用形態にかかわらない公正な待遇の確保に向けた法制度の方向性として、以下の3点を示しました。(1)不合理な待遇差について、労働者が裁判で争えることを保障するために、司法判断を求める際の根拠となる規定を整備すること、(2)労働者が不合理な待遇差に関し訴訟を起こしやすくする観点から、事業主に対し、有期雇用労働者の雇入れ時における待遇の説明義務と、雇入れ後においても、有期雇用労働者・短時間労働者の求めに応じ、比較対象となる労働者との待遇差の理由等についての説明義務を課すこと、(3)労働者が実際に裁判に訴えるとすると経済的負担を伴うことから、「行政による裁判外紛争解決手続の整備」として、行政ADRを拡充させ、均等・均衡処遇を求める当事者が身近に無料で利用できるよう整備することです。

働き方改革関連法の成立を受け、従来の「短時間労働者の雇用管理の改善等に関する法律」（以下、本章では「パートタイム労働法」または「旧法」と言う）から、「短時間労働者及び有期雇用労働者の雇用管理の改善等に関する法律」（以下、本章では「パート・有期労働法」または「新法」

131　新法では有期雇用労働者にも8条が適用されることから、従来労契法20条違反として争われていた紛争も、裁判によるものの他、ADRを利用した解決が可能となる。なお、前掲・日本郵便事件（脚注55）は、20条違反となる有期契約労働者の労働条件には、①無期契約労働者と差異があることをもって「直ちに不合理」と認められるものと、②有期契約労働者に対して「当該労働条件が全く付与されていないこと、又は付与はされているものの、給付の質及び量の差異の程度が大きいことによって不合理」と認められるものの二つに区分されるとする。②の場合は、「20条違反とされた有期契約労働者の労働条件の不合理性をどのような形で解消すべきか」との観点から検討する必要があり、「職務の内容の相違等に照らして不合理とならない限度の労働条件を付与すべき」であるとした。そのうえ、損害の性質上、具体的な損害額の認定が「極めて困難」で、民事訴訟法248条に従い「相当な損害額」を認定すべきとし、無期契約労働者に付与されている給付との差額について損害賠償の割合的救済を図っている。判旨は、均衡処遇が問題となる場面で、不合理とされた労働条件を「どのような形で解消すべきか」との観点から検討する必要があるとし、過去の損害の割合的救済にとどまらず、将来的にも不合理性をどのように解消すべきであるかとの観点をも視野に入れているものと解される。

と言う）へと法律名が改められました。これにより、不合理な待遇の禁止（8条）に関する紛争が新たに、行政ＡＤＲ（都道府県労働局長による紛争解決援助、調停）の対象に含められ、パートタイム労働者のみならず有期雇用労働者[131]についても、均等処遇・均衡処遇の実現に向けＡＤＲ手続（調停[132]を含む）を利用できることとなります。

③ カンファレンス

ア．労働紛争の分類とパート・有期労働法8条を巡る紛争の位置付け

まず、議論の出発点として、労働紛争を概念的に整理すれば、労働関係の当事者の視点からは、①「個別労働紛争」[133]

---

[132] 短時間・有期雇用労働者が均衡処遇を求める場合、個別労働紛争解決促進法上、都道府県労働局の紛争調整委員会による「あっせん」制度は利用可能であったものの、当事者に出頭義務はなく解決率の低さにつながっていた。一方、パートタイム労働法（改正後はパート・有期労働法）の他、男女雇用機会均等法・育児介護休業法・障害者雇用促進法上の調停は、法律上、「関係当事者の出頭を求め、その意見を聴くことができる」（男女雇用機会均等法20条、他の二法も同条を準用）と規定され、施行規則上も、委員会から出頭を求められた場合、「出頭しなければならない」（男女雇用機会均等法施行規則8条、他の二法の施行規則も同条を準用）ことから（ただし、不出頭に対する罰則等の適用はない）、参加率が高く、解決率も高くなる傾向にあるとされる。また、パート・有期労働法上の調停においては、男女雇用機会均等法20条の「関係当事者」を「関係当事者又は関係当事者と同一の事業所に雇用される労働者その他の参考人」と読み替えている（パート・有期労働法26条）。なお、個別労働紛争解決促進法上は、「あっせん案」を提示することができるとされているものの（同法13条1項）、実際に示されることは通常はなく、紛争当事者の主張を幅寄せするものにとどまっている。一方、調停においては、「調停案を作成し、関係当事者に対しその受諾を勧告することができる」（男女雇用機会均等法22条、他の二法も同条を準用）とされ、多くの場合、調停案が提示され、その受諾が勧告されている。

[133] 労働契約や労働関係に関する事項について個々の労働者と事業主との間に生じる紛争（個別労働紛争解決促進法1条、労働審判法1条参照）。

[134] 労働組合と企業との間の団体交渉等、集団的関係において生じる紛争、労働組合その他の労働者集団による「争議行為」が発生またはそのおそれがある状態（労働関係調整法6条・7条参照）。

（individual labour disputes）と②「集団的労使紛争」¹³⁴（collective labour disputes）に、また、紛争の対象に着目すれば、③「権利紛争」¹³⁵（disputes of rights）と④「利益紛争」¹³⁶（disputes of interest）とに分類されます。新法8条の不合理性が問題となる紛争は、労働組合等が関与する場合を除き、①として位置付けられます。一方、個々の労働者（例えばX個人）とY社との間においては当該紛争の解決が図られたとしても、手当の支給要件など画一的な定めをする部分は、他のパート・有期社員との関係においても波及していかざるを得ないという点で、②の性格をも帯びるものと言えます。新法8条に統合される前の労契法20条の不合理性を巡る問題について、多くの事案が裁判所で争われています。訴訟は、当事者間の権利義務の存否・内容を判決により解決するもので③の権利紛争として争われます。ただ、ある手当がXらパート・有期社員に支給されないことが不合理な相違と認められ、損害賠償による過去分の清算がされたとしても、労働関係そのものは今後も継続し、その後の状況の変化によっては、当該手当に関する不合理性の評価に変更が生じ得ます。当事者が主体的に、現存する待遇の相違の不合理性を解消しようとするのであれば、新たな労働条件の設定を模索するしかないという点で、④の利益紛争としての性格をも帯びるものと言えます。

---

135 既存の労働契約の存在を前提とし、法により定められている当事者間の権利義務関係の存否や内容を巡って起こる紛争（例えば、使用者による労働者の解雇が解雇権の濫用として無効になるかどうかの争い）。

136 紛争の対象について権利義務関係を定めたルールが存在しない場合（例えば、次年度の賃上げ、福利厚生の充実、不合理な労働条件格差の是正等）、労働関係の当事者が合意による新たなルールの形成を目指そうとする過程で生じる紛争（言い換えれば、当事者間の将来の権利義務をどのように設定するのかを巡る紛争）。なお、労働関係は継続的関係であるため、現在の権利義務関係ないし労働条件が永久不変に続いていくものではなく、将来に向けた調整の必要性が生じ得る。その調整は、企業の経営上の必要性など個別事情によるもの（例えば、就業規則による労働条件の不利益変更）の他、本章が事例とする短時間・有期雇用労働者に対する「不合理な待遇の禁止」（パート・有期労働法8条）といった法改正（しばしば行われる）への対応の必要性等様々で、労働関係においては常に「利益紛争」が問題となる。

137 新法23条は、「前条の事項についての短時間・有期雇用労働者と事業主との間の紛争について」は、個別労働紛争解決促進法5条に定める「あっせんの委任」等の手続は適用せず、新法25条の「調停の委任」等によると定め、22条に規定する事項の一つに8条を追加している。

Ⓑ 新法25条1項は「23条に規定する紛争」が対象となると定め、その一つとして、新たに8条を加えています。[137] そのうえ、新法23条は、特例として、個別労働紛争解決促進法5条（あっせんの委任）は適用しないとも規定し、8条等を巡る紛争は、個別労働紛争解決促進法6条1項の紛争調整委員会が実施する「調停」により解決が図られることになります。

Ⓐ 特例が定められたことの意義を、どう理解すればよいのでしょうか。

Ⓒ もとよりパートタイム労働法が定める差別的取扱いの禁止（9条）等に関する紛争（173頁脚注132参照）は、紛争調整委員会が行うあっせん手続は適用されず、調停による手法での解決が試みられてきました。[138] あっせんは、⑤「当事者紛争」、つまり個別労働関係に立脚した個別の事情による民事上の紛争について、当事者の満足を満たすことを解決の第一義としているのに対し、9条等の紛争は、公益的な色彩を持つものと把握され、その性格から、解決のための手法も異なるのだと思います。調停手続においては、行政による関与の程度がより強くなり効果的な解決が期待できます。働き方改革の主要な柱として、雇用形態にかかわらない公正な待遇の確保が位置付けられ、この一環で新法の不合理な待遇差解消のための規定が整備されています。新8条を巡る紛争は、法の政策目的を実現するために解決すべきもの、言い換えれば当事者間限りの紛争にとどまらないものとして、⑥「公序紛争」としても位置付けられ、その紛争処理は社会的にも意義あるものと評価できます。

---

138 通常の労働者と同視すべき短時間労働者の差別的取扱いを禁止するパートタイム労働法8条1項（平成26年改正により9条に変更）違反を肯定した最初の裁判例であるニヤクコーポレーション事件（脚注93）では、貨物自動車運転手である原告が、訴訟前に、行政に対し紛争解決の援助を求めていた。同運転手は、職務の内容が正社員と同一であるにもかかわらず、準社員（短時間労働者）であることを理由として処遇に差があるのは、同法8条1項（現9条）に違反すると主張、会社に対し労働条件の改善を要求していた。同運転手は、その紛争の解決につき、同法21条（現24条）に基づいて大分労働局長に援助を求め、また同法22条（現25条）に基づいて調停の申請を行っている。調停で、大分紛争調整委員会は、会社に対し、「速やかに待遇の改善を図ること」とする内容の調停案受諾勧告書を発している。

Ⓑ　紛争調整委員会は都道府県労働局に設置されるものですが、労働局が実施するあっせんについては、④の利益紛争は対象としない[139]とされています。一方、新法8条は、条文上、「不合理と認められる相違を設けてはならない」と定め、当該短時間・有期雇用労働者個人についての現状の不合理性を是正することのみに満足することをせず、その性質上、当該企業における短時間・有期雇用労働者全般における待遇の相違が不合理なものとならないよう今後においても不合理な相違を禁止するという点にも着眼する規定であります。

Ⓐ　新法8条に利益紛争としての性格があるとして、あっせん[140]ではなく、調停が行われることで何か違いがあるのですか。

Ⓑ　パート・有期労働法26条（調停）は、男女雇用機会均等法22条[141]の規定を準用します。このことにより、紛争調整委員会は、あっせんの場合と異なり、調停案を作成したうえ関係当事者に対し受諾勧告ができます。

Ⓐ　用語として、「調停」[142]と「調停案」とで有意の使い分けがされているのでしょうか。

Ⓑ　パート・有期労働法の施行通達（102頁脚注47参照）では、調停は、ある行為の結果、生じた損害の回復等に向け現実的な解決策を提示すること、一方、調停案自体を定義するものは見あたりま

139　厚生労働省雇用環境・均等局総務課労働紛争処理業務室作成の「個別労働紛争解決業務取扱要領」（平30.3.29雇均発0329第6号）は、個別労働関係紛争の解決のために必要があるとは認められないものの一つに「個々の労働者に係る事項のみならず、これを超えて、事業所全体にわたる制度の創設や変更等を求めるいわゆる利益紛争」を挙げ、紛争調整委員会にはあっせんを委任しないとする。なお、「事業所全体にわたる制度の創設を求める」との意味合いについては、労働者が当該事業所において新たな制度の創設を求めることを指すとする。

140　前掲・要領（脚注139）は、紛争調整委員会が行うあっせんの性格について、「紛争当事者の間に第三者が入り、双方の主張の要点を確かめ、双方に働きかけ、場合によっては両者が採るべき具体的なあっせん案を提示するなど、紛争当事者間の調整を行うことにより、その自主的な解決を促進するものである。したがって、話合いの促進のためにあっせん案を提示することがあっても、当該あっせん案は、あくまで話合いの方向性を示すものであり、その受諾を強制するものではない」とする。

141　紛争調整委員会は、調停案を作成し、関係当事者に対しその受諾を勧告することができるとする。

せんが、その意義について、均衡待遇等に係る紛争を賃金制度に由来するものと把握し、継続的な勤務関係にあっては、不合理な待遇の相違にあたるか否かを認定のうえ、制度の見直し案等を調停案として開示し、受諾の勧告を行うことが有効である[143]からとしています。要約すれば、あっせんと調停はいずれも③の権利紛争として過去の救済を図るものであり、調停は、将来的な賃金制度等の見直しを求めるための案（調停案）の提示をも包含することで、④の利益紛争にも対処するものとして独自の意義を有すると整理できます。

C パート・有期労働法の調停は、男女雇用機会均等法20条1項[144]の規定についても準用のうえ、男女雇用機会均等法20条1項中の「関係当事者」を「関係当事者又は関係当事者と同一の事業所に雇用される労働者その他の参考人」と読み替えています。Bさん引用の通達によれば、その他の参考人とは、「関係当事者である短時間・有期

---

[142] パート・有期労働法では、短時間・有期雇用労働者について、調停を含む行政ＡＤＲの利用を可能とするが、前掲・施行通達（脚注47）は、「調停」の意義について、「紛争の当事者の間に第三者が関与し、当事者の互譲によって紛争の現実的な解決を図ることを基本とするものであり、行為が法律に抵触するか否か等を判定するものではなく、むしろ行為の結果生じた損害の回復等について現実的な解決策を提示して、当事者の歩み寄りにより当該紛争を解決しようとするものである」としており、必ずしも当該事案について、将来的に新たな合意形成を目指す構造とはなっていない。「不合理な待遇差の是正」を巡る紛争の解決には、結局のところ、今後も雇用関係が継続する当事者間において、個別の事案に応じた利害の調整が不可欠で、相互の合意に委ねることによってしか紛争の終結をみないといった、いわゆる「利益紛争」としての性格付けが可能である。この点、事業主と有期雇用労働者との間で、例えば、ある手当につき、正社員との対比で、有期雇用労働者に対する支給割合に関する主張が一致しないで、そのために紛争が「発生する虞がある状態（労働関係調整法6条参照）」に至っているなど、企業内部で不満、苦情は表明されているものの、紛争として顕在化・外部化する前の段階において、将来的な待遇差の是正をも視野に入れた調整機関があれば社会的にも有用である。この役割を果たす機関として民間ＡＤＲ（社会保険労務士会）の活用が検討されてもよいのではないかと考える。

[143] 前掲・施行通達（脚注47）は、パート・有期労働法23条による特例を設けたことの意義について、「個別労働紛争解決促進法に係る紛争は、解雇等労使間の個別の事情にかかわるものが多いことから、あっせん委員が労使の間に入って、その話合いを促進するあっせんの手法が効果的であるのに対し、短時間・有期雇用労働者の均衡待遇等に係る紛争は、当該事業所における賃金制度等に由来するものであり、継続的な勤務関係にある中で、不合理な待遇の相違、差別的取扱い等かどうかの認定を行った上で必要な制度の見直し案等の調停案を示し、受諾の勧告を行うことが有効であるという、両者の紛争の性格が異なるためであること」を挙げている。

3　カンファレンス

雇用労働者が雇用されている事業所に過去に雇用されていた者、同一の事業所で就業する派遣労働者、関係当事者である短時間・有期雇用労働者と異なる事業所に雇用されている労働者」などを指します。これらの者の出頭を求め、意見聴取を可能としているのは、均衡待遇等に係る紛争の取扱いには、比較対象となる正社員の就業実態の確認が必要であることの他、調停案の内容によっては他の短時間・有期雇用労働者等に対しても影響を及ぼし得ることがあるという点にあります。調停案が受諾された際の将来的な影響についてもあわせて指摘していることから、新法8条を巡る紛争が④の利益紛争としての性質を帯びたものであり、他の非正規社員への波及の可能性に言及していることから、②の集団性をも帯びたものであると捉えることができます。

Ⓐ　新法8条に関する紛争を、将来に向け、当該申立人個人にとどまらず当該企業で働く他の短時間・有期雇用労働者の処遇も考慮して解決しようとするのであれば、訴訟以外の選択肢として行政ADRの利用は、十分に検討されてよいと考えます。ところで、「紛争」とは、どのような状態を言うのですか。

Ⓑ　法が定める一定の事項、事業主の一定の措置に関して、労働者と事業主との間で主張が一致せず対立している状態が該当する[145]とされます。新法施行後は、「一定の事項」に8条が加わり、有期雇用労働者も調停の利用が可能となります。

Ⓐ　パート・有期労働法（旧法もそうですが）は、紛争とは別の概念として、22条で「苦情」という用語を定め、事業主の自主的解決に向けた努力義務を課しています。「苦情」とは、どのような状態を言うのでしょうか。

Ⓒ　苦情についての定めは特にないようです。ただ、Ｂさん引用の厚生労働省要領では、単に紛争の相手方に一方的に不満を持っているにとどまり、紛争の相手方に対し自らの主張を伝えていない

---

[144]　紛争調整委員会は、「調停のため必要があると認めるときは、関係当事者の出頭を求め、その意見を聴くことができる」とする。なお、前掲・施行通達（脚注47）は、出頭は強制的な権限に基づくものではなく、相手の同意によるものであるとする。

[145]　前掲・要領（脚注139）、前掲・施行通達（脚注47）。

状態は「紛争」には該当しない[146]、とも記述しています。要約すれば、紛争とは当事者間の具体的主張が対立している状態を、苦情とは不満を持つ一方当事者（多くは労働者）が自身の具体的主張を表明するまでには至っていない状態を言うと整理できます。22条は自主的に解決すべき事項を列挙し、その一つに、14条の説明義務に関する苦情の申出を含めています。このことからすると、短時間・有期雇用労働者が、正社員との待遇差の内容・理由に関する事業主からの説明（14条2項）を不十分と捉え、納得できずに不満を抱いているものの、事業主に対し、自らの具体的な主張（言い換えれば、不合理な待遇差の解消に向けての具体的対案）を表明できずにいる段階は、単なる「苦情」であり、「紛争」状態にあるとは把握されないものと考えられます。ここでの問題意識としては、果たしてどれだけの非正規労働者が自らの主張を具体的に表明できるのかという点です。

Ⓐ　苦情の段階で、調停は利用できるのでしょうか。

Ⓑ　否定的に考えざるを得ません。25条は、「23条に規定する紛争」について調停委任をすると定め、22条に定める苦情を明示的に排除しています。むしろ、法は、苦情レベルであれば企業内での自主的解決に努力せよとの立場です。

Ⓒ　確かに、22条は苦情の処理について、「苦情処理機関」[147]に委ねる等、企業内で自主的な解決を図るよう努力することが望まれるとしています。

イ．労働紛争の発生プロセスとADR

Ⓐ　紛争の一歩手前の段階、つまり、「紛争」が実際には生じていないものの、発生する可能性がある段階を「苦情」と位置付けることができます。労働紛争の発生プロセスについて、1）利害対立→ 2）

146　前掲・要領（脚注139）。
147　法文上は、「事業主を代表する者及び当該事業所の労働者を代表する者を構成員とする当該事業所の労働者の苦情を処理するための機関」（22条）とされる。

不満→ 3）苦情→ 4）紛争の四段階で整理するものがあります。[148] 3）の苦情は、企業内の苦情処理機関で解決すべきというのが法の立場です。ところで、「個別労働紛争」、端的に言えばＸのような個々の短時間・有期雇用労働者とＹ社との関係において待遇の相違についてＸから苦情が表明された段階、つまり4）の紛争に発展する前の段階で対処可能なＡＤＲは存在するのでしょうか。紛争の構図としては、必ずしもＸ自身が過去の損害の清算を求めるというものではなく、現状における待遇の相違に不満を覚え、将来的にＹ社に対し是正を求めるという内容のもので、類型としては利益紛争（[4]）に対応するＡＤＲということになります。

　　個別労働関係紛争を扱うものとして、司法ＡＤＲでは労働審判・民事調停、行政ＡＤＲでは、前述の労働局が実施するあっせん・調停または労働委員会が窓口となるあっせん[149]等が存在します。ただ、これらは、もっぱら権利紛争（[3]）を対象とするＡＤＲ機関で、現在の権利義務関係を明らかにしたうえでの権利の存否が争点となり、法的な視点を踏まえ判定的に解決を促そうとするものです。確かに、将来的な利益調整として調停案受諾を勧告するパート・有期労働法等の調停が存在しますが、申請にあたっては、同法等が定める「紛争」として顕在化していることが前提となります。苦情の段階では企業内の労使自治に委ねられ、調停が実施されることはなく、解決策の提示といった助言等の方法により行政が介入することもありません。[150]

---

148 山川隆一『労働紛争処理法』（弘文堂）3頁では、労働関係の当事者の間に当該関係を巡る何らかの具体的な利害対立が存在する場合に、一方がそれを認知して不満を抱き、相手に対して苦情として表明したのに対して、相手がそれに対して対立的な反応を行うことで紛争が発生すると整理している。

149 個別労働紛争解決促進法に基づき、都道府県労働委員会も個別紛争のあっせん制度を設けられることとなり、ほとんどの労働委員会が実施している。労働局との相違は、公益委員の他、労使それぞれの委員が参加する点にある。

150 この点、新法24条は、紛争の解決の援助として、8条に関しても「紛争の当事者」に対し、必要な助言、指導、勧告をすることができると定めているものの、前掲・施行通達（脚注47）は、「紛争の当事者」とは、現に紛争の状態にある短時間・有期雇用労働者及び事業主を言うとする。

ウ．民間ADRとしての「労働紛争解決センター」

A 民間ADR[151]にも個別労働関係紛争に対処するものがありますね。

C 弁護士会、司法書士会、社会保険労務士会等が実施しています。このうち、社会保険労務士会は、ADR促進法に基づく法務大臣の認証と、社会保険労務士法に基づく厚生労働大臣の指定を受け、労働紛争に特化したADR機関として「労働紛争解決センター」を設置し、全国社会保険労務士会連合会の他、都道府県の社会保険労務士会が運営しています。手続の手法としては、あっせんで、話合いによる和解を目指すもの[152]です。

A Xがある賃金項目についての正社員との相違は、新法8条を根拠に不合理であるとして苦情ないし不満を申し立て、これに対し、Y社として同条違反か否かを判断できないでいる、または、比較対象となる正社員の特定を巡って見解が相違している、比較すべき正社員との間で不合理な待遇の相違が存すること自体は認識できても、Xとの間で、労働条件をいかに創り上げていくかについて明確な方針が定まらないでいる、さらには、X個人との間では解決に向けた提案が調ったとしても他の非正規社員全体との関係で対応に苦慮している、といったような状況にある場合、当事者双方あるいは一方からの申立により、社会保険労務士会はあっせんを実施するのでしょうか。

---

151 ADR促進法は、裁判外紛争解決手続（ADR）を、「訴訟手続によらずに民事上の紛争の解決をしようとする紛争の当事者のため、公正な第三者が関与して、その解決を図る手続」（1条）と定義し、民間型のADRを対象に定めを置く。これに対し、民事訴訟は、紛争当事者の権利義務の存否、内容に即して勝訴・敗訴を決する手続で、事件の終局的な判断を下すことを目的とするもの。

152 ADR促進法は、民間紛争解決手続を、「民間事業者が、紛争の当事者が和解をすることができる民事上の紛争について、紛争の当事者双方からの依頼を受け、当該紛争の当事者との間の契約に基づき、和解の仲介を行う裁判外紛争解決手続」を言うと定義する（2条1号）。

153 同HPによると、賃金、解雇や出向・配属に関することなどを例示。

Ⓑ　　全国社会保険労務士会連合会のホームページによると、あっせんは労働契約[153]及びその他の労働関係[154]に関する事項についての個別紛争が対象で、一方、集団的労使紛争、明白な労基法等の違反、労使間の私的な問題等は対象とはならないとしています。つまり、労働契約上の権利義務に関する事項（③権利紛争）だけでなく、職場でのパワハラ等、広く労働関係に関する事項もあっせんの対象としています。そうしますと、文言上は、「労働関係に関する事項」についての個別「紛争」とされますが、社会保険労務士会が実施するあっせん事案の対象を、雇用形態にかかわらない公正な待遇の確保の在り方等、「将来的な」労働関係に関する事項（④利益紛争）をも含む広い概念で捉え、労使当事者が話合いにより公正な待遇を設定していくための協議の場と位置付けることで、紛争に発展する前の「苦情」の段階であっても、あっせん申立の対象となると理解して差し支えないものと考えます。

　　Ⓒ　　利益紛争（紛争の発生プロセスとしては、紛争が発生するおそれがある状態の段階）に対応するADRとして、現状、認知されているものは、労働委員会が行う労働争議の調整[155]が唯一ではないでしょうか。個別労働関係分野における利益紛争についても、ADRを機能させることがADR促進法創設の理念に合致するものと考えます。この点、利益紛争の解決手続としては空白地帯である個別分野においてこそ、社労士会労働紛争解決センターを機能させること、このことが働き方改革の時代における雇用社会からの要請と考えます。その理由を、集団分野を担う労働委員会の例とパラレルに挙げてみます。まず、労働関係調整法が、争議行為発生の可能性という状態についても調整対象と

154　同HPによると、職場内でのいじめ、嫌がらせなどを例示。
155　対象となる労働争議の調整は、集団的労使紛争における当事者間の労働争議を言うとし、労働関係調整法に規定されている。この点、同法は、6条（労働争議）について、「労働関係の当事者間において、労働関係に関する主張が一致しないで、そのために争議行為が発生してゐる状態又は発生する虞がある状態」を言うと定義する。なお、「争議行為が発生する虞」は、緩やかに解され、交渉上の主張の不一致があればほとんど自動的に認められているとされる（菅野和夫『労働法 第11版補正版』（弘文堂）1035頁）。また、「労働関係に関する主張」には、労働協約等に基づく権利の主張（権利紛争）のみならず、賃上げ等、新たな労働条件の合意形成を目指しての主張、つまり、利益紛争をも含めるものとされる（西谷敏『労働組合法 第3版』（有斐閣）474頁）。

するとしていることです。その意義は、労働争議を予防し経済の興隆に寄与しようとする点[156]にあります。これは、社会保険労務士法の目的[157]が、事業の健全な発達と労働者の福祉の向上であり、その実現のための一環として労働紛争解決センターが設置されたと理解すれば、その意義は労働関係調整法と共通します。第二に、労働関係調整法の目的に照らせば、争議行為の発生する「虞」の概念について、これを広く解することが法の趣旨とする未然防止に適うことから、社会保険労務士会ADRにおいても、例えば、パート・有期労働法22条に規定する「苦情」の段階であったとしても、同様に、紛争の未然防止・拡大防止の観点から、あっせんの対象とすることが望ましいということです。第三に、あっせんは当事者に対する拘束力がない（つまり、他方当事者に手続に応諾しない自由があり、また、あっせんが開始されても和解は何ら強要されない）ことから、申立の前提である当事者の対立状況を緩やかに解し、苦情の段階で申立が受理されたとしても関係当事者に実害が及ぶ心配が少ないということです。[158]

🌻Ⓐ　本件の構図は、Y社が処遇改善を提案したところ、Xから、皆勤手当については、この提案内容ではパート・有期労働法8条が禁止する不合理な相違は解消されていないとして苦情が表明され、これに対し、Y社は、基本給を含めた賃金全体の改善状況を説明のうえ、皆勤手当の相違の程度は均衡を逸するまでのものではないとする立場です。Bさんは、Y社人事部長から同席を求められ、その席では会社の立場が

---

[156] 労働関係調整法は、1条の目的を、「この法律は、労働組合法と相俟つて、労働関係の公正な調整を図り、労働争議を予防し、又は解決して、産業の平和を維持し、もつて経済の興隆に寄与することを目的とする」と定める。

[157] 社会保険労務士法は、1条の目的を、「この法律は、社会保険労務士の制度を定めて、その業務の適正を図り、もつて労働及び社会保険に関する法令の円滑な実施に寄与するとともに、事業の健全な発達と労働者等の福祉の向上に資することを目的とする」と定める。

[158] この点、労働争議の調整手続はあっせん・調停・仲裁の三つで、この順で解決に向けた拘束力が強化されており、拘束力が最も弱い（つまり、当事者の自主性が最も尊重される）あっせんが、手続開始のためのハードル（申請要件）についても最も緩やかに設定されている。調整の方法として、実際に申請されるのはあっせんが大部分で、ここではあっせん員が、両当事者の主張の要点を確かめ事情を聴取したうえ、調整的な解決のための努力が図られている。

説明されたとのことでした。その際、Xから何らかの対案がでたのでしょうか。

Ⓑ　具体的なものはなく、会社の改善案によっても不合理な格差は維持され、8条に違反するとのことでした。また、Xによれば、他のパート社員で、正社員並みに勤務する者のなかにも不満を漏らす者がいるとのことで、自身はそれらパートの声を代弁しているといった趣旨の発言もされていました。

Ⓐ　Y社に対し、A県社会保険労務士会が実施する労働紛争解決センターへのあっせん申立を検討するよう伝えましょう。同社の代理人は、特定社会保険労務士であるBさんにお願いできますか。

　その後、被申立人Xからあっせん手続に応諾する旨回答され、A県社会保険労務士会にて、2回にわたり、あっせんが行われました。申立人Y社には、B社会保険労務士が代理人として立ち会い、第2回期日で和解が成立、手続が終了しました。

エ．A県社労士会労働紛争解決センターでのあっせん

Ⓐ　あっせん手続について報告してください。

Ⓑ　手続主宰者である「労働紛争解決センターA」からは、あっせん人が社会保険労務士2名と同事件担当弁護士の計3名、うち1名の社会保険労務士が主として手続を指揮し、被申立人であるX側には特定社会保険労務士の方が代理人として同席しました。冒頭、あっせんについての概略的な説明がされた後、あっせん人から、本件が仮に成立し和解となった場合、被申立人との合意内容に基づき賃金制度を再構築する意向があるのかについて確認を求められました。和解には、通常、口外禁止条項[159]が付されるところ、被申立人本人の意向であるとして、X側の特定社会保険労務士が、同条項を外すことを要望していると

---

[159] 愛知県社会保険労務士会が運営する「社労士会労働紛争解決センター愛知」では、和解が成立した場合、和解契約書に、「申立人と被申立人は、本件に関する一切の事項につき、他言しないことを相互に確認する」との定型的な条項を付すことが一般的である。

のことでした。

A どのように回答されたのですか。

B X側の意向は、仮に皆勤手当について主張が認められたとした場合、他のパートも同様に処遇されるべしというものです。当方として、公正な第三者の判断により、皆勤手当が一定程度相違することの合理性が担保されるのであれば、その方向で賃金規程を改定することはむしろ望ましく、その際は、パート全体に対し一律の対応が求められるということは、あらかじめ想定していたことでもありました。X個人との関係では、和解条項に関する守秘を求めるとしても、和解内容に即した皆勤手当を設定するとの条項であれば受入れ可能と回答しました。

なお、Xの代理人ですが、当初は、サポート社会保険労務士[160]として、Xの答弁書の作成に関与し、その後、Xと個別に代理人契約を締結のうえ、あっせんに参加したとのことです。当方は申立人Y社人事部長と私（Y社代理人）が参加しました。争点は、皆勤手当について、被申立人XとY社正社員との間に不合理な相違が存し、パート・有期労働法8条に違反すると認められるか否かです。

A Y社の主張は元来、Xらパート・有期社員に対し皆勤手当を支給していなかったところ、均衡処遇の実現に向け、月の所定労働日数を17日以上と定めて契約した者が皆勤した場合、正社員の額の4分の3に相当する月額7,500円を支給することで不合理性が否定されるとするものでした。一方、X側の答弁書によれば、正社員と同額の1万円を求めるとのことでしたが、和解の内容は、Xの主張に沿うものでした。

B 当方は、皆勤手当の性質上、常用的な労務提供と認められるボリューム感として社会保険の適用基準を参考に、同基準の割合に応じた額で支給することとしたことを説明し、正社員との相違は、不合理とまでは認められないとの主張を展開しました。特に、パート・有期社員は、正社員と異なり、契約上も月間のシフトを組むうえにおいても、

160　社労士会労働紛争解決センター愛知は、「サポート社会保険労務士制度」を導入し、同会所属の特定社会保険労務士が、「サポート社会保険労務士」として、無料で、紛争解決に関するアドバイスと申立書作成の手伝いをする。

勤務日数及び出勤日の設定に一定の融通が利く点を強調し、仮に皆勤手当が全く支給されていないとすれば不合理であるとしても、必ずしも正社員と同額でなければならないというレベルまでは要求されないこと、従来不支給であったものを均衡処遇の理念に則り支給することとしたという経緯、これらを踏まえれば、不合理とは認められない程度の額として、7,500円が妥当であることについて、あっせん人の理解を求めました。被申立人であるＸの代理人社会保険労務士からは、新法8条の考慮要素①職務内容及び②当該職務内容・配置の変更範囲の事情から額に差異を設けることは不合理であり、考慮要素③のその他の事情をもってしても4分の1の相違（2,500円）は相当ではないとの意見が表明されました。同代理人は、円滑な店舗運営には、シフト上の人員を一定数確保することが不可欠であるとしたうえ、同手当を、皆勤を奨励する趣旨で支給されるものと解釈し、人員確保の必要性は、被申立人と店舗勤務の正社員とは職務の内容が同じであることから、両者間に差異が生じるものでないこと、またその必要性は、将来的なキャリア形成といった事情によって異なるものでないことを指摘しました。そのうえで、被申立人の月間の所定労働日数は、正社員と異ならないこと、パートの慢性的な要員不足を理由に、他店舗への応援勤務を打診された日数も含めれば、被申立人の稼働日数は、正社員の平均的な所定労働日数（21.5日）を恒常的に超えていることを、勤務データをもって示したうえ、パートという立場からシフト組において融通が利く可能性があるとしても、事実上店舗の業務運営に不可欠の要員として組み込まれており、被申立人が、労働契約の形式上短時間労働者であることをもってしても不合理性が覆ることはないとの主張でした。第1回期日では、あっせん人から、皆勤手当の趣旨を踏まえれば、被申立人が正社員並みに稼働しているとの実態があるのであれば正社員と同額であることが公正ではないのかとの考えが示され、一方、勤務時間・休日設定における自由度、兼職の自由といった拘束度の違い、申立人が率先して皆勤手当その他賃金項目が相違することについての不合理性を精査し、経営上の判断として、一定基準を満たすパートに一定額を支給するための改正を行ったこと等の事情については評価されるべきとも指摘しました。当方としては持ち帰って検討したうえ、

次回期日に改めて回答することとしました。

Ⓑ Ⓒ 期日間に、Y社と検討し、仮に被申立人の主張を認めた場合の人件費に与える影響を調査したところ、Xと同様の勤務実態にあるパート・有期社員は、300名中20名程と僅かであり、おおよそ五つある大型店舗ごとに数名存在するのみでした。あっせんで和解した場合、これら、Xを含む20名に対しても、差額2,500円を加算して支給することとして、その総額は月に5万円（2,500円×20名）、年間60万円程で、Y社にとって経営上、問題とならないものでした。次に、皆勤手当の目的を、店舗におけるパート要員の確保と勤務シフトを組むうえでのインセンティブとして位置付けたうえ、改めて検討したところ、支給要件としての17日以上勤務は維持するものの、契約日数に応じた額とすることが、勤務意欲のあるパート・有期社員に対しては、効果的ではないかとの意見がだされました。有期労働契約の更新時における所定労働日数が17日以上となる場合、日数に応じ額を設定する方向で賃金規程を改定することとし、方向性としては、17日で7,500円、21日で正社員と同額の1万円、21日を超える者については1万円を超える額とするか否かを含め、具体的な額は検討中です。さらに、今後の検討課題ですが、店舗勤務限定の正社員制度を構築することとしています。正社員転換の要件の一つとして、一定数の勤務日数が確保されている者とし、一つのアイデアですが、皆勤手当の総額が36万円となった者を無期雇用としたうえ、月給制の限定正社員とすることを検討しています。

Ⓐ 第2回期日での和解の内容を説明してください。

Ⓑ Xの次回の有期労働契約の更新日は来月1日です。当方から、次回更新日以降の契約期間である3月の各月における契約日数を、期日の席上取り決めることを提案し、21日とすることで合意できました。そのうえで当該期間における皆勤手当を月額1万円とすることで和解するとともに、現在検討中の改定案を説明しました。被申立人であるXからは、肯定的な反応が示され、納得を得られたのではないかと思います。

Ⓐ ご報告ありがとうございました。引き続き、皆勤手当に関する規定の改定と限定正社員制度の構築につき検討をお願いします。

(従前の賃金規程規定例)

【皆勤手当】
第○条　皆勤手当は、始業・終業時刻の厳守と所定労働日数の皆勤を奨励する趣旨で支給する。
2　前項の手当の対象者は、正社員及びパート・有期社員のうち健康保険法上の被保険者資格を有し、労働契約上、月の所定労働日数が17日以上である者とし、遅刻・早退等がなく、月の所定労働日数を皆勤した場合に支給する。
3　第1項に定める手当は、月額として支給する。手当の額は、正社員は10,000円、パート・有期社員は7,500円とする。

(再検討後の賃金規程規定例)

【皆勤手当】
第○条　皆勤手当は、始業・終業時刻の厳守、所定労働日数の皆勤を、また店舗勤務のパート・有期社員については労働契約上、月の所定労働日数について17日以上の勤務を奨励する趣旨で支給する。
2　前項の手当の対象者は、正社員及びパート・有期社員のうち健康保険法上の被保険者資格を有する者とし、遅刻・早退等がなく、月の所定労働日数を皆勤した場合に支給する。
3　第1項に定める手当は、月額として支給する。手当の額は、正社員は10,000円とし、パート・有期社員については、月の労働契約日数に応じ、次に定めるとおりとする。

①	17日	7,500円
②	18日	8,125円
③	19日	8,750円
④	20日	9,375円
⑤	21日以上	10,000円

4 総括

　労契法20条、パートタイム労働法8条は、民事的効力のある規定で、「不合理と認められる」労働条件、待遇を定めた労働協約、就業規則、労働契約の定めを無効とし、その定めによる取扱いは不法行為として損害賠償責任を発生させると解されています。[161]新法である、パート・有期労働法8条は、改正前の労契法20条を統合しつつ、その明確化を図った規定であり、新法8条違反の効力に変わりはありません。[162]待遇の相違に関する事案が訴訟となり、裁判所の法的評価に委ねられた結果、その判断として、ある賃金の相違が不合理とされた場合、過去の差額賃金相当額の損害賠償が認められることになります。ここでの問題は、無効となった待遇の部分が、8条の効力により、必ずしも比較対象とされた正社員のそれによって補充されるわけではないということです。労働契約の合理的な解釈、就業規則の適用に関する条項の解釈によっても、なお無効となった部分を補充できない場合、当該部分については、結局のところ、労使間で新たな労働条件を設定していかざるを得ません。

　企業の労務管理としては、むしろ、これら規定を行為規範として把握し、自社の正規・非正規の社員区分ごとの現状の処遇を改めて検討したうえ、その相違が考慮要素の①・②及び③その他の事情に照らし非正規社員に対して説明が付くものとなっているのか否かを検証する必要があります。その結果、合理的に説明することが困難であるとの結論に至った場合、当該待遇の性質・当該待遇を行う目的に照らして、割合的処遇（第7章参照）とする選択肢も視野に入れたうえで、正規・非正規社員の双方に納得がいく内容で、就業規則（賃金規程）を改定し、周知することとなります。企業が自らの判断で見直していくという場合であっても、その過程で、十分に説明が付かないものについては、非正規労働者の代表者

161　平24.8.10基発0810第2号（労契法の施行通達）、前掲・施行通達（脚注32）も同旨。
162　前掲・施行通達（脚注47）。

からの意見を聴取したうえで、検討することが望まれます（なお、159頁脚注123参照）。

本件は、皆勤手当が正社員と同一額でないことについてXから苦情が表明され、一方、Y社としても慎重な検討を重ねたうえ決定したものであり再度の見直しも容易でないといった状況で、正社員の額との相違が不合理であるか否かについて、意見の一致をみないという事案です。この点、両者間で本格的に紛争に発展する前の段階、すなわち意見の一致をみないといった苦情レベルの段階で、将来的に双方が納得できる額（言い換えれば、不合理とは認められない額として双方が譲歩できる範囲）について、外部の中立的なADR機関（例えば、民間ADR機関である社労士会労働紛争解決センター）を舞台に、中立・公正な第三者であるあっせん人の意見も交え、当事者双方が協議のうえ新たな処遇を構築していくとの発想は有益であると考えます。[163]

社労士会労働紛争解決センターを利用するメリットの最大のものは、労働紛争の予防的機能にあります。カンファレンス中の、労働紛争発生プロセス（①労働関係の当事者間に何らかの「利害対立」が存在する場合に、②一方がそれを認知して「不満」を抱き、③相手に対して「苦情」として表明したのに対し、④相手がそれに対して対立的な反応を行うことで「紛争」となる）を参照のうえ作成したのが次頁の図ですが、社会保険労務士会ADRは同図の「紛争が発生する虞がある段階」（発生プロセスでは③「苦情」）での活用が最も効果的であると考えます。

163　これまでに労契法20条を巡り争われた裁判例を概観すれば、(1)正社員に支給される各種手当が有期雇用労働者に対しては不支給、または僅かな額しか支給されていないことについての不合理性が争われた事案、(2)基本給・賞与自体の格差、(3)定年退職後に有期契約で再雇用された労働者の定年前の労働条件との格差が不合理であるとして争われた事案等がある。民間ADRで扱うに適した事案としては、本文にある皆勤手当のような(1)に分類されるケースであると思われる。

(図）労働紛争発生の段階的整理と社会保険労務士会ADRの役割

①利害対立➡②不満	➡③苦　情	➡④紛　争
紛争が発生する虞がある段階		紛争が発生した後の段階
紛争の萌芽（発生する虞）を察知する職能として顧問社会保険労務士の役割	紛争の予防的機能（「紛争予防」のためのADR） ➡ 民間型（社労士会） 付随的な役割として、公正な労働条件設定機能	紛争の調整的・判定的解決機能（「紛争解決」のためのADR） ➡ 行政型（労働局） ➡ 司法型（裁判所）
社労士会が設置する「総合労働相談室」への相談（使用者または労働者から）	第1ルート➡総合労働相談と連携し「社労士会労働紛争解決センター」を活用（労働相談にあわせサポート社会保険労務士制度も活用）、第2ルート➡関与社会保険労務士が顧客サービスの一環として関与先における相談事案を持ち込み	

　どのような職場で紛争が発生しているのかについてですが、都道府県労働局で処理されたあっせんについてのデータによれば、紛争当事者の企業属性を規模別にみた場合、労働者数30人未満の企業におけるあっせん件数が4割強、100人未満で6割強、300人未満で4分の3を超え、中小零細企業の労働者に利用されている傾向が示されています。[164] 一方、企業規模が小さくなるほど相談窓口や苦情処理委員会等紛争処理機関を設置していない企業が増え（労働組合も未組織である場合が多く）、自主的解決に困難をきたすというのも実情であり、次善の策として紛争解決（予防）機能を外部に求めざるを得ません。その点、古いデータではありますが、平成14年に実施された社会保険労務士実態調査によれば、社会保険労務士の受託事業所のうち、規模別では、100人未満が97％で[165]、中小零細企業の職場の実態を把握していると言えます。加えて、受託事業所との顧問契約は長期間継続することが通常であることから、

---

[164] 濱口桂一郎『日本の雇用紛争』（労働政策研究・研修機構）55頁。
[165] 「月刊社会保険労務士2002年7月号」。

関与先事業所の職場の空気を感得し、当該事業所の任意の（ある意味において非法的な）労働関係ルールにも熟知し得る立場にあり、紛争の萌芽（図①②の段階）についての感度が鋭敏であるとも言えます。このような、関与先との関係性を活かそうとするのであれば、特定社会保険労務士が、社会保険労務士会ADRを個別労働関係紛争処理のための企業外の資源として位置付け、これを顧客サービスの一環として捉えることもできるのではないでしょうか。

つまり、企業内において相談窓口や紛争処理制度を欠く企業（社会保険労務士が関与する中小零細規模の企業の多くがそうであろうと思われる）で、労使間に何らかの紛争の芽が存在するものの、労使対話の欠如または法的理解の複雑・困難さから問題提起がなされないまま、対立状況が苦情に発展し、放置すれば、紛争が「発生するおそれがある」（図③）と予測されるに至った段階こそ、顧問社会保険労務士が積極的に関与する場面であると言えます。社会保険労務士会ADRを、苦情処理のための調整的な話合いの場として利用してみてはどうでしょうか（ADRの"A"（Alternative）は「裁判の代替」を意味しますが、紛争当事者の視点からみれば、「相対交渉の代替」でもあります）。[166] 紛争当事者にとって、「不満」や「苦情」といった早めの段階での対応は、当事者間の関係性を必要以上に悪化させないためにも有益であります。また、個別労働紛争分野において、行政型・司法型ADRが紛争発生後の事後的処理のための機関であることを鑑みれば、これらADRとの対比においても、中小零細企業における労働現場の実情に通じた社会保険労務士（会）が、調整的な関与により、不満・苦情の段階でそれらを解消するために援助することが、民間型ADR機関が存在することの社会的意義（従来の行政型・司法型ADRとは異なる民間ADR機関としての独自の存在意義）であると言えます。換言すれば、社労士労働紛争解決センターを、企業内部の苦情処理機関に準じた機関、すなわち「代替的企業内苦情処理機関」として位置付け、紛争とならないような（本格化しないような）事前の予防的メカニズムの一つとして機能させることが有用と考えられます。

---

[166] 吉田勇『対話促進型調停論の試み』（成文堂）120頁。

最後に、社会保険労務士会ADRでの解決に適した事案として、パート・有期労働法8条等、当事者間の利害調整が必要な利益紛争（当事者間の交渉と合意によって解決できる紛争）を挙げることができます。調整的解決が望まれる利益紛争においてこそ、民間ADRとしての強みが発揮でき、またADR促進法が定める解決手続[167]にも適合すると考えます。社会保険労務士会ADRを、例えば、正規・非正規労働者間の待遇の不合理性を将来に向けた話合いにより解消していこうとする場と捉えること、加えて、本件事例のように、和解の成果を会社に勤務する他の非正規労働者に還元することをあらかじめ当事者双方が了解することで、あっせんで解決した内容が広く企業内の非正規労働者に波及し、その処遇改善につなげることを可能とすることで、他のADR機関にはない役割を果たすことができます。本件では、Xの苦情を契機に、顧問社会保険労務士事務所が後押しする形で、Y社があっせんを申し立てました。和解の内容としては、被申立人であるXの意向に沿うものとなりましたが、一方、解決に至る過程で、皆勤手当に関しさらなる検討を加えることもできました。これを適切に運用することにより、3か月ごとに訪れる有期労働契約の更新の際の、店舗の人員調整に活かすことができ、その次のステップとして、新法13条[168]が定める正社員転換制度構築に向け、店舗勤務限定の正社員制度（限定正社員）を検討するとしています。これらは、社会保険労務士会ADRが単に「紛争の予防的機能」にとどまらず、公正な労使関係の構築に向けた「労働条件の設定機能」を果たす役割をも担うことを

---

[167] ADR促進法は、民間紛争解決手続の定義を、「民間事業者が、紛争の当事者が和解をすることができる民事上の紛争について、紛争の当事者双方からの依頼を受け、当該紛争の当事者との間の契約に基づき、和解の仲介を行う裁判外紛争解決手続をいう」と定める（2条1号）。なお、紛争解決の手法としての「和解の仲介」の意味するところは、「紛争の当事者間に立ち、その利害調整をしたり、紛争の当事者間の交渉を促進したり、その他諸々の営みをすることによって、紛争の当事者間に紛争解決についての合意、すなわち、和解を成立させることを目的とする調整型の行為」を言うとする（内堀宏達『ADR認証制度Q&A』（商事法務）2頁）。

[168] 前掲・施行通達（脚注47）によれば、本条は、「多様な雇用形態間の移動の障壁を除去する政策をとるもの」であるとし、勤務地等が限定され、ライフスタイル等に応じた働き方が可能ないわゆる「多様な正社員」への転換を推進する措置が講じられている場合には、本条の義務の履行と考えられるとする。本件通達と有期雇用労働者との関係は、コラム1（161頁）参照。

示唆するものです。ADRの理念（紛争解決の在り方について国民のニーズが多様化し、これに応えるために多様な紛争解決手段を構築すること）を踏まえれば、今後において、新法8条を巡る紛争が雇用社会において顕在化することが想定されるにもかかわらず、紛争処理システム上、個別労働関係のレベルではいまだ整備されていないとされる利益紛争について、公正な解決のための道を拓くことこそが、行政型・司法型ADR機関にはない、民間型独自のADRとしての社会的役割であると考えます。

第 9 章

残業時間の上限規制への対応と固定残業代の再設計

はじめに

第9章は、今回の残業時間上限規制と、固定残業代の関係性を検討しています。固定残業代は、その在り方や運用において、争いになるケースが少なくありません。ここでは、残業代上限規制を「ホワイト」な固定残業代制度を使って対応する方策について検討します。

1 ケーススタディ

第7章のケーススタディ（99頁）の事案のＹ社（資本金5,000万円以下の中小事業主で、1年単位の変形労働時間制（対象期間3か月超）は採用していない）では、本部所属の正社員のうち外勤業務に従事するＳＶ（スーパーバイザー：担当エリアの店舗を巡回、本部の方針に従い指導し、改善案の提示等により売上増の成果が求められる職務に従事する者）の長時間労働が問題となっている。時間外労働手当としては定額の外勤手当を支払っているが、残業時間に法的な上限が課せられたことで制度の見直しを検討している。

2 ケーススタディを理解するために

働き方改革関連法の成立を受け、長時間労働・休日労働の是正に向け、労基法等が改正されました。改正法は、青天井となっていた残業時間に対し法律上の上限を設定するもので、これを超えて労働させることは罰則の対象とされます。『過労死等防止対策白書』（平成28年版）によれば、

1か月間の残業時間が80時間を超える正社員がいる企業割合は22.7％に達しています。上限規制の内容を把握するとともに、法の枠内で時間外労働・休日労働が行われるよう、企業においても労働時間に関する制度の見直しが求められています。

3 カンファレンス

ア．改正前の法規制

A　労基法は、32条で、週40時間（1項）・1日8時間（2項）を超えて労働させてはならない、35条で、毎週少なくとも1回の休日を与えなければならないと定め、労働時間の長さと週休制の原則を定めています。これに反する労働条件を定める労働契約は無効となり（13条）、刑事罰が科せられます（119条）。他方、同法は、企業経営上の必要性を考慮[169]し、例外として、32条の法定労働時間を超えまたは35条の法定休日に労働させること（これを時間外労働、休日労働と言う）を可能とする規定を36条に置いています。この場合、法所定の要件として労使協定（36協定）の締結と割増賃金を支払わなければなりません。改正前は、36協定で延長できる労働時間には、法律上は上限の定めが置かれず、厚生労働大臣が、限度基準告示（23頁脚注18参照）において、1か月45時間、1年360時間等の上限（限度時間）[170]となる基準を示すのみでした。告示が定める限度基準は、行政指導により実現が予定されるものとされ、法的には、行政官庁が、協定当事者に対し助言・指導を行う際の根拠規定（旧法36条4項）にすぎないことから、強行的な基準とは解されてい

---

[169] 日立製作所事件・最一小判平3.11.28は、「企業が需給関係に即応した生産計画を適切かつ円滑に実施する必要性は」労基法36条の予定するところと解している。
[170] 限度基準告示の1条には、「労働時間の延長に係るものに限る」と明示されていることから、限度時間は、法定労働時間を超えて延長することができる時間数をいい、法定休日における労働時間数は含まれない。

ませんでした。また、同告示には、さらなる例外として、臨時的に「特別の事情が生じたとき」に備え、限度時間を超える一定の時間まで労働時間を延長させることができる旨を36協定に付すこと（いわゆる「特別条項」付き協定）を許容していました。その回数は、通達で1年の半分を超えないという制限があったものの、その延長時間自体の上限は何ら定めがなく、この条項により残業時間が青天井となり長時間労働が行われているとの実態もあったところです。働き方改革を巡る議論では、「労働基準法70年の歴史の中で、時間外労働の上限時間を定めるという、大変、意義が深いもの」[171]で、「歴史的な大改革」[172]であるとの評価がされていました。まさに昭和22年の労基法制定以来、初めて実現された大改革であり、労働時間法制における重大な節目となるものと評価できます。改正法の内容について説明してください。

---

[171] 平成28年9月設置の「働き方改革実現会議」第9回会合で「政労使提案」が提示された際の、神津里季生連合会長発言（平成29年3月17日）。なお、同じく同会議構成員である榊原定征経団連会長も、「長時間労働に依存してきた職場風土とか労働慣行を変えていくことについて、労使が共同で決意を表明した」とし、その後の法改正の基本構造が確定した。

[172] 「働き方改革実行計画」（平成29年3月28日働き方改革実現会議決定）は、罰則付きの時間外労働上限規制について、「これまで長年、労働政策審議会で議論されてきたものの、結論を得ることができなかった、労働基準法70年の歴史の中で歴史的な大改革」であり、労働界と産業界が合意できたことを画期的と評価する。なお、働き方改革実行計画の工程表は、「いわゆる36協定でも超えることができない罰則付きの時間外労働の上限規制を導入するとともに、さらに長時間労働を是正するため、企業文化や取引慣行の見直しを推進する。これにより、労働参加と労働生産性の向上を図るとともに、働く方の健康を確保しつつワーク・ライフ・バランスを改善し、長時間労働を自慢する社会を変えていく」とし、時間外労働の上限規制を導入しようとする目的を明らかにしている。

[173] 厚生労働省令で、新たな上限規制に対応した協定の届出様式として、①様式9号（限度時間以内で、時間外労働・休日労働を行わせる場合（一般条項、労基法36条2項参照））、②様式9号の2（限度時間を超えて時間外労働・休日労働を行わせる場合（特別条項、労基法36条5項、233、234頁参照））等、7種類が定められた。①②で、時間外労働と休日労働を合算した時間数は、1か月100時間未満で、かつ2か月ないし6か月平均で80時間を超過しないことについてチェックボックス欄が設けられ、②につき、「限度時間を超えて労働させる労働者に対する健康及び福祉を確保するための措置」を記載する欄が設けられている。解釈例規（平30.12.28基発1228第15号）によれば、限度時間（原則として月45時間・年360時間）や特別条項による延長時間の上限（1か月休日労働を含み100時間未満・1年720時間）、特別条項により月45時間を超えて労働させることができる月数の上限（6か月）を超えて定めた36協定の効力は、当該超える部分のみ無効となるのではなく、法所定の要件を満たさないものとして、全体として無効であるとする。

イ．新法の内容

改正後の労基法（新法）36条ですが、改正前の労基法（旧法）と同様、過半数労組等と36協定[173]を締結した場合、32条の原則を超えての時間外労働及び35条の休日に労働させることができるとします（1項）。そのうえで、改正前の限度基準告示を法律に格上げすべく、2項を新設し、36協定で記載すべき事項（同項1号から5号）に改正を加えています。具体的には**表1**の通りです。なお、従前の限度基準は廃止され、代わって新法36条7項による指針（以下、「36協定指針」と言う）[174]が定められており、これにも留意する必要があります。

（表1）

1号	時間外労働・休日労働をさせることができる労働者の範囲[175]
2号	対象期間（時間外労働・休日労働をさせることができる期間と定義され、1年間に限る）[176]
3号	時間外労働・休日労働をさせることができる場合
4号	対象期間（2号）における、1日・1か月・1年のそれぞれの期間[177]について、時間外労働をさせることができる時間数または休日労働をさせることができる日数
5号	時間外労働・休日労働を適正なものとするために必要な事項として厚生労働省令で定める事項[178]

---

174 新法36条は、厚生労働大臣が、36協定で定める労働時間の延長及び休日の労働について留意すべき事項等について指針を定めることができるとの規定を設け（7項）、当該規定に基づき、「労働基準法第三十六条第一項の協定で定める労働時間の延長及び休日の労働について留意すべき事項等に関する指針」（平30.9.7厚生労働省告示323号）が策定されている。また、協定の締結当事者は、その内容が指針に適合したものとなるようにしなければならず（8項）、行政官庁は、当該指針に関して、締結当事者に、「必要な助言及び指導を行うことができる」（9項）とし、指針が行政指導の根拠となる旨定める。そのうえで、行政官庁が、助言及び指導を行うにあたっては、「労働者の健康が確保されるよう特に配慮しなければならない」（10項）とされている。

175 旧労基則16条1項は、「業務の種類」について協定しなければならないとしていた。なお、36協定指針4条は、業務の種類を定めるにあたっては、業務の区分を細分化することにより当該業務の範囲を明確にしなければならないと定める。

上限規制は、次の三段階で理解できます。まず、①「通常予見される時間外労働の範囲内」という概念を立て、時間外労働の限度を定める部分です（3項・4項）。次に、②「通常予見することのできない業務量の大幅な増加等」への対応のための臨時的な特例を設ける部分（5項）、さらに、③協定の対象期間である1年間の全体に掛かるもので、36協定をもってしても上回ることができない1か月あたりの上限時間を定める部分（6項）です。以下、①から③の順に確認します。

ウ．①時間外労働は「通常予見される範囲内」に限るものであること

　3項では、協定事項の一つである2項4号の時間外労働時間数または休日労働日数のうち、時間外労働をさせることができる時間数に限って定める[179]ものです。そこでは、「当該事業場の業務量、時間外労働の動向その他の事情を考慮して通常予見される時間外労働の範囲内において、限度時間を超えない時間に限る」とされ、その限度時間は、4項で、1か月45時間、1年360時間[180]と定めており、これが法

---

[176] 36協定における「対象期間」とは、法36条の規定により時間外労働または休日労働を行わせることができる期間を言い、1年間に限る。なお、36協定には、有効期間を定めなければならないとされているが（新労基則17条1項1号）、ここで言う「有効期間」とは、当該協定が効力を有する期間を言い、対象期間が1年間に限られることから、有効期間は最も短い場合でも原則として1年間となる。有効期間の長さについては、改正の前後を問わず法律上の規制はなく、1年間を超える有効期間を定めた場合の対象期間は、当該有効期間の範囲内において、当該36協定で定める対象期間の起算日から1年ごとに区分した各期間となる。

[177] 旧労基則16条1項は、「1日及び1日を超える一定の期間」と定め、限度基準告示2条は、「1日を超える一定の期間」を、1日を超え3か月以内の期間及び1年間とするとしていた。この点、新法では、1日と1年間は変わりがないものの、「1日を超える一定の期間」については「1箇月」に限定され、その期間の上限が45時間に設定されている。改正前には、1か月よりも長い期間で延長時間の限度を定める（例えば3か月120時間等）ことも可能であった。改正後は、「1日」「1箇月」「1年」のそれぞれについて延長時間の限度を定めれば、これとは別に1か月よりも長い期間について延長時間の限度を定めることもできる。ただし、そこで定めた延長時間の限度を超えて労働させると法違反（労基法32条違反）となる。なお、36協定の新様式には「所定労働時間を超える時間数」を記載する欄が設けられているが、上限としての45時間は、あくまで法定労働時間を超える時間数のことであり、所定労働時間超の時間数の記載は任意とされている。また、特別条項を設ける場合、新様式の「1箇月」の延長時間数の記載欄については、「法定労働時間を超える時間数と休日労働の時間数を合算した時間数」を定めることとされている。

律上の上限となります。内容自体は限度基準告示と変わりませんが、ポイントは休日労働の回数や時間数については規制がないということで、次頁の**表2**にまとめました。

178　新労基則17条1項は、36協定に定める事項として、①協定の有効期間の定め、②労基法36条2項4号の1年の起算日、③36条6項2号及び3号に定める要件（休日労働を含め単月100時間未満・休日労働を含め複数月平均80時間以内）を満たすこと、④36条3項の限度時間を超えて労働させることができる場合、⑤限度時間を超えて労働させる労働者に対する健康及び福祉を確保するための措置、⑥限度時間を超えた労働に係る割増賃金の率、⑦限度時間を超えて労働させる場合における手続（特別条項に関する定めをしない場合は④～⑦を除く）を掲げ、新労基則17条2項は、⑤に掲げる措置の実施状況に関する記録を①の有効期間中及び有効期間の満了後3年間保存しなければならないと定める。なお、36協定指針8条は、⑤の健康・福祉確保措置について、以下の九のうちから協定することが望ましいとする。

一	労働時間が一定時間を超えた労働者に医師による面接指導を実施すること
二	深夜（午後10時から午前5時まで）に労働させる回数を1か月について一定回数以内とすること
三	終業から始業までに一定時間以上の継続した休息時間を確保すること
四	労働者の勤務状況・健康状態に応じて、代償休日または特別休暇を付与すること
五	労働者の勤務状況・健康状態に応じて、健康診断を実施すること
六	年次有給休暇についてまとまった日数連続して取得することを含めてその取得を促進すること
七	心とからだの健康問題について相談窓口を設置すること
八	労働者の勤務状況・健康状態に配慮し、必要な場合には適切な部署に配置転換をすること
九	必要に応じて、産業医等による助言・指導を受け、または労働者に産業医等による保健指導を受けさせること

　また、改正労基法の施行通達（平30.9.7基発0907第1号）は、⑦の36協定の締結当事者間の「手続」について、協議、通告その他の手続を定めなければならないとしたうえ、「1箇月ごとに限度時間を超えて労働させることができる具体的事由が生じたときに必ず行わなければならず、所定の手続を経ることなく、限度時間を超えて労働時間を延長した場合は、法違反となる」とし、さらに、「労使当事者間においてとられた所定の手続の時期、内容、相手方等を書面等で明らかにしておく必要がある」とする。

179　新法36条3項は、「前項第4号の労働時間を延長して労働させることができる時間」について上限時間を定めており、休日労働における時間数は規制していない。

180　新法36条4項は、対象期間が3か月を超える1年単位の変形労働時間制を採用している場合、1か月42時間、1年320時間が限度時間となるとし、具体的には、前掲・解釈例規（脚注173）が、36協定で対象期間とされた1年間のなかに、対象期間が3か月を超える1年単位の変形労働時間制の対象期間が3か月を超えて含まれている場合には、限度時間は月42時間・年320時間となるとする。なお、ここで用いられている「対象期間」とは、労基法32条の4（1年単位の変形労働時間制）の、週平均40時間を超えない範囲内で労働させる期間のことで、36条2項2号の用語とは異なる。

(表2)

36条の項番	対象期間における時間数	時間外労働	休日労働
①3・4項	1か月45時間・1年360時間	含む	含まない

エ．②「通常予見することのできない業務量の大幅な増加等」への対応

B 次に、5項は、いわゆる特別条項を定めたものです。旧法との比較では、発動回数の制限は異ならないものの、1か月及び1年について上限時間数が設定され、特別条項をもってしても、これを上回ることができないとされていることが根本的な違いとなります。まず、36協定において、2項に定める五つの事項（1号ないし5号）の他に、「当該事業場における通常予見することのできない業務量の大幅な増加等に伴い臨時的に第3項の限度時間を超えて労働させる必要がある場合」[181]における当該超えて労働させることができる時間を定めることができるとします。そして、この特別条項においては、Ⓐ1か月について、「労働時間を延長して労働させ、及び休日において労働させることができる時間」は、限度時間（2項4号に関し協定した時間）を含め「100時間未満」、Ⓑ1年について、「労働時間を延長して労働させることができる時間」は、限度時間を含め「720時間を超えない範囲内」に限るとし、特別条項によっても超えることのできない絶対的な上限を置きます。なお、1年720時間というのは、4項の限度時間（360時間）の2倍に相当し、月平均では60時間となります。さらに、対象期間において時間外労働時間数が1か月45時間を超えることができる月数を36協定に定めなければならないとし、1年で6回以内に限ると制限します。ここでのポイントは、Ⓐ1か月の上限規制には、時間外労働時間数だけでなく休日労働における時間数が加えられていること、一方、Ⓑ1年の上限規制には、休日労働時間数が

---

181 厚生労働省が公表する様式の記載例は、金属製品製造の事業場において、「突発的な仕様変更、新システムの導入」「新製品トラブル・大規模なクレームへの対応」、「機械トラブルへの対応」が示されている。なお、「業務上やむを得ないとき」などといった恒常的な長時間労働を招くおそれがあるものは認められないとする。

含まれていないということです。

Ⓐ　そうしますと、Ⓑの1年間については、720時間の時間外労働時間の他にも一定時間数の休日労働が可能であるとの理解でよいのでしょうか。

Ⓑ　その通りです。勿論、法定休日労働時間数を加え1か月100時間未満との縛り（Ⓐ）がありますし、次の6項による制限もあり、その範囲内とすることが前提です。表3にまとめました。

（表3）

36条の項番	対象期間における時間数	時間外労働	休日労働
②Ⓐ5項	特別条項で1か月100時間未満	含む	含む
②Ⓑ5項	特別条項で1年720時間	含む	含まない
②5項	1か月45時間を超える月数	年6回以内	

オ．③対象期間の全体にかかる1か月あたりの上限時間の規制

Ⓑ　最後に6項ですが、同項は条文上、「第1項の協定で定めるところによって」時間外労働または休日労働をさせる場合であっても、と定めており、5項の特別条項の発動期間のみならず、36協定の対象期間である1年間の全体を通じて規制しようとするものです。そのうえで、同項2号と3号では、1か月について36協定でも上回ることができない上限時間を罰則付き[182]で定めています。具体的には、Ⓒ1か月について、「労働時間を延長して労働させ、及び休日において労働させた時間」について「100時間未満」（2号）、Ⓓ2か月ないし6か月の平均[183]で、「労働時間を延長して労働させ、及び休日において労働させた時間」について1か月あたり「80時間を超えない」（3号）ものとしなければならないとしています。

Ⓐ　6項の規制は、特別条項を発動しない月にも及ぶとのことですが、その意図するところは何なのでしょうか。

Ⓑ　1か月の上限については、確かに、特別条項の発動期間である最長6か月の期間は②Ⓐ（5項）によって100時間未満です。

一方、特別条項が発動されない期間は、①（3項・4項）によることとなり、ここでの1か月の上限である45時間には、休日労働を含みません。そうしますと、時間外労働を上限である45時間にとどめたうえ、例えば、36協定で月に5日間の法定休日労働を可能とし、1日あたり15時間を労働させた場合、その合計は120時間（45時間＋75時間）となり、長時間労働を是正するという働き方改革の趣旨にもとります。このような事態に歯止めをかけるところに6項の意義があるのではないでしょうか。6項のまとめは**表4**の通りです。

（表4）

36条の項番	対象期間における時間数	時間外労働	休日労働
③ⓒ6項	全期間で1か月100時間未満	含む	含む
③ⓓ6項	全期間で1か月あたり平均80時間	含む	含む

以上をまとめれば、①法定労働時間を超える時間外労働の限度時間は月45時間かつ年360時間（原則）、②特別条項により限度時間（①）を超える時間を定める場合であっても、1年について720時

182　新法119条1号は、36条6項の規定に違反した者は、6か月以下の懲役または30万円以下の罰金に処すると定める（なお、36条6項1号は、坑内労働その他健康上特に有害な業務として、1日2時間を上限とする）。これにより、新法施行後、上限規制の違反者に対する罰則の根拠規定は、従来の32条の他に、36条6項が新たに加わることになる。なお、上限規制は、新技術・新商品等の研究開発業務（36条11項）については、医師の面接指導等の健康確保措置を履行していることを条件に適用除外とされる。この場合、適用が除外されるのは、法律上の上限規制部分であり、法定労働時間を超えて働かせるのであれば、36協定の締結・届出が必要となり、協定で定めた限度時間を超えて働かせることはできない。また、工作物の建設の事業（新法附則139条）、自動車の運転の業務（同140条）、医業に従事する医師（同141条）、鹿児島県・沖縄県における砂糖を製造する事業（同142条）は、改正法施行から5年間、適用が猶予される。したがって、限度時間を定める場合、令和6年3月31日までの間は、1日を超え3か月以内の期間についての定めは1か月に限られることはなく、月45時間、年360時間の上限も適用されないため、これらを超える時間を定めることも可能となる。なお、建設事業として適用猶予の対象となる事業には、新たに「工作物の建設の事業に関連する警備の事業」が対象とされ、これにより、建設現場における交通誘導警備の業務を主たる業務とする労働者は、上限規制の適用猶予の対象となる（新労基則69条1項3号）。

183　条文上は、「対象期間の初日から1箇月ごとに区分した各期間に当該各期間の直前の1箇月、2箇月、3箇月、4箇月及び5箇月の期間を加えたそれぞれの期間における……1箇月当たりの平均時間」のこと。

間を超えない時間（例外）とし、月45時間を超える月数を1年に6か月以内として定める、③実際に、法定労働時間を超える時間外労働・法定休日における休日労働を行わせた場合であっても、その合計時間が単月100時間未満かつ2か月ないし6か月平均でいずれも80時間以内に抑えるようにする、ということになります。

カ．時間外労働と休日労働をあわせた年間の上限時間

これまでの説明では、上限時間に、休日労働が含まれないのは、①の通常予見される時間外労働の上限である限度時間（3項・4項）と②Ⓑの通常予見できない業務量の増加等に伴い臨時的に限度時間を超えて労働させる場合の年間の上限時間（5項）です。これにより、結局のところ、③の範囲内で、特別条項の対象外である期間等に休日労働を適宜組み込むとすれば、時間外労働と休日労働の年間合計時間数は960時間（80時間×12月）となります。これは、過労死ラインの時間数に匹敵するもの[184]で、問題であるとの指摘があります。

次頁の**表5**を参照してください。

これは、対象期間を1月から12月と定め、特別条項を締結した例です。この場合、時間外労働時間が1か月45時間を超える月数を、7月から12月の6回以内に限っており、5項の規制（②）には抵触しません（Check 1）。次に、特別条項の発動月において、1か月につき「労働時間を延長して労働させ、及び休日において労働させることができる時間」は、限度時間を含め、全て80時間であり、「100時間未満」とする規制（②Ⓐ）にも抵触しません（Check 2）し、1年に「労働時間を延長して労働させることができる時間」は、限度時間を含め720時間（12月は時間外労働を50時間に抑えている）で、「720時間を超えない範囲内」に限るとの規制（②Ⓑ）もクリアします（Check 3）。最後に、対象期間の1年間を通じて、1か月につき、「労働時間を延長して労働させ、及び休日にお

---

[184]　「脳血管疾患及び虚血性心疾患等（負傷に起因するものを除く。）の認定基準について」（平13.12.12基発1063号）は、発症前1か月間におおむね100時間または発症前2か月間ないし6か月間にわたって、1か月あたりおおむね80時間を超える時間外労働が認められる場合は、業務と発症との関連性が強いと評価できるとする。

(表5)

	1月	2月	3月	4月	5月	6月	7月	8月	9月	10月	11月	12月
合計時間 960時間	80時間	80時間	80時間	80時間	80時間	80時間	80時間	80時間	80時間	80時間	80時間	80時間
休日労働 計240時間	35時間	35時間	35時間	35時間	35時間	35時間						30時間
時間外労働 計720時間	45時間	45時間	45時間	45時間	45時間	45時間	80時間	80時間	80時間	80時間	80時間	50時間
対象期間	1月	2月	3月	4月	5月	6月	7月	8月	9月	10月	11月	12月
Check 1							45時間超の月数6か月以内					
Check 2							時間外＋休日が単月100時間未満					
Check 3	時間外が限度時間を含め、1年「720時間を超えない範囲内」											
Check 4	時間外＋休日が単月100時間未満、2〜6月平均80時間を超えない											

いて労働させた時間」は、全て80時間であり、「100時間未満」とする規制（③ⓒ）には抵触せず、2か月ないし6か月の平均で、「労働時間を延長して労働させ、及び休日において労働させた時間」についても、1か月あたりの平均時間は全て80時間でそろい、1か月あたり「80時間を超えない」とする規制（③ⓓ）もクリアします（Check 4）。厚生労働省は、1か月あたりおおむね80時間を超える時間外労働が継続的に認められた場合に、脳血管疾患や虚血性心疾患等との医学的な関連性を肯定しており、この制度をフル活用した場合、過労死等の防止に歯止めを掛けられないおそれがあります。

🌼 Ⓑ　確かに、制度上、毎月80時間、年にして960時間が可能なつくりとなっています。ただ、従来、法律上、36協定さえ締結すれば労働時間の規制を外すことができたところ、36協定によっても超えられない上限が設定されたことの意義は軽視すべきでないと考えます。こ

の範囲内で、いかに企業経営上の必要性とのバランスを取りながら長時間労働を是正していくのか、そのための労務施策をどうしていくのかが今後重要な検討課題となります。[185]

キ．Y社の状況

A Y社の問題状況を指摘してください。

B C Y社では、本部所属の正社員でA県N市エリアを担当するSV（スーパーバイザー）の長時間労働が問題となっています。N市には同社の大型店舗（年間365日、深夜2時まで営業）が集中し、時間外労働が恒常的に発生するなか、緊急事態の対応で法定休日の出勤を余儀なくされることも度々あるとのことです。新労基法との関係では、6項3号（205頁の**表4③ⒹD**）が特に問題で、時間外労働・休日労働の合計時間数が、2〜6か月の平均1か月あたり80時間以内とする規制に抵触することがないよう勤怠管理に苦労しています。

A 具体的にはどのような状況ですか。

B Y社人事部に確認したところ、N市担当のSVの11月の時間外労働が75時間、顧客のクレーム等突発的な事態による休日労働が24時間、合計は99時間であったとのことです。同社の36協定は、1

---

[185] 本文に記す問題意識の他、労働者が同一企業内の事業場を転勤した場合、両事業場における時間外労働時間数が通算されるのかについて、前掲・解釈例規（脚注173）は、①36条4項に規定する限度時間（1か月45時間・1年360時間）、②Ⓑ36条5項に規定する1年についての延長時間の上限（720時間）は、「事業場における時間外・休日労働協定の内容を規制するものであり、特定の労働者が転勤した場合は通算されない」としたのに対し、③ⒸⒹ36条6項2号・3号の時間数の上限（1か月100時間・1か月あたり平均80時間）は、「労働者個人の実労働時間を規制するものであり、特定の労働者が転勤した場合は法38条第1項の規定により通算して適用される」とする。また、他社へ出向した場合も、③ⒸⒹ36条6項2号・3号の要件を満たす必要があり、法38条第1項により出向の前後で通算されるとする。なお、平成31年4月厚生労働省労働基準局から示された「改正労働基準法に関するQ＆A」によれば、③Ⓓ36条6項3号の時間数の上限規制（2〜6か月間いずれの平均でも1か月あたり80時間以内）における2〜6か月間は、36協定の対象期間となる1年間についてのみ計算すればよいのかについて、36協定の対象期間にかかわらず計算する必要があるとし、複数の36協定の対象期間をまたぐ場合にも適用されるとする。

か月の上限時間を「99時間」[186]として締結され、単月では違法となりませんが、平均80時間以内とする規制への対処として、最繁忙月である12月を61時間以内（99時間＋61時間／2か月＝80時間）とし、その後も1月から4月までの期間をみて平均が、80時間を上回ることがないよう管理しなければなりません。特に3月から4月にかけては歓送迎会等の予約で繁忙期にあたるということ、同ＳＶは、前年4月1日を起算日とする対象期間に45時間を超える時間外労働が、11月の時点で、すでに4回で、12月から3月までの間に特別条項を発動できる回数が2回に限られ、この点でも苦慮しているとのことです。

ク．上限規制と法定休日とのかかわり

特別条項の発動月をあらかじめ計画し、年間を通じての労働時間管理が求められます。法定休日の活用は検討すべきでしょうか。

例えば、実態として1日の労働時間が10時間、週に1日の休日は確保できるものの、多忙な週末は出勤せざるを得ないことから、休みを週末以外の平日（例えば水曜日）と定め、これを法定休日とした場合を想定します。この場合、週の時間外労働時間は20時間（週5日の所定労働日の時間外労働は2時間、所定休日における時間外労働は10時間で、その合計は20時間）、1か月では80時間を超えます。これが毎月続けば、特別条項の発動回数に抵触し、1年の時間外労働を720時間以内とする規制、年間を通して時間外労働・休日労働（この例の場合、休日労働時間数は存在しませんが）を平均80時間以内とする規制にも違反することとなり罰則が適用されます。

一方、Y社ＳＶの法定休日を最も多忙な土曜日と定め、1か月に休日労働を可能とする日数を4日間と協定したとします。この場合、1日あたりの休日労働時間数を10時間（月に40時間）、多忙な日曜日・祝日を含む週5日間を所定労働日、所定休日は平日の1日（例えば水曜日）、時間

186　前掲・Q＆A（脚注185）によれば、特別条項で1か月の延長時間を「100時間未満」と協定することができるのかについて、延長時間数は具体的な時間数としなければならず、「100時間未満」とする協定は有効な36協定とはならないとする。

外労働を1日に2時間（週に10時間）とし、時間外労働時間数を月に40時間の範囲内で管理できるとした場合、週末等来店客数が多くなる時期に特化した対応が可能となります。**表6**がイメージ（各月の暦日数は考慮せず）です。

（表6）

合計時間 960時間	80時間	80時間	80時間	80時間	80時間	80時間	80時間	80時間	80時間	80時間	80時間	80時間
休日労働 計480時間	40時間	40時間	40時間	40時間	40時間	40時間	40時間	40時間	40時間	40時間	40時間	40時間
時間外労働 計480時間	40時間	40時間	40時間	40時間	40時間	40時間	40時間	40時間	40時間	40時間	40時間	40時間
対象期間	1月	2月	3月	4月	5月	6月	7月	8月	9月	10月	11月	12月
Check 3	時間外が限度時間を含め、1年「720時間を超えない範囲内」											
Check 4	時間外＋休日が単月100時間未満、 2～6月平均80時間を超えない											

Ⓐ 表6は、時間外労働を月に45時間を超えない範囲内にとどめることで特別条項の発動回数はゼロで、年720時間の時間外労働の問題、単月100時間の問題を解消するもので、平均80時間の時間管理さえ間違えなければ有効な手法と言えるのかもしれません。ただ、これは1か月でみた場合の週内の繁忙に対応するもので、年間における繁忙期への対応策とは必ずしもなっていません。また、月の暦日によっては、月間の時間外労働が40時間を超える可能性があり、煩雑な労働時間管理が求められるものです。わかりやすさという点からは、いかがでしょうか。

Ⓒ その前に一言、表6にあるような、法定休日をフル活用するとの手法ですが、確かに水曜日が休日（法定外）として確保されているものの、作為的であまりに不自然というのが率直な印象です。法定休日であるにもかかわらず出勤があらかじめ意図され、それがほぼ

毎週続く、これが果たして法定休日と言えるのかという素朴な疑問です。36協定指針7条は、休日労働についての留意事項を定めるもの[187]で、労使当事者の努力義務として、休日労働をできる限り少なくすることとしています。このことは、限度基準告示では示されていませんでした。新法で新たに定められたことの意義を軽視すべきでないと考えます。

ケ．上限規制へのシンプルな対応

C わかりやすさということでは、36協定で、法定休日労働を可能とする協定は締結しない、時間外労働は、年6回を上限とする特別条項の発動月であっても75時間を超えないと締結すれば、企業における残業時間のルールを単純化でき、時間管理も容易となります。つまり、休日労働がないことによって、時間外労働のみを意識すればよく（法定休日労働を含めた時間管理、すなわち、単月100時間未満・平均80時間以内とする管理の煩雑さから解放され）、年720時間以内（45時間×6月＋75時間×6月＝720時間）の上限規制をクリアできることになります。次頁の**表7**を参照してください。

---

[187] 前掲・指針（脚注174）7条は、労使当事者は、時間外・休日労働協定において休日の労働を定めるにあたっては労働させることができる休日の日数をできる限り少なくし、及び休日に労働させる時間をできる限り短くするように努めなければならないと定める。

(表7)

合計時間 720時間	45時間	45時間	45時間	45時間	45時間	45時間	75時間	75時間	75時間	75時間	75時間	75時間
休日労働												
時間外労働 計720時間	45時間	45時間	45時間	45時間	45時間	45時間	75時間	75時間	75時間	75時間	75時間	75時間
対象期間	1月	2月	3月	4月	5月	6月	7月	8月	9月	10月	11月	12月
Check 1							45時間超の月数6か月以内					
Check 2							時間外＋休日が 単月100時間未満					
Check 3	時間外が限度時間を含め、1年「720時間を超えない範囲内」											
Check 4	時間外＋休日が単月100時間未満、 2〜6月平均80時間を超えない											

コ．上限規制と固定残業代との関係

A ありがとうございました。様々な選択肢があるようです。次に、固定残業代との関係について議論してください。Y社では、SVに対し、定額の残業代として外勤手当を支給しているとのことです。そもそも、同手当は、労基法37条所定の「通常の労働時間又は労働日の賃金」以外の割増賃金として認められるのでしょうか。

B 固定残業代として定額の手当を支払う方法が有効とされるには、①「対価性の要件」（当該手当が時間外労働等の対価としての趣旨で支払われていることが明確であること）を前提に、②「明確区分性の要件」（法所定の額が支払われているか否かを判別できるよう、割増賃金相当部分とそれ以外の通常の賃金とを明確に判別することが可能であること）の2点が要件として求められます。Y社賃金規程では、外勤手当が時間外労働に対する代償で、その対価として支払われるものと明示され、他の趣旨（時間外労働等の対価としての性質以外のもの）が

混在していない[188]ことから①の要件としての対価性は認められます。②についても所定内賃金部分とは判別可能で、このことは当該ＳＶとの労働契約締結時において明確であった[189]ことから、固定残業代としての有効要件は満たしているものと考えられます。

Ⓒ　最近の最高裁判決[190]では、①の要件（対価性）、すなわち当該手当が割増賃金に該当するのかどうかの判断基準（対価性要件の考慮要素）を示すものがあります。具体的には、⑴雇用契約に係る契約書等の記載内容、⑵使用者の労働者に対する説明の内容、⑶労働者の実際の労働時間等の勤務状況など、具体的事案に応じた事情を考慮して判断すべきとしています。実務で、対価性要件の充足度を検討するにあたり、最高裁が、労働現場に発信した重要なメッセージと考えます。

Ⓐ　もう少し具体的にお願いできますか。

Ⓒ　⑴は形式の問題です。雇入れ時の労働条件として「賃金の決定、計算及び支払の方法」は書面明示が義務とされ（労基法15条、労基則5条1項3号）、固定残業代もこれに含まれます。労働条件通知

188　日本コンベンションサービス事件・大阪高判平12.6.30では、出張手当が時間外労働手当の性格を有するかについて争われたが、同手当は労働時間という観点よりもむしろ遠方に赴くことを重視してのものであり、時間外労働に対する割増賃金の性格を持つとするには疑問があるとする。

189　鳥伸事件・大阪高判平29.3.3は、労働契約締結時の雇用契約書には「月給25万円−残業含む」として総額のみが記載され、その後の給与明細書で基本給18万8,000円、残業手当6万2,000円と区分されて記載され固定残業代部分が明らかとなった事案で、判旨は、労働契約時において給与総額のうち何時間分の割増賃金代替手当が含まれているのか明確にされておらず、割増手当相当額について労働契約の内容になっていたとは言えないとして、割増賃金としての支払いを否定した。本文②の判別要件は、労働契約締結の際における判別を要求しているものと解される。

190　保険調剤薬局に勤務する薬剤師のケースで、業務手当10万1,000円が時間外労働等に対する割増賃金と言えるかが争われた事案で、日本ケミカル事件・最一小判平30.7.19は、「雇用契約において、ある手当が時間外労働等に対する対価として支払われるものとされているか否かは、雇用契約に係る契約書等の記載内容の他、具体的事案に応じ、使用者の労働者に対する当該手当や割増賃金に関する説明の内容、労働者の実際の労働時間等の勤務状況などの事情を考慮して判断すべきである」とする。従来、固定残業代に関する最高裁判例は、基本給組込み型（割増賃金部分を基本給に組み込み支給するもの）については存在したが、独立した手当として支給する手当支給型（割増賃金として支払う代わりに定額の手当を支給するもの）としては、本件が最高裁として初めてのもの（当該個別事案で適法と判断）であり、この点でも注目される。

書に定額払いの記載がされていないとすれば、原則、固定残業代としては認定されないものと考えます。これは単に、使用者が形式上、書面を整備すれば済む問題で、多くの場合クリアされているものと思われます。実務上、同事件における重要なメッセージは、外形的な書面（形式）にとどまらない、(2)や(3)といった客観的な事情を判断要素に組み入れた点であると考えます。(2)では説明内容と当該手当の趣旨、制度の運用実態が一致しているのかが問われます。この点、特に問題となるのは労働条件の不利益変更が絡む場面で、通常の労働時間の賃金を固定残業代に置き換えるといった合意が成立したと言えるのかといったケースです。最近の裁判例の傾向[191]を踏まえれば、使用者の事前の情報提供、説明内容（通常の労働時間の賃金を減額することについての必要性、制度変更がもたらす健康上・生活上の不利益の程度）、契約書に署名するに至るまでの経緯等の事情も含め、労働者が変更内容を十分に理解し、自由意思で同意（署名）したのかが実務上も問われ、この観点から、(2)で言う説明についても実施される必要があるということです。[192]最後に(3)ですが、正に実態としての残業時間の状況を直視し、固定残業代が時間外労働等の対価として支払われているのか、言い換えれば、実際の残業等の勤務状況と固定残業代制度の近接性をチェックしようとするものです。実際の残業時間数と固定残業代の対象となる残業時間数とが乖離すればするほど対価性としての趣旨が薄れていくものと考えます。従来は、固定残業代で不足する金額の時間外手当が労基法上生じた場合、その差額部分を精算する仕組みが整備されているかは意識されていたものの、逆に超過する場合、未払いがないことから問題なしと結論し、どれ程の超過であるのか、その度合いの適否についてまでは、実務では意識を向けてこなかったように思います。

　(3)の要素についてですが、超過する度合いというものに基準があるのでしょうか。

191　山梨県民信用組合事件・最二小判平28. 2. 19、広島中央保健生協事件・最一小判平26. 10. 23。

C 　明確に観念できるものはありません。本件最高裁判決（日本ケミカル事件）は、結論として定額支払いの残業代（業務手当）の有効性を認めたものですが、そこでは業務手当は約28時間分の時間外労働に対する割増賃金に相当するものであるとしたうえ、月の時間外労働等の時間を、30時間以上・20時間台・20時間未満に3分類し、被上告人の勤務期間における15回の賃金計算期間（1か月間）ごとの回数に言及しています。一番多いのが20時間台で10回、30時間以上は3回、20時間未満は2回でした。超過度合いとしてみるのであれば、本件の事実認定として、20時間未満が2回であった（にすぎなかった）という点が注目されるべきと考えます。業務手当と残業時間数とのバランスで言えば約72％（20時間／28時間）以上であること、当該割合を超える（充足する）回数で言えば約87％（13回／15回）であり、参考となります。

B 　Cさんの割合論で言えば、例えば月60時間を想定する固定残業代であれば、残業が44時間（60時間×0.72）を超える月数が、1年あたり10月（12月×0.87）を超えていれば、数字上ですが、(3)の対価性の要件を充足します。

192　ビーダッシュ事件・東京地判平30.5.30は、基本給50万円を原告に支払っていた被告（基本給額に割増賃金が含まれ原告の同意を得ていたと主張）が、社会保険労務士のアドバイスを受け、基本給39万円、固定残業代を約13万円とする固定残業代制度をつくり、就業規則変更の際は説明会を開催し、原告も変更後の条件を記した雇用契約書に押印していた事案で、原告は社会保険労務士から一応説明を受け理解できたが、本件説明会においては、漠然と従前の賃金体系または割増賃金が支払われていないことが違法である可能性があることが説明されたのみで、本来的には当該基本給に応じた割増賃金が支払われるはずであったことについて明確に説明していないこと、また、社会保険労務士と被告代表者が、本件固定残業代制度の採用に伴う基本給の減少が形式的なものにとどまり、支給総額は変わらないと説明していたことについて、原告の変更前後の賃金体系を比較すれば、正に割増賃金の基礎となる基本給が減少するのであり、基本給の減少は、形式的なものにとどまるものではなく、そのうえ、原告の新賃金体系においては、基本給（ひいては発生する割増賃金の額）が減少するのみならず、発生した割増賃金についても、固定残業代分は既払となるのであるから、総額として支給額が減少することがないという説明も誤っているといわざるを得ない（従前は支払われるべき割増賃金が支給されていなかったことから、支給総額が給与明細上抑えられていたにすぎず、この違法な支給状態と原告の新賃金体系の下で支給される額に差がなかったとしても、原告に不利益がないということはできない）として、原告が受ける不利益の程度につき正確かつ十分な情報提供がなく、よって、自由意思に基づいてされたものと認めるに足りる合理的理由が客観的に存在したとは言えず、同意は認められないとした。

Ⓐ　ＳＶの外勤手当の額はいくらで、何時間の残業時間数に相当するのですか。

Ⓑ　Ｙ社人事部によれば、担当エリアによりＳＶの外勤手当の額が異なるとのことです。Ｎ市担当の場合、月額17万円で、割増賃金算定の基礎となる賃金は34万円、1年間における1月平均所定労働時間数が173時間であることから、69時間12分[193]の残業時間数に相当します。なお、Ｙ社ではＳＶが20名程で担当エリア、店舗数で実態としての残業時間数が異なっており、おおむね20時間から70時間程の幅があるとのことです。また、外勤手当との対応関係については、必ずしも明確な基準は存在しません。

Ⓐ　Ｎ市担当と地方都市担当で外勤手当の額が異なるとのことです。対価性要件の(3)要素を踏まえ、固定残業代を再設計していくうえで何か留意する点があるのでしょうか。

Ⓒ　20名程のＳＶについて、実態としての残業時間数をグループ化して基準となる外勤手当の額を定めるといった手法が考えられます。例えばですが、想定される残業時間の最大値をⒶ60時間、Ⓑ44時間、Ⓒ32時間の3グループに分け、グループごとに当該最大値に応じた外勤手当を支給します。そのうえで、残業時間数の実態管理を毎月行い、Ⓐでは44時間を超える月数が年10月を超えるかをチェックします。同様にⒷでは44時間の72％にあたる32時間を超える月数が年10月超、Ⓒグループでは、23時間（32時間×0.72）超えの月数が年10回を超える実態を伴っているのかがチェックされることになります。

---

[193] 割増賃金の算出式は、（労働契約に基づく1時間あたりの単価）×（時間外労働の時間）×（労基法に基づく割増率）となる。なお、行政解釈は、計算における端数処理は、1時間あたりの賃金及び割増賃金額に円未満の端数が生じた場合、50銭未満の端数を切り捨て、それ以上を1円に切り上げることは、37条違反として取り扱わないとする（昭63.3.14基発150号）。本文の場合、1時間あたりの賃金は、34万円÷173時間≒1,965円（円未満の端数は四捨五入）、69時間12分の割増賃金は、1,965円×69時間12分×1.25（割増率）≒169,973円（円未満の端数は四捨五入）となる。

サ．固定残業代の一部無効・全部無効

A 残業時間の法律上の上限を規制する新労基法施行前の裁判例で、限度基準告示の限度時間（1か月45時間）を大幅に超える時間外労働分（95時間分）の固定残業代（職務手当）を定めていたところ、45時間以上となる部分についての合意[194]（上記①対価性）を公序良俗に反するとして無効とした事案[195]があります。同事件では、裁判所の合理的意思解釈により、当該手当は月45時間分の時間外手当であると限定解釈され、45時間以上の部分が無効とされました（一部無効）。一方、合意全体を無効とする裁判例[196、197]（全部無効）も多く、近時の裁判例においては、一部無効を認めるとすると、とりあえず過大な固定残業代を定めたうえ45時間を超える場合にのみ残業手当を支払うという手法を助長するおそれがあるから全部無効とするといったものもあります。[198]

---

[194] この事案（脚注195）は、年俸624万円程であった賃金を年額500万円（内訳は基本給月額、賞与と職務手当月額）に変更する個別合意（当初口頭でのやり取り、その1年後労働条件確認書を取り交わし）の成否が問題とされた事案であった。

[195] ザ・ウィンザー・ホテルズインターナショナル事件・札幌高判平24.10.19は、契約上、基本給224,800円、職務手当154,400円と定められていたところ、職務手当を定額払いの時間外手当と認定したうえ、月95時間の定額割増賃金として定められた職務手当について、時間外労働が何時間発生したとしても定額時間外賃金以外には時間外賃金を支払わないという趣旨の合意であると解した。そして、時間外労働の内容を合理的な内容としようとする労基法36条を、就業規則や労働契約の解釈指針とすべきであるとし、本件職務手当の受給合意について、労基法36条の上限として周知されている月45時間（告示の基準）を超えて時間外労働義務を発生させるものと解釈するのは相当でなく、本件職務手当は、「45時間分の通常残業の対価として合意され」、そのようなものとして支払われたものと認めるのが相当で、月45時間を超えてなされた通常残業及び深夜残業に対しては、別途、就業規則や法令の定めに従い計算した時間外賃金が支払われなければならないとした。なお、使用者側の職務手当が95時間分の時間外手当であるとの主張に対しては、95時間を超える残業をしても全く割増賃金を支払っていないこと等の事実を認定したうえで、長時間の時間外労働を義務付けることは、使用者の業務運営に配慮しながらも労働者の生活と仕事を調和させようとする労基法36条の規定を無意味とするばかりでなく、安全配慮義務に違反し、公序良俗に反するおそれさえあるというべきと説示している。

[196] マーケティングインフォメーションコミュニティ事件・東京高判平26.11.26は、基本給24〜25万円に対し、月18万円程の営業手当が全額時間外手当であると主張された事案で、営業手当はおおむね月100時間の時間外労働に対する割増賃金に相当し、36協定の限度基準告示の上限が45時間と定められているところ、月100時間という長時間の時間外労働を恒常的に行わせることは法令の趣旨に反するもので、これを是認する趣旨で営業手当の支払いが合意されたと認めるのは困難とし、割増賃金とは認められないとした。

固定残業代を定めた場合の残業時間数の上限について、考え方が収斂せず、錯綜した状況にあります。労基法に上限規制が導入された状況を踏まえ、Y社の外勤手当について、議論してください。

B 　四点述べます。①まず、判決に引用される限度基準（当時）の性質ですが、これは時間外労働時間の限度に関し、行政による指導を予定するもので、強行的な基準であるとは解されていませんでした。仮に協定で限度基準を超える延長時間を定め、その範囲内で時間外労働を行わせたとしても、刑事上の免責効果（免罰効）を受けることができます。②また、36協定に関する限度基準が労働契約に対し強行的補充的効力（労基法13条）を有するものでない[199]こととの整合性も問題となります。③次に、理論的に考えた場合ですが、労基法自体が37条1項但書で1か月60時間以上の時間外労働を想定しており、上記裁判例で一部無効とする分岐点が45時間以上であることと齟齬をきたすという点

---

[197] 穂波事件・岐阜地判平27.10.22は、労働条件通知書に、月83時間の残業を予定する管理職手当につき、83時間の残業は36協定で定めることができる労働時間の上限45時間の2倍近い長時間労働を強いることになって公序良俗に反するとし、これを時間外労働に対する手当として扱うべきでないとする。他に、マンボー事件・東京地判平29.10.11でも、固定残業代である超過勤務手当が100時間以上の時間外労働を恒常的に義務付けるものであり公序良俗に反し無効とした。

[198] イクヌーザ事件・東京高判平30.10.4は、被控訴人であるY社が、月間80時間相当の固定残業代が公序良俗に反すると判断される場合であっても、「月45時間の残業に対する時間外賃金を定額により支払う旨の合意があった」と解することが、控訴人であるX及びY社の合理的意思に合致するとし、ザ・ウィンザー・ホテルズインターナショナル事件（脚注195）と同様の主張（一部無効）を展開した。判決は、そのような合意がされたことを基礎付けるような事情は何ら認められないと述べたうえ、「本件のような事案で部分的主張を認めると、……Xが主張するとおり、とりあえずは過大な時間数の固定残業代の定めをした上でそれを上回る場合にのみ残業手当を支払っておくとの取扱いを助長するおそれがあるから、いずれにしても本件固定残業代の定め全体を無効とすることが相当である」と判断した。なお、Xは、本件における補足的主張として、固定残業代の定めの効力について「訴訟において一部の時間（例えば45時間など）の範囲で部分的に有効と認められるのであれば、経済的合理性を追求する企業においては、全ての従業員が訴訟提起をすることまでは考えにくいことを踏まえ、過大な時間数の固定残業代の定めをした上でそれを上回る場合にのみ残業手当を支払っておくとの取扱いが横行することになり、過剰な長時間労働を助長することとなる」とし、上記のような定めは全部無効とされるべきと主張していた。

[199] この点、行政解釈は、「延長時間が限度時間を超えている時間外労働協定の効力如何」との問いに、そのような協定も「直ちに無効とはならない。なお、当該協定に基づく限度時間を超える時間外労働の業務命令については、合理的な理由がないものとして民事上争い得るものと考えられる」とする（平11.3.31基発169号）。

です。実際に、1か月あたり70時間の時間外労働を対価とする定額手当を固定残業代として有効と認めた裁判例[200]も存するところです。④最後に、固定残業代が、例えば80時間分の時間外労働の対価であると合意したとしても、それ自体は80時間の時間外労働を命じるものとは言えず、残業時間が適正に管理され実際の時間が45時間を下回っているのであれば一部無効とする必要性は全くないということです。この点、常に固定残業代の対象となる時間外労働時間数と実際の労働時間数が一致するものではないということを指摘しておきたいと思います。これらを踏まえれば、法改正の前後を問わず、固定残業代の対象となる残業時間数に関し、有効と認められるための具体的時間数が要件として確立しているとは言い難く、一部ＳＶに支給される外勤手当が、70時間に相当するものであったとしても、その取扱いが直ちに無効となるものではないと考えます。

Ⓒ　Ｂさんご指摘の順で議論します。まず、①の刑事免責についてはその通りであった（当時）としても、時間外労働命令の民事上の効力は、別途検討されるべきです。Ａさん引用の裁判例（ザ・ウインザー・ホテルズインターナショナル事件、217頁脚注194、195参照）のような、95時間という長時間の時間外労働を前提とする固定残業代の合意は、それ自体の有効性が否定されることがあると考えます。同事件判決は、労基法36条の趣旨に言及しており、1）時間外労働の例外性・臨時性、2）仕事と生活の調和（WLB）、3）業務の柔軟な運営の要請を考慮し、「一定の範囲で時間外労働を適法なものとし、時間外労働の内容を合理的なものにしようとする規定であるから、その趣旨は就業規則や労働契約の解釈指針とすべきである」とします。そのうえで、限度

---

[200] Ｘ社事件・東京高判平28.1.27は、業務手当を月70時間の時間外労働、100時間の深夜労働の対価として支給していた事案で、労働者が、限度基準告示の月45時間を超えて法令の趣旨及び36協定にも反すると主張したのに対し、東京高裁は、限度基準告示の基準は時間外労働の絶対的上限とは解されず、労使協定に対して強行的基準を設定する趣旨とは解されないとしたうえ、会社が36協定において月45時間を超える特別条項を定めており、当該特別条項を無効とすべき事情もないから業務手当は固定残業代として有効とした。なお、本件では、本文中の固定残業代の有効要件（Ｂ社会保険労務士発言の①対価性要件、②明確区分性要件に加え、③差額支払合意（精算合意）の要件）、つまり支給対象となった時間外労働の時間数を超えた場合には、別途差額を精算する合意規定と精算の実態があった。

基準告示を引用し、「労基法36条の上限として周知されている月45時間を超えて具体的な時間外労働義務を発生させるものと解釈するのは相当でない」との結論を導いています。[201]そうであれば、従来の告示を法的規制に格上げする新労基法の下では、上記の理がより一層妥当することを意味し、就業規則や労働契約の解釈指針となるのだと思います。なお、本件判決は、使用者が、95時間を超える残業に対し全く追加の割増賃金を支払っていない事実を認定したうえ、職務手当が95時間分の時間外賃金であるとすれば、同手当の受給を合意した労働者は95時間分の時間外労働義務を負うことになると解し、このような長時間の時間外労働を義務付けることは、「安全配慮義務に違反し、公序良俗に反するおそれさえある」とも判示しています。判決が、安全配慮義務違反に言及していることからすれば、厚生労働省の認定基準による数値（脳血管疾患及び虚血性心疾患等の認定基準は、1か月あたりおおむね80時間を超える労働が継続的に認められた場合、これら疾患との医学的関連性を肯定している）は一つの判断材料になります。また、新労基法は、労使協定により時間外労働等を認める場合であっても、最低限上回ることのできない上限は、休日労働を含め、2～6か月平均80時間以内・単月100時間未満であると法文上明確化し、これに抵触する時間外労働義務を課すことは公序違反となるおそれがあります。労基法における上限の数値が、労災の認定基準と釣り合うことから、これらは固定残業代における残業時間等の上限を検討するうえでの重要な判断指針となります。[202]これについて、行政による労災認定基準や新労基法の上限規制の内容が、必ずしも労使間の契約上の

---

201 前掲書（脚注55）325頁は、労基法36条1項の趣旨につき、①労働時間・休日の原則（32条・35条）が前提で、労使協定を要件に、時間外・休日労働を認める例外規定で、「時間外・休日労働は本来臨時的なものとして必要最小限にとどめられるべきもの」（昭63.3.14基発150号）とし、また、②「仕事と生活の調和」（労契法3条3項）も基本趣旨であるが、③36条は、時間外・休日労働の機動的・日常的実施をも目的とし、これが第三の立法趣旨である、と指摘する。

202 本文に引用した労災認定基準の他、改正後の安衛則でも、医師による面接指導の対象となる労働者の範囲が、「週40時間を超える労働が1月当たり100時間を超えた者」から、「当該超えた労働が1月当たり80時間を超えた者」に拡大されている（安衛法第66条の8第1項、安衛則第52条の2第1項）。過重労働防止の観点から、労働者の健康確保措置のための面接指導が強化され、対象となる労働時間要件が80時間とされたことも、固定残業代を検討していくうえでの重要な留意点となり得る。

合意の成否や有効性とはリンクするものではないとの指摘が予想されます。この点は、Bさんご指摘の②とかかわりますが、強行的補充的効力の帰趨はともかくも、就業規則等で上限時間を超える固定残業代を定める規定の合理性（労契法7条・10条）が問われ、場合によっては規定そのものの効力が否定されることもあり得るのではないでしょうか。[203]また、③ですが、改正法の下でも、月60時間以上の時間外労働は設定可能であり、問題は、むしろ特別条項の発動要件及び回数なのだと思います。Bさんが引用された事件（X社事件、219頁脚注200参照）は、月70時間の時間外労働に相当する固定残業代の有効性を認めたものですが、同事件の使用者は、36協定において月45時間を超える特別条項を締結し、差額支払い等、不足分を精算しており運用状況も問題がないといった事案でした。新労基法36条5項は、特別条項の発動要件を、「当該事業場における通常予見することのできない業務量の大幅な増加等に伴い臨時的に第3項の限度時間を超えて労働させる必要がある場合」であるとし、45時間を超える時間外労働が恒常的に行われることを想定したものとはなっていません。そうであれば、37条1項但書によっても、1か月60時間以上の時間外労働が毎月行われることを内容とする固定残業代制度、とりわけ基本給に限度時間を超える時間分の残業代を含ませるような制度（いわゆる基本給組み込み型）についての合理性は否定されるのではないでしょうか。[204]最後に④の点ですが、まさに残業の実態に基づく判断が求められるのだと思います。45時間以上の部分を一部無効としたザ・ウィンザー・ホテルズインターナショナル事件（217頁脚注194、195参照）ですが、固定残業代（職務手当）が導入されて以降、1年余の期間に、95時間を超える残業が7か月あったにもかかわらず、時間外賃金が一度も支払われていないことを認定し、このような事情から当該職務手当に関する合意は、95時間分としての合意ではなく、何時間残業しても職務手当以外には追

---

[203] 前掲書（脚注55）328頁は、労基法36条の基本趣旨を指摘したうえ、時間外労働義務は、労働協約・就業規則（またはその内容をなす36協定）で、限度基準以下の時間数が規定された場合に限り、合理的なものとして発生すると解すべきとし、時間数が明記されない場合や、限度基準を上回る時間数が規定された場合は、時間外労働があり得る旨の告知以上の効力はなく、時間外労働は労働者の個別的同意を得てのみ行い得るとする。

加支給をしない合意[205]であると判断しています。このような実態があれば、固定残業代の有効性は否定されざるを得ないと考えます。一方、長時間の残業時間数に相当する固定残業代であったとしても、そのような義務を課すものではなく、実態としても45時間を下回るのであれば、格別否定されることはないのかもしれません。ただ、この場合であっても、なぜ、実態としての残業が45時間を下回るにもかかわらず、これに対し、95時間分もの手当を支払う必要性があるのかが問われることになると思います。この点につき、問題を二つ提起できます。最初に対価性要件、つまりそもそも対価的な支払いであると言えるのかという点です。先程引用した日本ケミカル事件判決（213頁脚注190参照）は、判断基準の一つに、

[204] 前掲・イクヌーザ事件（脚注198）は、基本給に月間80時間分相当の割増賃金を含むとされていた事案で、厚生労働省の脳血管疾患及び虚血性疾患等の認定基準（脚注184）を引用のうえ、「実際には、長時間の時間外労働を恒常的に労働者に行わせることを予定していたわけではないことを示す特段の事情が認められる場合はさておき、通常は、基本給のうちの一定額を月間80時間分相当の時間外労働に対する割増賃金とすることは、公序良俗に違反するものとして無効とすることが相当である」との考え方を示した。そのうえ、本件へのあてはめにおいて、賃金規程で、基本給につき、基本部分（基本月額）と割増部分（時間外月額）に分けられ、基本月額は所定労働時間に対する賃金とすること、時間外月額は所定労働時間を超えて勤務する見込時間に対する賃金とすること、見込時間及び対応する金額は雇用契約書等により個別に通知すること等との定めがあり、雇用契約書上、基本給のうち88,000円は月間80時間の時間外勤務に対する割増賃金とする旨が記載されていたことを指摘し、「本件固定残業代の定めは、控訴人〔労働者〕につき少なくとも月間80時間に近い時間外勤務を恒常的に行わせることを予定したもの」であるとし、また、実際にも、「本件雇用契約に係る14か月半の期間中に、控訴人の時間外労働時間数が80時間を超えた月は5か月、うち100時間を超える月が2か月あり、また、時間外労働時間数が1か月に100時間を超えるか、2か月ないし6か月間のいずれかの期間にわたって、1か月当たり80時間を超える状況も少なからず生じていたことが認められる」ことから、「このような現実の勤務状況は、控訴人につき上記のとおり月間80時間に近い長時間労働を恒常的に行わせることが予定されていたことを裏付けるものである」と認定のうえ、本件固定残業代の定めを、公序良俗に違反し無効と判断した。これに対し、同事件一審判決・東京地判平29.10.16は、原告が、固定残業代の対象となる時間外労働時間数は限度基準告示3条本文が定める限度時間（1か月45時間）を大幅に超えるとともに、いわゆる過労死ラインとされる時間外労働時間数（1か月80時間）に匹敵するものであるから、固定残業代の定めは公序良俗に反し無効であると主張したのに対し、裁判所は、「1か月80時間の時間外労働が上記限度時間を大幅に超えるものであり、労働者の健康上の問題があるとしても、固定残業代の対象となる時間外労働時間数の定めと実際の時間外労働時間数とは常に一致するものではなく、固定残業代における時間外労働時間数の定めが1か月80時間であることから、直ちに当該固定残業代の定めが公序良俗に反すると解することもできない」と判断していた。

[205] 前掲・ザ・ウィンザー・ホテルズインターナショナル事件（脚注195）判例文は、この合意を「無制限な定額時間外賃金に関する合意」と言いあらわしている。

労働者の実際の労働時間等の勤務状況を事情として考慮するとします。同事件では、みなし時間外手当としての業務手当の金額が、約28時間分の時間外労働に対する割増賃金であることを指摘のうえ、労働者の実際の時間外労働等の状況と大きく乖離するものではないとし、業務手当の支払いをもって割増賃金の支払いとみることができると判断しています。同事件で、仮に、業務手当が予定する残業時間が、残業の実態と大きく乖離するものであったとした場合（例えば毎月僅かに数時間といったように近接性を著しく欠いているような場合）、残業代と残業時間との対価関係が崩れないし薄弱化し、残業に対する支払いと言えるのかが問題となり得ます。同判決はそのような趣旨をも含んでいると解釈することが可能と考えます。つまり、固定残業代が95時間相当であるにもかかわらず、実際の残業が45時間にも満たないのであれば、果たして、対価的支払いと言えるのかが問題となるということです。次に、別の観点からですが、使用者が固定残業代として設定する残業時間数を好き放題フリーに決定できるとし（例えば残業実態と大幅にかけ離れた95時間とし）、その結果、基本給等所定賃金部分を圧縮しているとした場合、最高裁判決の文言を借用すれば「労働者の実際の時間外労働等の勤務状況」にそぐわないような場合、多額の固定残業代を割増賃金計算の基礎金額から除外できることとなり、時間あたりの基礎単価を不相当に引き下げることになります。このような手法が合理的なのか、就業規則の合理性要件（労契法7条、10条）とも絡め、厳しく問われるのではないでしょうか。

シ．残業時間の上限と固定残業代の効力

Ａ　新労基法により残業時間の上限が法定化されました。新法の罰則付き上限規制を定める規定は強行法規であり、その上限を超える時間外労働に相当する固定残業代の定めや合意は無効となり得ます。また、特別条項による場合であっても、45時間を超える時間外労働は年に6回までとされています。回数との関係で言えば、年の上限である720時間を均等に配分し、月60時間に相当する固定残業代を設定することは、年間を通して1か月の限度時間である45時間を超える恒常的な残業を予定するものとして、36条5項の「当該事業場における通常予見すること

のできない業務量の大幅な増加等に伴い臨時的に第3項の限度時間を超えて労働させる必要がある場合」にはあたらず、無効とされる可能性にも留意が必要と考えます。新法による新たな規制は、固定残業代として設定する残業時間の長さ、回数等に関する合意の成否に何らかの影響を及ぼすのでしょうか。36協定が締結されていない場合、有効に締結されていたとして特別条項が付されている場合、いない場合とで、場面を分けて議論してください。

C 労基法が改正される前の事件ですが、36協定の欠缺(けんけつ)を理由に、固定残業代に関する定めは効力が認められないとする裁判例[206]があります。36協定が適正に締結されていることが、固定残業代が有効とされる不可欠の前提であることは、改正の前後を問わないものと考えます。

A 次に、36協定が有効に締結されているものの、特別条項が存在しない場合はいかがですか。

B 特別条項付き36協定が締結されていない場合、SVであれば、Y社本部における業務量、時間外労働の動向等を考慮し、1か月45時間、1年360時間が上限となります。SVに対しては、現状、定額の残業代（時間外労働手当）として外勤手当を支給しています。1年の上限である360時間を均等に割り振れば、月の残業時間の上限は30時間、一方、N市担当のSVには、69時間程の残業が見込まれており、計算上39時間程が不足し、その分は休日労働に拠らざるを得ません。外勤手当の趣旨を改定し、30時間の時間外労働手当と39時間の休日労働をあわせたものにするということが考えられますが、この場合であっても、休日労働を含め単月100時間未満・平均80時間以下とする規制（**表4**（205頁）・**表6**（210頁）参照）が掛かりますし、Cさんご指摘の点（法定休日をフル活用する手法が36協定指針7条と相容れないこと）が問題として残り

---

206 無洲事件・東京地判平28.5.30は、労基法36条1項の協定が存在しない状況で、採用時の「正社員入社条件確認表」に実働10時間、基本給18万円（8時間相当）、手当1として7万円（残業相当分）との記載がされていた事案で、36協定が存在しない以上、1日8時間以上の労働時間を定めた契約部分は無効となるとしたうえ、「いわゆる固定残業代の定めは、契約上、時間外労働をさせることができることを前提とする定めであるから、当該前提を欠くときは、その効力は認められない」とした。

224　第9章　残業時間の上限規制への対応と固定残業代の再設計

ます。

A それでは、特別条項の定めがあるとどうなのでしょうか。

B 特別条項が付されていれば、年間720時間までの時間外労働が可能で、この場合、1か月45時間を超えることのできる月数を、6回を限度に定めることができます。特別条項の発動回数を6回と定めた場合、発動月の時間外労働の上限を75時間（計450時間）とすれば、他の月は45時間（計270時間）であることから、年の合計時間数は720時間に収まります。年720時間の規制には休日労働が含まれないため、特別条項を発動する期間でみれば、月に5時間の範囲内で、別途休日に労働させることも可能となります。この場合、現状の外勤手当の額（69時間程の時間外労働を見込んだもの）を、特別条項を発動しない月は45時間相当額に減額、一方、発動月は75時間に相当する額に増やし、年間総額として生ずる不足額は、別途補填するといった手法が考えられます。

A 年間を通し月に45時間の残業を当然のものとし、特別条項の発動期間も年720時間の上限枠を使い切って定額で残業させるという設定ですが、結局のところ、月45時間超の時間外労働が6回を超えまたは年720時間を少しでも超えるのであれば直ちに違法となります。むしろ、通常の残業時間なり、6回といった回数を減らす方向での議論としてはどのようなものが考えられるのでしょうか。

C 従来、固定残業代は、時間外労働等を恒常的に行わせることを前提に、法定労働時間を超える最初の時点からその対象とし、かつ、最長となる時間数を想定のうえ、毎月定額で支払うといった手法が採られていました。その背景には、未払残業代訴訟等へのリスクを回避したいという思いが少なからずあったのではないでしょうか。それは、同時に、割増賃金としてのコスト意識を低下させ、恒常的な長時間労働を招きやすいといった負の側面があり、このことから、差額が生じた場合に精算がされないなど、固定残業代制度自体がもたらす新たな未払いの問題を惹起させることにもつながりました。また、定額制度に甘え労働時間管理[207]が緩くなりがちであることから、WLBを困難なものとし、女性のキャリア形成・男性の家庭参加を阻む要因にもなり得ることも直

視する必要があります。これらの他、法的な視点からも、例えば月間80時間に迫る定額支払いの定めは、残業の抑制という本来の割増賃金の機能を失わせ、労基法等による労働時間規制の趣旨を没却するものであると同時に、過労死ラインを超える過剰な残業を助長することになり、安全配慮義務にも違反するとの指摘もあるところです。

A 一定の残業に対し最初から、つまり週40時間・1日8時間を超えた時点から、定額払いをするというのが固定残業代としての支払方法かと思いますが、そうではないのでしょうか。また、残業時間を削減する取組について固定残業代制度と絡めて、具体的に述べてください。

C まず、固定残業代の発想を、従来の考え方に捉われず、一定の残業時間数を超えた時点から定額で支払うこととします。一定の時点を45時間と設計し、そこに至るまでの間は、実際の時間外労働時間数に応じて支払います。これにより、本来の割増賃金の趣旨[208]を取り戻し、残業時間の厳正管理の下、時間外労働を抑制し、労働者への補償といったコスト面に対する認識を新たにします。そのうえ、残業削減のための対策として、次の二つの措置を導入します。一つは、①労働時間等設定改善法上、努力義務として定められている勤務間インターバル[209]、二つ目に、②新労基法39条7項による年次有給休暇5日の時季指定義務への対応としての計画的付与[210]です。次に、特別条項の発動月を、昨年までの残業データを基に、あらかじめ計画することとします。Y社

---

[207] 働き方改革関連法の一環として安衛法が改正され、事業者は、長時間労働者に対する医師の面接指導を適切に実施するために、全ての労働者について労働時間の状況を把握しなければならないとする旨の規定が設けられた（安衛法第66条の8の3）。労働時間の把握義務は、正確に賃金を計算し支払うという観点から、法的に使用者に義務付けられていたもの（労基法108条に基づく賃金台帳作成義務）であるが、これとは別に、労働者の健康保持の視点から労働時間の状況把握義務が規定されたことは、固定残業代を設定するうえでも留意すべきである。

[208] 医療法人社団康心会事件・最二小判平29.7.7は、労基法37条の趣旨について、「労働基準法37条が時間外労働等について割増賃金を支払うべきことを使用者に義務付けているのは、使用者に割増賃金を支払わせることによって、時間外労働等を抑制し、もって労働時間に関する同法の規定を遵守させるとともに、労働者への補償を行おうとする趣旨によるものであると解される」とし、割増賃金制度の趣旨が、①使用者に割増賃金を支払わせることにより、時間外労働等を抑制し、労基法の労働時間規制を遵守させること、②労働者への補償を行おうとすること、の二つにあることを明確にした。

人事部から提供された情報によれば、ＳＶの場合、繁忙月から順に、12月→1月→8月→7月→5月→4月の6回となり、これが回数の上限となります。無理なく新制度へ移行するとの観点から、特別条項を発動しない月に、前記の①を設計、②を協定で定め、非発動月の残業時間数をできるだけ少なくします。これにより、年間の時間外労働時間数の上限（720時間）に対し余裕を持たせ、特別条項を発動しない月数の確保として最低6回を確実なものとします。そのうえで、固定残業代については、特別条項を発動した月に限定して、すなわち月45時間を超える時点から定額支給することとし、これを二段階に分けます。

二段階とはどのような意味があるのですか。

イメージとしては、229頁の**表8**ですが、特別条項を発動する月であっても、45時間をさらに延長して労働させることができる時間について30時間（1か月計75時間）を超えないものと協定し、これを①45時間を超え60時間までに至る部分、②60時間を超え75時間までに至る部分とに分け、それぞれを定額で支給します。固定残業代の名称としては、①が第一特別条項手当、②は第二特別条項手当とすることが

---

209 労働時間等設定改善法は、労働時間等の設定の改善に向けた自主的な努力を促進するための措置等を定めているところ、改正により、「労働時間等の設定」の定義に「終業から始業までの時間」に関する事項を追加（1条の2第2項）した。「勤務間インターバル制度」とは、前日の終業時刻と翌日の始業時刻との間に一定時間の休息を確保する制度である。改正法2条1項は、事業主の責務として、「健康及び福祉を確保するために必要な終業から始業までの時間の設定」をするための措置を講ずることを努力義務として追加しており、労働者に対し確実に休息時間を取得させることで、睡眠時間及び生活時間を確保させ、労働者の健康保持につなげることが制度趣旨であると解される。この点、従来の限度基準告示においては、1日の時間外労働に関する基準は定められておらず、新労基法においても1日についての法律上の上限規制は存在しない。Y社ＳＶのように、深夜営業店舗を担当する労働者に対するインターバル（休息時間）の設定は、1日が24時間であることから、1日あたりの残業時間の上限を自主規制することと同様の効果が期待でき、法が定める1か月・1年あたりに上限規制を遵守するうえでも有効な手法となり得る。

210 新労基法は、年次有給休暇の付与日数が10日以上の労働者に対し、その5日分について、基準日から1年以内の期間に、労働者ごとに時季を指定して付与することを義務付け（39条7項）、この時季指定義務を罰則付き（120条1号）で定める。ただし、労働者が時季指定した場合（39条5項）または計画年休制度による付与がされた場合（39条6項）、それら日数分の時季指定義務はなくなる（39条8項）とする（平成31年4月1日施行）。

わかりやすいと思います。また、手当の額は、割増率が、将来的には、2倍となることから、単純に②は①の2倍の割増額となります。意味合いとしては、特別条項の発動により実態として長時間労働となった場合に、労働者に対する経済的な補償を段階的に強め、長時間労働を二段階で抑制すること、言い換えれば、使用者に、60時間を境に、さらなる経済的な負担をしてまでも、残業させる必要があるのか否かを再度検討させる点にあります。[211] また、割増率が2倍となる点は、今後の法改正も意識してのものです。中小事業主（Y社）については、労基法37条1項但書（1か月60時間を超える時間外労働に対する割増賃金の割増率5割以上）の適用が猶予されていたところ（旧労基法138条）、これが廃止され、令和5年4月1日からは割増率が引き上げられます。なお、36協定指針[212]は、特別条項を定めるにあたっての留意事項の一つとして、限度時間を超える時間に係る割増賃金の率を法37条1項に基づく政令[213]で定める率（2割5分）を超える率とするよう努めなければならないとしており、特別条項手当は①と②のいずれも15時間相当の額を定額で設定することにより指針の趣旨に合致するものとなります。最後に副次的な意味合いですが、特別条項手当を支給する回数は年間に6回が上限で、第一特別条項手当の支給回数をカウントすることで、36条5項違反を回避することができます。

もう少し具体的に数字を挙げて図解で説明してください。

再び、**表8**に戻ります。法定休日労働を可能とする36協定は締結せず、これにより、Y社は、法定休日労働を含めた時間管

---

211 この点、行政通達・平6.1.4基発1号は、時間外労働等に対する割増賃金の支払いは、労働者への補償の他、「使用者に対し、経済的負担を課すことによってこれらの労働を抑制することを目的とするものである」とする。

212 前掲・指針（脚注174）5条3項は、「労使当事者は、時間外・休日労働協定において限度時間を超えて労働時間を延長して労働させることができる時間に係る割増賃金の率を定めるに当たっては、当該割増賃金の率を、法第36条第1項の規定により延長した労働時間の労働について法第37条第1項の政令で定める率を超える率とするように努めなければならない」と定める。

213 労働基準法第37条第1項の時間外及び休日の割増賃金に係る率の最低限度を定める政令（平6.1.4政令5号）。

理の困難さから解放されます。つまり、時間外労働となる時間数のみ管理すればよいことになります。また、年間の上限規制に対しても、年6回の特別条項発動月の時間外労働を75時間以内で管理すれば、720時間の規制をクリアすることができます。特別条項手当の額ですが、N市担当ＳＶの賃金は、時間単価が1,965円であることから、第一特別条項手当の額は36,844円[214]、第二特別条項手当の額は44,213円[215]で、例えば100円未満を切り上げて、第一は36,900円、第二は44,300円（第一とあわせ合計81,200円）とすることが考えられます。

(表8)

休日労働	なし（必要な場合休日振替を活用）											
60時間超〜75時間以内 第二特別条項手当(50%増)	15時間	15時間		15時間	15時間				15時間	15時間		
45時間超〜60時間以内 第一特別条項手当(25%増)	15時間	15時間		15時間	15時間				15時間	15時間		
45時間以内の時間外労働 実時間外勤務手当(25%増)	45時間	45時間	45時間	45時間	45時間	45時間	45時間	45時間	45時間	45時間	45時間	45時間
対象期間	4月	5月	6月	7月	8月	9月	10月	11月	12月	1月	2月	3月
Check 1	45時間超の月数6回以内 （4月・5月・7月・8月・12月・1月）											
Check 2	時間外が限度時間を含め、1年「720時間を超えない範囲内」											
Check 3	時間外＋休日が単月100時間未満、 2〜6月平均80時間を超えない											

Ⓐ　Bさん、何かご意見はありますか。

Ⓑ　趣旨は理解できます。ただ、固定残業代として特別条項手当を支給することの必然性はないようにも思えます。45時間を超える時間外労働部分についても、実際の残業時間数に応じ支給することで構わないのではないでしょうか。

Ⓒ　特別条項手当は賃金コスト面から長時間労働を抑制しようとする趣旨にでたもので、副次的には、未払残業代の防止（特に5割増に係る部分）と特別条項の発動回数といった法令遵守の面から考案したものです。Y社SVの勤務実態として、月に70時間程の残業に加え休日出勤も間々あるということであれば、これらの対応としては効果的な措置と考えます。

Ⓑ　そうであれば、法定時間を超えた最初から、つまり45時間部分についても、固定残業代として現状の外勤手当を維持したうえ、先程の、勤務間インターバル、計画年休を導入することで何ら問題がないように思えます。なお、この場合、SVの外勤手当は、110,531円[216]、100円未満を切り上げれば110,600円となります。現状の外勤手当が69時間強で17万円であることから、第一特別条項手当とあわせれば、147,500円（110,600円＋36,900円）、60時間超えの5割増しで計算する第二特別条項手当とあわせれば、191,800円（110,600円＋36,900円＋44,300円）と現状の17万円を超え、経済的な側面からも、残業時間を60時間以内に抑制する効果が生まれます。

Ⓐ　おおよその議論は尽くされたようです。Y社には、45時間部分を、現状の外勤手当で定額支給するBさんの案（**表9**）と、実際の残業時間数に応じ支給するCさんの案（**表8**）の両案を提示しましょう。また、Bさん言及の、別途補填の件ですが、例えば、第二特別条項手当の支給回数が年6回を下回ることとなる場合、下回る回数に応

214　1,965円×15時間×1.25≒36,844円（円未満の端数は四捨五入）。
215　1,965円×15時間×1.5≒44,213円（円未満の端数は四捨五入）。
216　1,965円×45時間×1.25≒110,531円（円未満の端数は四捨五入）。

じ、別途臨時手当を支給することもあわせて提案することとしましょう。特別条項手当の規定例と36協定例も検討しておいてください。

また、今回は議論できませんでしたが、新労基法でフレックスタイム制の清算期間が最長3か月に延長されています。制度を適切に運用することでWLBに配慮するとともにメリハリの効いた労働時間の調整が可能となります。引き続き、Y社へのマネジメント研修を充実させ、働きがいのある職場づくりに向けて検討を重ねていきましょう。

(表9)

休日労働	なし（必要な場合休日振替を活用）											
60時間超～75時間以内	15時間	15時間		15時間	15時間				15時間	15時間		
第二特別条項手当(50%増)												
45時間超～60時間以内	15時間	15時間		15時間	15時間				15時間	15時間		
第一特別条項手当(25%増)												
45時間以内の時間外労働	45時間	45時間	45時間	45時間	45時間	45時間	45時間	45時間	45時間	45時間	45時間	45時間
外勤手当(25%増)												
対象期間	4月	5月	6月	7月	8月	9月	10月	11月	12月	1月	2月	3月
Check 1	45時間超の月数6回以内 （4月・5月・7月・8月・12月・1月）											
Check 2	時間外が限度時間を含め、1年「720時間を超えない範囲内」											
Check 3	時間外＋休日が単月100時間未満、 2～6月平均80時間を超えない											

（正社員賃金規程規定例）

【特別条項手当】

第○条　特別条項手当は、特別条項の発動回数を管理することで長時間労働を抑制し、また月に45時間を超える時間外労働に対する補償を段階的に強化することを目的に、月を単位とする定額の割増賃金の趣旨として支給する。

2　前項の手当の対象者は、スーパーバイザー（店舗運営管理業務従事者）のうち、「時間外労働・休日労働に関する協定」における特別条項の発令を受け、月に45時間を超える時間外労働を行った者とする。

3　第1項に定める手当は、第一特別条項手当と第二特別条項手当に区分して支給することとし、当該区分において対象となる時間外労働の範囲、適用される割増率及び割増賃金相当額は、次に定めるとおりとする。
　① 第一特別条項手当
　　　45時間を超え60時間以下　　割増率25％　　時間外労働15時間相当額
　② 第二特別条項手当
　　　60時間を超え75時間以下　　割増率50％　　時間外労働15時間相当額

4　前項に定める手当は月額として支給することとし、その額は個別に決定のうえ定める。

5　店舗運営上の臨時・突発的な対応の必要性から、第3項第2号に定める時間を超えて時間外労働を行わせた場合、50％の割増率で計算した割増賃金を追加して支払う。

6　第1項に定める手当の支給回数は、4月を起算月とする1年間に、6回を限度とする。

7　月の時間外労働時間数が45時間を超えない場合、実際の時間外労働時間数に応じて25％の割増率で計算した割増賃金を支給する。

(36協定届の記載例)〈様式9号の2、1枚目〉

様式第9号の2（第16条第1項関係）

時間外労働　に関する協定届
休日労働

事業の種類	事業の名称	事業の所在地（電話番号）	協定の有効期間
飲食業	Y株式会社 事業本部	（〒000－0000） ○○市○○町1-2-3 （電話番号：○○ － ○○○ － ○○○○）	2020年4月1日 から1年間

労働保険番号　12 1 12 123456 000 1234
法人番号　1234567890123

時間外労働	業務の種類	労働者数（満18歳以上の者）	所定労働時間（1日）（任意）	延長することができる時間数		
				1日	1箇月（①については45時間まで、②については42時間まで）	1年（①については360時間まで、②については320時間まで） 起算日（年月日）　2020年4月1日
				法定労働時間を超える時間数	所定労働時間を超える時間数（任意）	法定労働時間を超える時間数	所定労働時間を超える時間数（任意）
① 下記②に該当しない労働者	SV（店舗運営の管理・指導）	15人	8時間	4時間 法定外12時間	45時間	360時間
	（省略）					
	（省略）					
② 1年単位の変形労働時間制により労働する労働者	業務の集中（売上対策・トラブル対応）（省略）					

通常月の残業時間のコントロール　⇒　上限規制（繁忙月・臨時業務）への構え
①限度時間内年6回以上（6・9・10・11・2・3月＋アルファ）の確実
②年次有給休暇の取得促進（1日）時季指定
③11時間の勤務間インターバル制度
④1日10時間内労働目標（深夜労働ゼロ）
⑤所定休日の確保努力

休日労働	業務の種類	労働者数（満18歳以上の者）	所定休日（任意）	労働させることができる法定休日の日数	労働させることができる法定休日における始業及び終業の時間
	―				

週1日の休日の計画的確保

※上記で定める時間数にかかわらず、時間外労働及び休日労働を合算した時間数は、1箇月について100時間未満でなければならず、かつ2箇月から6箇月までを平均して80時間を超過しないこと。　☑（チェックボックスに要チェック）

労働保険番号・法人番号については、ほぼ同様です。

※限度時間を超えない場合の36協定届の様式（9号）は、協定・届出年月日、協定当事者の記名押印等の欄以外は、上記様式9号の2の1枚目とほぼ同様です。

(特別条項の記載例)〈様式9号の2、2枚目〉

様式第9号の2（第16条第1項関係）

時間外労働 に関する協定届（特別条項）
休日労働

業務の種類	労働者数（満18歳以上の者）	1日（任意）			1箇月（時間外労働及び休日労働を合算した時間数。100時間未満に限る。）				1年（時間外労働のみの時間数。720時間以内に限る。）			
		延長することができる時間数	法定労働時間を超える時間数	所定労働時間を超える時間数（任意）	延長することができる時間数及び休日労働の時間数	限度時間を超えて労働させることができる回数（6回以内に限る。）	延長することができる時間数及び休日労働の時間数 限度時間を超えた労働に係る割増賃金率	限度時間を超えた労働に係る割増賃金率（任意）	起算日（年月日）	2020年4月1日	延長することができる時間数 限度時間を超えた労働に係る割増賃金率	限度時間を超えて労働させることができる時間数 限度時間を超えた労働に係る割増賃金率
臨時的に限度時間を超えて労働させることができる場合												
シーズン繁忙期のイベント企画、大規模トラブル・クレーム対応、新規・改装オープンへの対応など予想を超える繁忙	SV	15人	6時間	法定外 14時間		75時間	6回	60時間以下 25% 60時間超 50%			720時間	25%

1日10時間労働、所定休日出勤 最大14時間(24時まで)

罰則付き上限規制のクリア手段（SV業務）

発動月の特定と優先順位付け 特別条項毎の発動回数管理

限度時間を超えて労働させる場合における手続	会社が下記の旨を対象労働者にあらかじめ予告する
	（具体的内容） 該当する番号（③、⑤、⑥、⑩）

限度時間を超えて労働させる労働者に対する健康及び福祉を確保するための措置

対象労働者の勤務状況及び健康状態に応じて健康診断の実施、週1日の休日確保、法定超割増手当支給の経済的負担による抑制、限度時間内労働（月11時間の勤務間インターバル、年次有給休暇の取得促進、時季指定、かつ2箇月から6箇月までを平均して80時間を超過しないこと。）
（チェックボックスに要チェック） ☑

上記で定める時間外労働及び休日労働を合算した時間数は、1箇月について100時間未満でなければならず、かつ2箇月から6箇月までを平均して80時間を超過しないこと。

協定の成立年月日 2020 年 3 月 5 日

協定の当事者である労働組合（事業場の労働者の過半数で組織する労働組合）の名称又は労働者の過半数を代表する者の 職名 SV担当
氏名 X1 ○○

協定の当事者（労働者の過半数を代表する者の場合）の選出方法（ 従業員の話合いによる選出 ）

2020 年 3 月 10 日

使用者 職名 事業本部長
氏名 ○○ ○○

○○○中央 労働基準監督署長殿

4 総括

　働き方改革関連法は、「長時間労働の是正」を主たる内容として定めました。その背景として、少子高齢化の進展・生産年齢人口の減少・生産性向上の低迷といった国としての課題がある一方、働く側の課題としては、過重労働に伴う健康障害、少子化、女性のキャリア形成及び男性の家庭参加の阻害等WLBの困難化といった点が指摘されています。上記カンファレンスは、労基法改正により時間外労働等の上限が法文上明記され、このことと一定の時間外労働等の時間数を見込んだ固定残業代の実務上の妥当性について議論したものです。36協定で定める時間外労働時間に関する旧告示の限度基準は強行的効力を持つものではなかったことから、必ずしも同基準を超える時間数を想定した固定残業代を合意しても、その効力は否定されるものではないとの議論が優勢であったように思えます。これに対し、時間外労働等の上限が法文上の定めとして規制され、強行的効力を持つものと解されることから、上限規制を超える時間を予定した固定残業代の効力は否定されるとする立場が今後においては主流になると考えられます。上記カンファレンスは実務的な視点から、上限規制と絡め固定残業代を企業が設定する場合の留意点について議論したものです。次頁に整理した**表10**を掲示します。

(表10)

休日労働	なし（必要な場合休日振替を活用）	
60時間超～75時間以内の時間外労働「第二特別条項手当」 割増率50%		15時間 44,300円
45時間超～60時間以内の時間外労働「第一特別条項手当」 割増率25%		15時間 36,900円
45時間以内の時間外労働「外勤手当」or 実時間による支給 割増率25% 勤務間インターバル、年休計画付与により45時間を超えないよう努力	45時間 110,600円 or 実際の残業時間に応じ支給	
対象期間（1年間）	特別条項非発動月	特別条項発動月

第10章

メンタルヘルス不調 その1

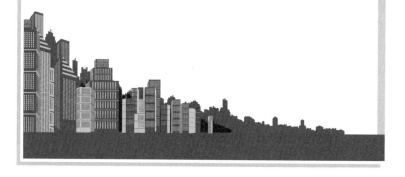

はじめに

メンタルヘルス不調の原因は様々ですが、初期の段階において、本人のみならず上司及び同僚が不調のサインに気づき、必要に応じて治療を勧めることが必要です。

この章では、メンタルヘルス不調の考え方とともに不調のサインとなる言動を理解することで、早期の対策につながることを目標にしています。

1 総論

「働き方改革実行計画」では、「労働者が健康に働くための職場環境の整備に必要なことは、労働時間管理の厳格化だけではない」とし、メンタルヘルス対策を重要視しています。

平成29年「労働安全衛生調査(実態調査)」(厚生労働省)の概況によると、現在の仕事や職業生活に関することで、強いストレスとなっていると感じる事柄がある労働者の割合は58.3％(平成28年調査59.5％)となっていて、依然として半数を超えています。

その主な内訳をみると、「仕事の質・量」が62.6％(同53.8％)と最も多く、次いで「仕事の失敗、責任の発生等」が34.8％(同38.5％)、「対人関係(セクハラ・パワハラを含む)」が30.6％(同30.5％)となっています。

このような状況において、うつ病等の精神疾患を発症し自殺するケースが増加し、企業側の安全配慮義務(労契法5条)違反が問われています。

2 ケーススタディ

[**真面目で有望な社員が、部下のミスをきっかけとしてメンタルヘルス不調になった初期のケース**]

　Y社は、自動車部品製造業を営み、現在の従業員は53名。

　勤続年数が7年になるXは、最近元気がなく、いつもと違う様子で勤務中集中力を欠き単純なミスが多くなった。また、遅刻も多くなり、最初は遅刻の連絡があったがこの頃は連絡もなくなり無断欠勤をするようになった。以前は、責任感が非常に強く生真面目で熱心に仕事を完璧にこなしていた。仕事面では主任から係長に昇進し、生活面では昨年に結婚したことでXは一層頑張ると言っていた。

　係長になってから、部下のミスで不良品をだしてしまい、すぐに対応はできたが、その後は「周囲に迷惑をかけている」とか「自分はダメな人間だ、何をしても失敗する」と言っていた。Y社は、そのようなXを心配して社会保険労務士に相談した。

3 ケーススタディを理解するために

　労働者の心の健康の保持増進のための指針[217]では、メンタルヘルス不調を、「精神および行動の障害に分類される精神障害や自殺のみならず、ストレスや強い悩み、不安など、労働者の心身の健康、社会生活および生活の質に影響を与える可能性のある精神的および行動上の問題を幅広く含む」と定義しています。

---

[217]　平18.3.31健康保持増進のための指針公示3号、改正：平27.11.30健康保持増進のための指針公示6号。

予防医学は三つの段階があります。メンタルヘルス不調対策では、「一次予防」としてメンタルヘルス不調を未然に防止し、「二次予防」としてメンタルヘルス不調を早期に発見して適切に対応し、「三次予防」としてメンタルヘルス不調になった者の職場復帰支援に加え再発防止対策をとることが重要です。

　そのために、メンタルヘルスケアの推進として、①セルフケア（労働者自身がストレスや心の健康について理解し、自らのストレスを予防、軽減、対処する）、②ラインによるケア（労働者と日常的に接する管理監督者が、心の健康に関して職場環境などの改善や労働者に対する相談対応を行う）、③事業場内産業保健スタッフ等によるケア（事業場内の産業医、衛生管理者、保健師、人事労務管理スタッフ等が健康づくり対策の提言を行うとともに、その推進を担い、また労働者及び管理監督者を支援する）、④事業場外資源によるケア（事業場外の医療機関、地域産業保健センター等を活用し、その支援を受ける）、の四つのケアが継続的かつ計画的に行われることが重要です。[218]

　このケースにおいて、論点とするところは、以下の6点です。
（Ⅰ）メンタルヘルス不調の症状であるのか
（Ⅱ）仮に（Ⅰ）に該当するとして、対応は適切であったのか
（Ⅲ）仮に（Ⅰ）に該当するとして、原因は業務上か否か
（Ⅳ）勤務不良が懲戒処分の対象となるか
（Ⅴ）Ｙ社の注意義務の範囲はどこまでか
（Ⅵ）Ｙ社は、今後の対応をどうすればいいか

---

[218] 大阪商工会議所編『メンタルヘルス・マネジメント検定試験公式テキストⅠ種マスターコース 第4版』（中央経済社）55頁。

4 カンファレンス

ア．メンタルヘルス不調の症状であるのか

A まず、Xの症状はどんな具合ですか。

B Xの発言の内容として、「気分が落ち込む」「毎日が憂うつ」「最近楽しめない」「何となく不安」「眠れない」「夜中に目が覚め朝まで」「身体がだるい」等があります。また、勤務状況として、「以前に比べて遅刻が多くなった」「仕事の能率が悪くなった」「ミスが目立ってきた」「無断欠勤するようになった」「服装が乱れてきた」「挨拶しても返事がなくなった」等です。

C Xの症状は、まさにメンタルヘルス不調時にあらわれる症状です。

イ．対応は適切であったのか

A Y社では、Xの症状に上司Jが気づき、X本人から聞き取りをしたうえで、社長に報告をしていますね。Jの対応は、Y社が管理監督者に対して行っているメンタルヘルス不調に関する教育の一環である「ラインによるケア」の成果であり、またJが自分で問題を抱え込まず、社長に報告したこと等、Y社及びJの対応は適切ですね。

ウ．原因は業務上か否か

A Xのメンタルヘルス不調の原因が業務上か否か検討していきましょう。まず、メンタルヘルス不調の主な原因とされる過重労働（仕事の量・質）の有無、ハラスメントの有無、仕事上のトラブルの有無、について事実確認をしましょう。

B 過重労働については、過去1年間の残業時間、深夜労働時間及び休日出勤について確認しました。当事務所は、Y社の給与

計算を受託しているので賃金関係の資料から確認したところ、残業時間は1か月42時間以内であり、時間外・休日労働協定（36協定）の範囲内でした。また、配置転換等の人事異動の報告を受けていないので、慣れない新しい業務内容等のストレスはなく、過重労働はないと判断します。

Ⓒ ハラスメントについては、「ハラスメント相談窓口」に相談はなく、職場の雰囲気はよく、コミュニケーションも十分に図られ、社員間でのトラブル、ハラスメントもないようです。仕事上のトラブルについては、Xの部下のミスによるトラブルがありました。Y社としては軽微なトラブルと認識していましたが、Xは非常に落ち込んでいました。

Ⓐ Y社の業務上の負荷は軽く、業務がメンタルヘルス不調の原因とは判断できないですね。なお今後、治療を受けるようになれば、主治医の意見は重要な判断材料となるでしょう。

エ．勤務不良が懲戒処分の対象となるか

Ⓐ 懲戒処分に関しては、労契法15条に、「当該懲戒が、当該懲戒に係る労働者の行為の性質及び態様その他の事情に照らして、客観的に合理的な理由を欠き、社会通念上相当であると認められない場合は、その権利を濫用したものとして、当該懲戒は、無効とする」と規定されています。また、Y社の就業規則には、懲戒の理由となる事由・種類・程度が規定され、従業員に周知されています。Xの「勤務中集中力を欠き、また遅刻も多い」「この頃は無断欠勤をする」行為が懲戒事由に該当するか否か検討します。

Ⓑ 私は、Xの当該行為は服務規律違反になり、就業規則に基づく懲戒事由に該当すると思います。なお、当該行為について、その頻度、Y社の注意や指導の有無、その記録の有無、本人の自覚の有無等の確認は必要です。

Ⓒ もし、Xが治療の必要な状態であれば、会社に連絡できる心の状態ではなかったとして無断欠勤扱いにしないようにする必要がありますし、また、懲戒事由にも該当しません。

オ．注意義務の範囲はどこまでか

A 労契法5条に、「使用者は、労働契約に伴い、労働者がその生命、身体等の安全を確保しつつ労働することができるよう、必要な配慮をするものとする」と規定されていることからも、会社には注意義務があり、健康配慮義務がありますが、この点についてどう考えますか。

B 労働者が、メンタルヘルス不調に関する情報を申告しなかったことをもって、会社側の過失相殺をすることはできないという判例[219]があります。このことから、会社は労働者に対して積極的に情報収集を行い、必要に応じて業務を軽減するなどの心身の健康への配慮が必要です。また、自殺念慮の言動から自殺リスクを把握せずに自殺者がでた場合には、安全配慮義務違反に問われる場合もあります。

カ．今後の対応をどうすればいいか

A 今後の対応としては、メンタルヘルス不調と思われるので、まず病院に行くことを勧めてはどうでしょうか。そのうえで、医師の診断書の提出を求めるとともに、年次有給休暇、傷病手当金、休職制度等の説明をして、Xが安心して療養に専念できる環境をつくることが大切ですね。

B Xは、何事に付けても完璧主義であり、自分で抱え込むことが多いようです。職場では、期待される社員像のモデルになっていて、会社にとっても欠かせない人材です。メンタルヘルス不調は初期対応が重要と言われているので、十分静養して復帰していただきたいと思います。

C メンタルヘルス不調の原因が業務ではなく、個人の性格、認知の方法が大きくかかわっているかもしれませんね。

A このケースでは、本人の言動の変化や不調のきっかけとなった出来事を、本人の気づきがなくても同僚や上司が気づいたことで、早めの対応ができたと言えますね。上司が部下のメンタルヘルス

---

[219] 東芝（うつ病・解雇）事件・最二小判平26.3.24

不調に気づくには、「職場の平均的な姿からのズレ」と「本人の通常の行動様式からのズレ」に注目することが大事で、特に「いつもと違う様子」がみられたときは注意しないといけませんね。また、昇進と結婚は本人にとってよい出来事のようにみえますが、「昇進うつ」や「結婚うつ」になる場合もあるようなので、評価は難しいですね。

5 総括

　メンタルヘルスケアの具体的な進め方として、①メンタルヘルスケアを推進するための教育研修・情報提供、②職場環境等の把握と改善、③メンタルヘルス不調への気づきと対応、④職場復帰における支援、の取組を積極的に推進することが効果的です。また、メンタルヘルスケアの推進にあたり個人情報の保護への配慮が必要です。

　Y社は常時使用する労働者数が53名であることから、衛生委員会を設けなければなりません。[220]そして、メンタルヘルスケアの推進には、労働者、使用者、産業医、衛生管理者などで構成される衛生委員会を活用することが効果的です。

　安衛則22条において、衛生委員会の付議事項として「労働者の精神的健康の保持増進を図るための対策の樹立に関すること」が規定されています。これには、安衛法66条の10の規定に基づくストレスチェック制度に関する事項が含まれています。

　労働者のメンタルヘルス不調の新しい一次予防対策として「健康いきいき職場」づくりが始まっています。これにより、仕事の負担の軽減や仕事の資源（作業レベル、部署レベル、事業所レベル）が個人と組織の活性化プロセスにつながり、企業・組織の生産性、企業価値の向上や持続的発展へ寄与することが期待されています。[221]

---

[220] 安衛法18条、安衛令9条。なお、業種的には安全委員会（安衛法17条）または安全衛生委員会（安衛法19条）を設けなければならない。
[221] さくらざわ博文『もう職場から"うつ"を出さない！』（企業通信社）97頁以下。

第11章

メンタルヘルス不調 その2

はじめに

メンタルヘルス不調により休業した労働者の職場復帰は、身体の負傷の場合とは違った困難さがあります。まず、その違いを理解し、職場復帰支援の流れや方法を理解するため、この章では、うつ病による休職から復帰するケースを取り上げ、職場復帰支援に係る諸問題を検討します。

1 総論

「働き方改革実行計画」では、「過労死等防止対策推進法に基づく大綱においてメンタルヘルス対策等の新たな目標を掲げることを検討する」としています。そして、「過労死等」の定義が、わが国の法律[222]で初めて以下の通り規定されました。

(Ⅰ)業務における過重な負荷による脳血管疾患・心臓疾患を原因とする死亡

(Ⅱ)業務における強い心理的負荷による精神障害を原因とする自殺による死亡

(Ⅲ)死亡には至らないが、これらの脳血管疾患・心臓疾患、精神障害

一方、平成29年度にうつ病などの精神疾患を発症し、労災申請した件数は1,732件（前年度比146件の増）、労災支給決定件数は506件（前年度比8件の増）であったことが厚生労働省のまとめ[223]でわかり、職場の環境改善が必要なことが改めて認識されました。

過労死がなく、仕事と生活を調和させ、健康で充実して働き続けることができる社会の実現に向けて対策を推進することが必要です。

---

222 過労死等防止対策推進法2条。
223 平成29年度「過労死等の労災補償状況」。

2 ケーススタディ

[うつ病による休職からの職場復帰のケース]

　正社員250名、派遣社員50名のIT関連業務のY社に勤務するXは、現在うつ病のため休職中である。Xの休職期間満了日が迫ってきたので、Y社はXに復職の意思を確認したところ、Xは体調もだいぶよくなってきているので復職したいとのことであったため、Y社は職場復帰について社会保険労務士に相談した。

　Y社は、仕事柄、長時間労働者が多く、うつ病等のメンタルヘルス不調者が数名いる。そこで、人事部長Jはメンタルヘルスマネジメントを学ぶ必要があると考え、産業カウンセラーやキャリアコンサルタントの資格を取得した。また、Y社は、衛生委員会で過重労働、メンタルヘルス不調を議題にしているように、「心の健康」については社長の方針の下、しっかりと対策をとっている。

3 ケーススタディを理解するために

　職場復帰支援の基本的な流れを確認します。厚生労働省の「心の健康問題により休業した労働者の職場復帰支援の手引き」(以下、「職場復帰支援の手引き」と言う)では次の五つのステップが示されています
　第1ステップ　病気休業開始及び休業中のケア
　第2ステップ　主治医による職場復帰可能の判断
　第3ステップ　職場復帰の可否の判断及び職場復帰支援プランの作成
　第4ステップ　最終的な職場復帰の決定
　第5ステップ　職場復帰後のフォローアップ

そして、これらステップを踏むことは、会社にとって安全配慮義務を履行したと評価される根拠の一つになると考えます。

各会社で「職場復帰支援の手引き」を参考にして、独自の職場復帰支援プログラムを作成し、規程として整備することが重要です。

このケースが論点としているところは、以下の4点です。

Ⅰ）休職について
Ⅱ）復職について
Ⅲ）リハビリ出社について
Ⅳ）Ｙ社は、今後の対応をどうすればいいか

4 カンファレンス

ア．休職

休職とは、労働者を就労させることが適切でない場合に、労働契約そのものは維持しながら、就労を一時禁止または免除することです。

休職については法律上の規定はなく、休職制度は労基法89条により就業規則の任意的記載事項とされていて、会社が休職制度を設けるか否かは自由であり、休職事由、休職の効果等は強行法規に抵触しない限り自由に規定できます。それでは、Ｂさん、Ｙ社の就業規則を確認してください。

Ｙ社の就業規則には、傷病休職について次のように規定されています。

> 第○条　従業員が次の各号の一に該当した場合は休職を命じることができる。
> 　1）私傷病により欠勤が3か月を超えるとき
> 　　　　　　　　　　︙
> 第○条　休職期間は次のとおりである。
> 　1）前条第1号の場合　3か月

労契法7条には、「使用者が合理的な労働条件が定められている就業規則を労働者に周知させていた場合には、労働契約の内容は、その就業規則で定める労働条件によるものとする」と規定されています。
　休職は、解雇猶予措置としての性格を持ち、Y社の休職期間も3か月と治療のためには妥当な期間と判断できることから、Y社の休職に関する規定は合理性があります。

> A　Y社は、当該規定に基づきXに対して休職を命じたのですね。
　休職命令権は、就業規則の休職規定に基づく使用者の一方的意思表示によって行使される権利（形成権）であり、休職命令権を行使して一方的に休職を発令するため、その要件が問題になる場合があります。Xの状況について確認しましょう。

> C　Xの病名は、提出された診断書からうつ病と確認済みです。
　そして、Xはうつ病のため欠勤が3か月を超えました。そのことから、「私傷病により欠勤が3か月を超えるとき」の休職事由に該当したため要件を満たしています。
　なお、労働者を退職に追い込むような不当な動機や目的による休職命令は無効ですが、今回のケースでは該当しないことを確認しています。
　「裁判所は、これら休職制度を、その目的、機能、合理性、労働者が受ける不利益の内容等を勘案して、就業規則の合理的解釈という手法で法規制している」[224]ので、運用には十分な注意が必要です。

イ．復職

> A　傷病休職は、休職期間中に治癒すれば復職となりますが、休職期間が終了し復職できない場合は自然退職（自動退職）となります。そこで、復職の要件である「治癒」について検討していきましょう。なお、自然退職となった場合には、解雇権濫用法理の規制に服しません。

> B　「治癒」とは、単に「出社できる」「軽作業ができる」の意味ではなく、休職以前に従事していた職務を支障なく遂行できる健康状態、つまり、債務の本旨に従った労働契約の履行ができるまでに

224　前掲書（脚注155）698頁。

回復した状態です。

C 　原則はその通りかと思いますが、職種が限定されていない労働者については、休職期間満了時に上記の状態に該当していなくても、現実に配置可能な業務があればその業務に配置することが必要です。

A 　裁判所の判断傾向、労契法5条（安全への配慮）、障害者雇用促進法改正、ストレスチェック制度新設などから、復職の際には段階的に元の業務に復帰させていく配慮が必要ですね。

次に、今回のメンタルヘルス不調による休職が、私傷病つまり業務外の傷病による休職であり、業務上の傷病による休業ではないことを確認しましょう。業務上の傷病による休業の場合は、労基法19条1項による解雇制限があります。

精神障害の業務上の認定のため、これまで「判断指針」[225]を経て現在の「認定基準」[226]が発出され、そこでは、「精神障害が生じるかどうかは環境由来の心理的負荷（ストレス）と個体側の反応性・脆弱性との関係で決まり、ストレスが非常に強ければ個体側の脆弱性が小さくても精神障害が起きるし、逆に脆弱性が大きければストレスが小さくても精神障害が生じる」という「ストレス─脆弱性」理論に依拠して判断基準を示しています。

B 　そして、精神障害の業務起因性の認定要件としては、「①当該精神疾患が業務との関連で発病する可能性のある一定の精神疾患（対象疾病）にあたること、②発病前のおおむね6か月間に業務による強い心理的負荷が認められること、③業務以外の心理的負荷及び個体的要因により発病したと認められないこと」を掲げています。

私は、今回のケースは②に該当しないことから、業務外と判断しました。

A 　復職の手順、リハビリ出社及び休職期間満了時の取扱いについて、「職場復帰支援の手引き」、就業規則の規定や判例につい

---

[225] 「心理的負荷による精神障害等に係る業務上外の判断指針について」（平11.9.14基発544号、改正：平21.4.6基発0406001号）。
[226] 「心理的負荷による精神障害の認定基準について」（平23.12.26基発1226第1号）。

て確認をしましょう。

なお、第2ステップの主治医による職場復帰可能の判断については、就労可能な診断書の提出を求めましょう。

ウ．リハビリ出社

A リハビリ出社に関して、「職場復帰支援の手引き」には「試し出勤制度」がありますが、法律上の制度ではなく、会社の就業規則にも規定はありませんので、導入・実施する義務はありません。

B リハビリ出社については、休職期間中になされたリハビリ出社の開始が復職に該当するか否かが問われた裁判例[227]があり、また、リハビリ出社中に症状が悪化した場合の会社の安全配慮義務違反による損害賠償責任の有無、リハビリ出社中の賃金支払義務の有無、通勤途中や作業中に起きた災害の補償等の課題があります。

C 確かに、Y社の業種、規模等ではリハビリ出社の導入は困難かもしれませんが、メンタルヘルス不調者には職場復帰支援（リワーク支援）が重要ですので、外部の支援サービス[228]の活用を検討しましょう。

エ．今後の対応をどうすればよいか

A 主治医と産業医の関連についても確認しておきます。

まず、「職場復帰支援の手引き」の第2ステップにおいて、「産業医等による精査」により就業上の配慮義務の確認も必要とされています。

次に、第3ステップにおいて、「産業医等による主治医からの意見収集」と「職場復帰支援プランの作成の段階」では「産業医等による医学的見地からみた意見（安全配慮義務に関する助言等）」を反映することも重要視されています。

---

227 西濃シェンカー事件・東京地判平22.3.18。
228 地域産業保健センター、地域障害者職業センター等。
229 日本通運事件・東京地判平23.2.25。

Ⓑ 復職の判定に関して重要な「治癒」の判断に対して、主治医と産業医の意見が相違した場合の裁判例[229]では、労働者から提出された復職可能である旨を記した診断書の信用性に会社が抱いた疑問は合理的なものであるとして、復職可能状態にあるとは認めず、会社による同人の退職扱いを適法としました。

Ⓒ 最後に、労働者の健康情報は特に機微な個人情報であり、労働者のプライバシーにかかわるものなので、健康情報の漏洩の防止措置を講じるなど保護が必要です。

5 総括

メンタルヘルス不調対策では、「一次予防」としてメンタルヘルス不調を未然に防止し、「二次予防」としてメンタルヘルス不調を早期に発見して適切に対応し、「三次予防」としてメンタルヘルス不調になった者の職場復帰支援に加え、再発防止対策をとることが重要です。

Y社では、経営者がメンタルヘルスに対して非常に関心が強く、組織的な対応もできています。また、ラインによるケアを推進する担当者も積極的にメンタルヘルス不調について学び、対応しています。それでも不調者が絶えないのは、メンタルヘルス不調の対応の困難さをあらわしています。

社会保険労務士は、会社・組織に対して①休職、職場復帰に関する就業規則の整備、②衛生委員会の活用、③メンタルヘルス教育等を提案し、実践していきます。

第12章

ストレスチェック

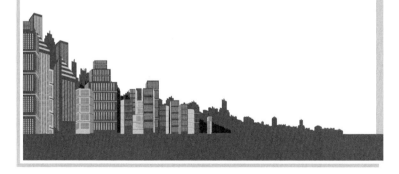

はじめに

メンタルヘルス不調を予防するにはストレスチェック制度の理解が有効です。この章では、ストレスチェック制度の理解を深めるとともに、いわゆる新型うつ傾向の社員への対応についてもケースを通して検討します。

1 総論

「働き方改革実行計画」では、メンタルヘルス対策を重要視しています。

仕事による強いストレスが原因で精神障害を発病し、労災認定される労働者が、平成18年度以降も増加傾向にあり、労働者のメンタルヘルス不調を未然に防止することが益々重要な課題となっています。

そこで、メンタルヘルス対策として、ストレスチェック制度が創設されました。

ストレスチェック制度は、労働者の心理的な負担の程度を把握するための検査及びその結果に基づく面接指導の実施等を内容とした制度で、安衛法66条の10が新設され、平成27年12月1日に施行されました。

ストレスチェック制度の主な目的は、労働者のストレスの程度を把握し、労働者自身のストレスへの気づきを促すとともに、職場改善につなげ、働きやすい職場づくりを進めることによって、労働者がメンタルヘルス不調となることを未然に防止すること（「一次予防」）です。[230]

また、ストレスチェック制度を、メンタルヘルス指針に基づき「二次予防」及び「三次予防」も含めた労働者のメンタルヘルスケアの総合的な取組

---

[230] 「労働安全衛生法に基づくストレスチェック制度実施マニュアル」（平成27年5月、改訂平成28年4月、厚生労働省労働基準局安全衛生部労働衛生課産業保健支援室）

の中に本制度を位置付け、従業員のストレス状況の改善及び働きやすい職場の実現を通じて生産性の向上にもつながるものであることに留意し、事業経営の一環として、積極的に本制度の活用を進めていくことが望ましいとされています。

ケーススタディ

[高ストレス者の面接指導後における事後措置の実施について]

　正社員150名、パート35名、派遣社員が30名の精密機械器具製造業であるY社は、平成28年8月にストレスチェックを実施し、2年後の平成30年8月に3回目のストレスチェックを実施した。3回目の実施となり従業員もストレスチェックに慣れてきたようだった。
　高ストレス者（Xを含む7名）から医師との面接指導の申出があり実施した。その後、Y社は、医師からX（28歳）の健康を保持するために必要な措置について意見聴取したところ、「作業の転換または労働時間の短縮」を講じることが望ましいとのことだったため対応に困り社会保険労務士に相談した。なお、他の6名は通常勤務が可能だった。
　早速、Y社のJ人事部長からXについて聞き取りをした。
　Ⅰ）Xは自己中心的で、社会性が乏しいのかなと思わせる言動が多い。
　Ⅱ）常々「もっと楽な仕事の作業場に異動したいなぁ」と言っている。
　J人事部長は、「まさか、Xがストレスを感じているとは思わなかった。むしろ、周りの者がストレスに感じていて、『Xを何とかしてほしい』と言われている」と困惑している。

3 ケーススタディを理解するために

(1) ストレスチェック制度の手順
　ストレスチェック制度の手順は次の通りです。
 (Ⅰ)基本方針の表明
 (Ⅱ)ストレスチェック及び面接指導
　　Ⅰ）ストレスチェック制度実施規程の整備
　　Ⅱ）ストレスチェックの実施
　　Ⅲ）実施機関から結果を直接本人に通知
　　Ⅳ）高ストレス者から医師による面接指導の申出があった場合は実施
　　Ⅴ）会社は、上記医師から就業上の措置に関する意見を聴取
　　Ⅵ）会社は、医師の意見を勘案し、必要に応じて適切な措置を講ずる
 (Ⅲ)集団ごとの集計・分析（努力義務）
　　Ⅰ）ストレスチェック結果を一定規模の集団ごとに集計・分析
　　Ⅱ）集計・分析の結果を勘案し、必要に応じて適切な措置を講ずる

(2) ストレスチェックの実施方法等
　ストレスチェックの実施方法等については次の通りです。
 (Ⅰ)ストレスチェックの定義
　調査票を用いて次の三つの領域に関する項目を検査
　　Ⅰ）ストレス要因（心理的な負担の原因に関する項目）
　　Ⅱ）ストレス反応（心理的な負担による心身の自覚症状に関する項目）
　　Ⅲ）周囲のサポート（支援に関する項目）
 (Ⅱ)ストレスチェックの調査票は「職業性ストレス簡易調査票」が望ましい
 (Ⅲ)ストレスチェック結果の方法は実施者が直接受検者に通知

　このケースが論点としているところは、以下の4点です。
①ストレスチェック制度の法的視点について
②衛生委員会（安全衛生委員会）の調査審議について

③不利益な取扱いについて
④Y社は、今後の対応をどうすればいいか

4 カンファレンス

ア．ストレスチェック制度の法的視点

　　安全配慮義務の視点からは、ストレスチェック制度によって医師の面談指導を実施された労働者については、必要に応じて就業場所の変更・作業転換・労働時間の短縮・深夜業の削減等の業務軽減措置の義務の履行が求められ（安衛法66条の10第6項）、これが労働契約上の安全配慮義務の内容を規律する基準となります（基準説）。企業としては、医学的知見、メンタルヘルス・マネジメントの知見を踏まえて、安全衛生委員会等の機関で具体的基準を策定するとともに、管理職を含む職場全体に周知させる体制を整備し、安全配慮義務を履行する必要があるとされています。[231]

　Y社は、労働契約上の安全配慮義務として、安全衛生委員会でXに対する措置を検討する必要があります。

　なお、ストレスチェックの結果は労働者の同意がない限り会社はその内容を知ることができません。そのため、高ストレス状態であっても会社はそれに対応した就業措置等を講じることはできませんが、その点においては危険予知義務がなく安全配慮義務違反の過失責任を負いません。

　ただし、ストレスチェック以外に、過重労働防止のための労働時間管理やラインによるケア等を通じて労働者の不調を知ることができた場合には、それをもって安全配慮義務違反とされる可能性があるため十分な注意が必要です。

---

[231] 前掲書（脚注55）530頁。

Ｂ　Ｙ社の業種及び規模から、安衛法上、①安全管理者の選任（11条）、②衛生管理者の選任（12条）、③産業医の選任（13条）、④安全衛生委員会の設置（19条）、⑤定期健康診断結果の報告（安衛則52条）が必要です。

　そして、⑥ストレスチェックを実施し（安衛法66条の10）、その結果を報告しなければなりません（安衛則52条の21）。

　なお、ストレスチェックの対象となる「常時使用する労働者」は、次のいずれの要件をも満たす者をいい、一般定期健康診断の対象者と同様です。

　⒤期間の定めのない労働契約により使用される者、または、有期契約労働者のうち、契約期間が１年以上である者（契約更新により１年以上使用されることが予定されている者、１年以上引き続き使用されている者を含む）

　(Ⅱ)１週間の所定労働時間数が正規社員の４分の３以上である者

　また、ストレスチェックの実施時期に休職している労働者については実施しなくても差し支えありません。

　Ｙ社のパートは１年間の有期契約労働者であるため、35名のうち１週間の所定労働時間が30時間以上の30名がストレスチェックの対象です。

　Ｃ　派遣社員に対するストレスチェック及び面接指導については、派遣元会社が実施することとされています。

　一方、努力義務となっている集団ごとの集計・分析については、職場単位で実施することが重要であることから、Ｙ社においては派遣社員も対象者として、派遣社員も含めた一定規模の集団ごとにストレスチェック結果を集計・分析するとともに、その結果に基づく措置を実施しました。

　ただし、「実際は、勤務形態や役職・職種の違いや、将来的に人材育成など人事労務施策に反映させることも考慮すると、派遣労働者でない労働者を対象にした集計・分析のほうが企業でのニーズは高い場合が多いようです」[232]との指摘もあります。

---

[232]　ストレスチェック実務Ｑ＆Ａ編集委員会編『嘱託産業医のためのストレスチェック実務Ｑ＆Ａ』（産業医学振興財団）28頁。

イ．衛生委員会（安全衛生委員会）の調査審議とは

A ストレスチェック指針[233]では、「事業の実施を統括管理する者、労働者、産業医及び衛生管理者等で構成される衛生委員会等において、ストレスチェック制度の実施方法及び実施状況並びにそれを踏まえた実施方法の改善等について調査審議を行わせることが必要である」として衛生委員会等（安全衛生委員会等）を重視しています。

B 衛生委員会等において調査審議すべき事項としては、①制度の目的に係る周知方法、②制度の実施体制、③制度の実施方法、④結果に基づく集団ごとの集計・分析の方法、⑤受検の有無の情報の取扱い、⑥結果の記録の保存方法、⑦ストレスチェック、面接指導及び集団ごとの集計・分析に関する(I)結果の利用目的及び利用方法、(II)情報の開示、訂正、追加及び削除の方法、(III)情報の取扱いに関する苦情の処理方法、⑧労働者がストレスチェックを受けないことを選択できること、⑨労働者に対する不利益な取扱いの防止、です。

C Y社では、安全衛生委員会で上記の事項を調査審議し、議事録にも記載記録していることから、実施方法等について問題はありません。

ウ．不利益な取扱いとは

A 不利益な取扱いの防止として、指針で禁止している事項を確認します。法の規定により禁止されているのは、①面接指導の申出をしたことを理由とした、②ストレスチェック結果のみを理由とした、不利益な取扱いです。[234]

B 一般的に合理的なものとは言えないため禁止されているのは、①労働者が受検しないこと、②ストレスチェック結果を事業者

---

[233] 心理的な負担の程度を把握するための検査及び面接指導の実施並びに面接指導結果に基づき事業者が講ずべき措置に関する指針（平27.4.15心理的な負担の程度を把握するための検査等指針公示1号、改正：平30.8.22心理的な負担の程度を把握するための検査等指針公示3号）。

[234] 安衛法66条の10第3項。

に提供することに同意しないこと、③面接指導の要件を満たしているにもかかわらず、面接指導の申出を行わないこと、に該当することを理由とした不利益な取扱いです。

C 面接指導結果に基づく措置の実施にあたり、①医師による面接指導または必要な措置について医師の意見を聴取すること等の法令上求められる手順に従わず、②医師の意見とはその内容・程度が著しく異なる等医師の意見を勘案し必要と認められる範囲内となっていないものまたは労働者の実情が考慮されていないもの等の法令上求められる要件を満たさない内容の、不利益な取扱いをすることは禁止されています。

また、③面接指導の結果を理由として行う、(Ⅰ)解雇、(Ⅱ)雇止め、(Ⅲ)退職勧奨、(Ⅳ)不当な動機・目的をもってなされたと判断されるような配置転換または職位（役職）の変更命令、(Ⅴ)その他の労契法等の労働関係法令に違反する措置を講じることは不利益な取扱いとして禁止されています。

エ．Y社は、今後の対応をどうすればいいか

A まず、面接指導の結果についての医師からの意見の聴取としてストレスチェック指針によると、「面接指導実施後遅滞なく、就業上の措置の必要性の有無及び講ずべき措置の内容その他の必要な措置に関する意見を聴くものとする。具体的には、次に掲げる事項を含むものとする」とされています。

ア　下表に基づく就業区分及びその内容に関する医師の判断

就業区分		就業上の措置の内容
区　分	内　容	
通常勤務	通常の勤務でよいもの	
就業制限	勤務に制限を加える必要のあるもの	メンタルヘルス不調を未然に防止するため、労働時間の短縮、出張の制限、時間外労働の制限、労働負荷の制限、作業の転換、就業場所の変更、深夜業の回数の減少または昼間勤務への転換等の措置を講じる。
要休業	勤務を休む必要のあるもの	療養等のため、休暇または休職等により一定期間勤務させない措置を講じる。

イ　必要に応じ、職場環境の改善に関する意見

　次に、就業上の措置[235]の決定及び実施については、「あらかじめ当該労働者の意見を聴き、十分な話合いを通じてその労働者の了解が得られるよう努めるとともに、労働者に対する不利益な取扱いにつながらないように留意しなければならないものとする」（ストレスチェック指針）とされています。また、「事業者は、就業上の措置を実施し、又は当該措置の変更若しくは解除をしようとするに当たっては」（同）、そして、「就業上の措置を講じた後、ストレス状態の改善が見られた場合には、当該事業場の産業医等の意見を聴いた上で、通常の勤務に戻す等適切な措置を講ずる必要がある」（同）とされています。

　　　Y社は、従業員が医師の面談を申出をした時点で、ストレスチェック結果の会社への提供に同意したとみなす旨の周知はしており、申出をした従業員からストレスチェック結果を提出させることも周知してあります。

---

[235]　就業上の措置とは、安衛法66条の5第1項（健康診断後の就業上の措置）、66条の8第5項（長時間労働者の面接指導後の就業上の措置）、66条の10第6項（心理的な負荷の程度を把握するための検査を行った者の面接指導後の就業上の措置）。

Xについての医師の意見は、「作業の転換または労働時間の短縮が望ましい」であり、就労制限が必要とのことです。そこで、Y社は、Xの意見を聞き、どの措置を講じるか決定することが必要ですが、あくまでも、医師の意見を勘案し、必要に応じて適切な措置を講じることに留意する必要があります。

　なお、Y社は、Xのストレス状態の改善がみられた場合には、医師の意見を聴いたうえで通常の勤務に戻すとのことです。

C　　Y社が「もっと楽な仕事の作業場に異動したいなぁ」というXの期待する作業の転換措置を講じないことは、Y社はXに対し不利益な取扱いをしたことになるとともに、今後Xがメンタルヘルス不調になったときはY社の安全配慮義務違反を問われるかもしれません。

B　　私は、むしろXが周囲を振り回しているように思えますね。最近話題になっている「新型うつ」[236]の特徴にも今後注目する必要がありますね。

　Y社は、Xが期待する措置ではなく、Xから意見を聞き、医師の意見を勘案し、安全衛生委員会で措置を検討し、必要に応じて適切な措置を講じることでよいと考えます。なお、面接指導を申し出たことを理由に不利益な取扱いをしてはならないので、当該措置について不利益な取扱いと捉えられないように十分な配慮が必要です。

5　総括

　常時使用する労働者数が50名未満の小規模事業場においては、当分の間、ストレスチェックの実施は努力義務とされています。これらの小規模事業場では、産業医及び衛生管理者の選任並びに衛生委員会等の設置が義務付けられていないため、ストレスチェック及び面接指導を実施す

---

[236] 「ディスチミア親和型」は、従来型の「メランコリー親和型」と異なり、その差異を精神病理学研究者の樽味伸は表にした（臨床精神医学34巻5号690頁）。

る場合は、産業保健総合支援センターの地域窓口（地域産業保健センター）等を活用して取り組むことができます。

　厚生労働省は、平成29年6月末現在のストレスチェック制度の実施状況を次の通り発表しました。

実施状況	割合
実施義務対象事業所のうち、労働基準監督署に実施報告の提出があった事業場	82.9%
ストレスチェックの受検状況　在籍労働者のうち、ストレスチェックを受けた労働者	78.0%
ストレスチェックを受けた労働者のうち、医師による面接指導を受けた労働者	0.6%
ストレスチェックを実施した事業場のうち、医師による面接指導を実施した事業場	32.7%
ストレスチェックを実施した事業場のうち、集団分析を実施した事業場	78.3%

　ストレスチェックは、自記式調査票を用いて1年以内ごとに1回実施します。同一の調査票を繰り返し実施し回数を重ねることで、回答に慣れ、回答率の低下や高ストレス状態の有無を恣意的につくりだす労働者が発生するかもしれません。

　会社は、安全衛生委員会等を通じて、ストレスチェック制度の目的・意義、結果の適切な取扱い、個人情報の保護、不利益取扱いの禁止等について、労働者に十分に説明し周知徹底することが必要です。さらに、毎年同一の調査票を用いることで時系列的に結果を把握できます。

　社会保険労務士は、ストレスチェック制度の取組を支援することで働きやすい職場づくりに積極的に関与していきます。

第13章

パワーハラスメント対策

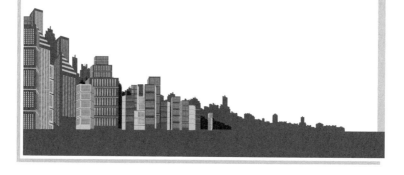

はじめに

「過大な業務、能力を超えた業務または不要な業務を必要性がないのに押し付け、長時間の残業をせざるを得ないように仕向け、そして完璧にできないことを社員の面前で人格否定の言動で罵倒する」、ここまでひどくなくてもパワーハラスメント問題を避けては通れません。この章では、パワーハラスメントについてケースを通して理解し、その対策を検討します。

1 総論

「働き方改革実行計画」では、「労働者が健康に働くための職場環境の整備に必要なことは、労働時間管理の厳格だけではない。上司や同僚との良好な人間関係づくりを併せて推進する」とし、パワーハラスメント防止を強化するため対策の検討を行いました。

厚生労働省の「職場のいじめ・嫌がらせ問題に関する円卓会議ワーキング・グループ」の報告（以下、「円卓会議報告」と言う）が、平成24年1月に取りまとめられました。円卓会議報告では「職場のパワーハラスメント」を、「同じ職場で働く者に対して、職務上の地位や人間関係などの職場内の優位性を背景に、業務の適正な範囲を超えて、精神的・身体的苦痛を与える又は職場環境を悪化させる行為をいう」と定義しました。

「職場のパワーハラスメント」が会社にもたらす損失は次の通りです。

(Ⅰ) 受けた人にとっては、人格を傷つけられ、仕事の意欲や自信を失い、メンタルヘルス不調にもつながり、休職や退職に至ることもあります。

(Ⅱ) 周囲の人たちにとっては、パワーハラスメントを見聞することで、仕事の意欲が低下し、職場全体の生産性にも悪影響を及ぼしかねま

せん。
⑶ 行った人にとっては、受けた人や周囲の人たちの生産性が低下することで職場の業績が悪化し、社内での自身の信用の低下、懲戒処分や訴訟のリスクを抱えることにもなります。
⑷ 企業にとっても、組織の生産性に悪影響が及ぶだけでなく、貴重な人材が休職や退職に至れば大きな損失になり、放置することは裁判で使用者責任を問われ、企業のイメージダウンにつながります。

このように、パワーハラスメント対策の取組は、職場の活力につながり、仕事に対する意欲や職場全体の生産性の向上に貢献します。

ケーススタディ

[上司からパワーハラスメントを受けていると相談があったケース]

　Y法人は、介護事業者で、正規職員が55名（男10名、女45名）、パートが25名（女性）。
　入職6か月になるX（女性）から「ハラスメント相談窓口（担当者S）」にパワーハラスメントを受けているとの相談があった。なお、Xは他の介護事業所で介護職として3年の経験がある。相談内容は、上司J（女性）から他の職員の前で暴言を吐かれ、ひどく叱られたとのこと。
　担当者Sは、上司Jからも事実の聞き取りをした。また、当該行為を目撃した職員からも聞き取りをしている。なお、Y法人は、パワーハラスメント、セクシュアルハラスメント、マタニティハラスメントの禁止方針を掲示し、研修も行っている。

3 ケーススタディを理解するために

　円卓会議報告では、パワーハラスメントの行為類型を次の通りとしました。ただし、全てを網羅するものではなく、これら以外の行為は問題ないということではないことに留意する必要があります。

　(Ⅰ)暴行・傷害（身体的な攻撃）
　(Ⅱ)脅迫・名誉毀損・侮辱・ひどい暴言（精神的な攻撃）
　(Ⅲ)隔離・仲間外し・無視（人間関係からの切り離し）
　(Ⅳ)業務上明らかに不要なことや遂行不可能なことの強制、仕事の妨害（過大な要求）
　(Ⅴ)業務上の合理性なく、能力や経験とかけ離れた程度の低い仕事を命じることや仕事を与えないこと（過小な要求）
　(Ⅵ)私的なことに過度に立ち入ること（個の侵害）

　さらに、「業務の適正な範囲」の視点からは、①(Ⅰ)については、業務の遂行に関係するものであっても、「業務の適正な範囲」に含まれるとすることはできません。②(Ⅱ)と(Ⅲ)については、業務の遂行に必要な行為であるとは通常想定できないことから、原則として「業務の適正な範囲」を超えるものと考えられます。③(Ⅳ)から(Ⅵ)までについては、業務上の適正な指導との線引きが必ずしも容易でない場合があると考えられます。

　「業務の適正な範囲を超える」か否かについては、業種や企業文化の影響を受け、行為が行われた状況や行為が継続的であるかどうかによっても左右される部分もあると考えられるため、各企業・職場で認識をそろえ、その範囲を明確にする取組を行うことが望ましいです。

　このケースが論点としているところは、以下の4点です。
　ⅰ）パワーハラスメントの法的問題について
　ⅱ）Jの当該言動が、パワーハラスメントに該当するのか否か
　ⅲ）Y法人及びSの対応は適切であったのか

ⅳ）Y法人は、今後の対応をどうすればいいか

4 カンファレンス

ア．パワーハラスメントの法的問題

A パワーハラスメントの法的問題は、「行為者である上司や同僚の被害労働者に対する身体、名誉感情、人格権などを侵害する不法行為責任や、企業の被害労働者に対する労働契約上の安全配慮義務違反の責任の有無の問題となる。そして、不法行為責任の場合には、違法なパワーハラスメントについては、まずその行為者である上司自身の不法行為責任（民法709条）が認められ、この責任が会社に使用者責任（民法715条）として帰責される」[237]ことです。

B 上司と部下の関係から考察すると、上司には業務上の指揮命令権があり、部下に対する教育指導による育成は上司の重要な業務です。ここに、業務上の指揮命令権とパワーハラスメントとの線引きの難しさがあります。

労働契約には、1）継続的契約、2）組織的契約、3）人格的契約の側面があり、パワーハラスメントを理解するためには、それぞれの側面から考えることが必要です。

組織的契約のため、使用者に企業組織の効率的運営に関する裁量権限（労務指揮権、人事権）が認められ、労働の他人決定性と裁量権尊重の要請をもたらすことになります。また、人格的契約のため、労働者が負う労働義務は、労働という無形のもの（精神的・肉体的能力）を提供する債務であり、「なす債務（行為債務）」を意味します。そこでは、労働の提供と労働者の身体・人格が不可分に結び付くため、労働者の生命・身

237　前掲書（脚注155）243頁。
238　前掲書（脚注55）9頁以下。

体や人格的利益（名誉・プライバシー等）の保護が要請されます。[238]

このことからも、パワーハラスメント対策は、行為者と被害者の個人間の問題として捉えるのみならず、組織的な対応として継続的にかつ計画的に行うことが重要です。

C 裁判例[239]によれば、パワーハラスメントが不法行為を構成するためには、質的にも量的にも一定の違法性を備える必要性があり、①上司と部下の人間関係等の力関係、②行為に不当な動機や目的があるのか否か、③行為の時間または場所が適切であるのか否か、④行為の態様は適切か否か、等を総合考慮し、上司等が職務を遂行する過程において、職務上の地位・権限を逸脱・濫用し、社会通念に照らし客観的な見地からみて、許容し得る範囲を著しく超えるような有形・無形の圧力を加える行為をしたと評価される場合に限り、人格権侵害の不法行為が成立します。

イ．Ｊの当該言動が、パワーハラスメントに該当するのか否か

A Ｂ社会保険労務士とＣ社会保険労務士は同席のうえ、ＳからＸの相談内容及び上司Ｊの行為を聞き取り、言動の評価ではなく事実を確認しました。そこで、不法行為を構成するか否かの判断のためＣ社会保険労務士が引用した裁判例を基に検討します。なお、ＪとＸは上司と部下の関係であるものの、介護職としての経験にさほど違いはありません。

C Ｓから聞き取りをしたＸの相談内容は次の通りでした。
「上司Ｊから、ちょっとしたことを大声で、しかも他の職員の前で怒られるし、『あんた、何してんのよ』『役立たず』『お前なんか施設からいなくなったほうがいいよ』と言われました。しかも一度や二度ではありません。私ばっかりねらうように怒ります。とても怖くて、全身が震え、泣いてしまいました」。

このＪの行為は、②動機や目的の観点からは教育指導の範囲を超えており、Ｘをねらい撃ちしたようにも取れ、いじめる動機や目的があると

---

239 ザ・ウィンザー・ホテルズインターナショナル事件・東京高判平25.2.27。

しか思えません。また③「他の職員の前」で怒られることは、時間及び場所的にも不適切です。教育指導の効果の面からも「他の職員の前」ではなく場所の配慮が必要です。そして、④「行為の態様」ですが、これはまさに、名誉毀損・侮辱・ひどい暴言（行為類型の(Ⅱ)）であり、業務の遂行に必要な行為であるとは通常想定できないことから、「業務の適正な範囲」を超え適切ではありません。

①人間関係の力関係ですが、JとXは上司と部下の関係であることから、Jの優位性は明らかです。

B Sから聞き取りした上司Jの内容は次の通りでした。

「Xは、Y法人の方針を全く理解せず、利用者を無視したり、意地悪したり、ときには叩くこともありました。何度注意しても改善されません。利用者やその家族からもクレームがでています。教育指導の範囲内で注意したつもりですが、Xが反論してきたときには感情的に言ってしまったかもしれません。Xは、利用者をいじめているように見えました。この行為は絶対にしてはいけない行為です。上司として見過ごすわけにはいかず、部下の指導ができていないと私が施設長から叱られます」。

このJの行為は、②動機や目的の観点からは、利用者虐待にもつながる行為を防ぐために強めの教育指導が必要であったことから業務上の正当な目的と必要性があります。また③「他の職員の前」で叱ることについては、虐待は人目に付かないところで隠れて行うことが多いため、他の職員がその行為を発見した場合には即時に止める必要があることから、周知する必要があり適切です。そして、④「行為の態様」ですが、一時的に感情的に発したことであり、「業務の適正な範囲」を著しく超えているとまでは言えないとしても、適切ではなく本人もそのことは反省しています。

①人間関係の力関係ですが、JとXは上司と部下の関係であるものの、経験年数ではさほど差はないことから、Jの優位性は明らかであるとまでは言えません。

C 今回のケースでは該当しませんが、パワーハラスメントは被害者の人格を否定し、さらにその存在自体を否定することから、相当長期にわたり執拗に繰り返された場合、長時間労働とともに行われ

た場合、複数の者から行われた場合、相談する相手がいないと思い込んだ場合等は、被害者が自殺するリスクが高まる[240]ため注意が必要です。

Ⓑ　JのY法人での評判はよく、正義感が強く熱血漢な体育会系のリーダーとのことです。ただし、パワーハラスメントの行為者になりやすいタイプとの指摘があるため注意が必要です。

Ⓐ　XはJの懲罰や配置替えまでは求めていないとのことですから、Y法人としては今後再発防止を徹底することで、Xに納得してもらいました。

パワーハラスメントの予防、早期発見、組織的対応、教育指導の徹底、相談窓口の充実等が必要です。

ウ．Y法人及びSの対応は適切であったのか

Ⓐ　Y法人は、①ハラスメント禁止の方針を掲示している、②ハラスメント防止研修を管理監督者及び一般職員に対して実施している、③相談窓口を設置している、④相談担当者を配置し、相談スキル向上のための研修を行っている、⑤相談担当者に対して相談内容等の守秘義務を課している等、各種措置を講じています。

Ⓑ　Sは、Xからは傾聴を意識し丁寧な聞き取りをしているとともに、Jからも事実を確認しています。そのうえで、外部の当所に相談した経過から、Y法人及びSの対応は適切でした。

Ⓒ　Xが担当している利用者は少々個性が強く、Xでは負担が大きすぎたのかもしれません。また、Jも部下の教育指導の責任を強く感じており、自分自身の責任回避をする行為に及ばざるを得ないような職場の雰囲気になっていたのかもしれません。

エ．今後の対応をどうすればいいか

Ⓑ　Y法人は部下の扱い方、職場の人間関係を円滑にするコミュニケーション等、研修を繰り返し実施することが必要です。

Jは、パワーハラスメントの行為者にならないために、部下とのコミュ

240　X産業事件・福井地判平26.11.28。

ニケーション力を向上させ、部下の成長につながる教育指導方法を習得することが必要です。

C 　Xは自分一人で悩みを抱えすぎずに、相談窓口に相談できてよかったと思います。ただし、利用者に対する問題行為は絶対に行ってはいけないことを認識・自覚することが必要です。これを機会に職場の人間関係が悪化せず、改善されるとよいですね。

A 　パワーハラスメントの連鎖が起きないようにするには、パワーハラスメント行為を個人の問題とするのではなく、組織全体としての問題と認識し対応することが重要です。

5 総括

円卓会議報告では、「職場のパワーハラスメント」について以下のように背景の要因、予防策、解決策を示しています。

(Ⅰ) 背景の要因
 1) 企業間競争の激化による社員への圧力の高まり
 2) 職場のコミュニケーションの希薄化や問題解決機能の低下
 3) 上司のマネジメントスキルの低下
 4) 上司の価値観と部下の価値観の相違の拡大

(Ⅱ) 予防策
 1) トップが、パワーハラスメントを職場からなくすべきであることを明確に示す。
 2) 就業規則等でルールを策定する。
 3) アンケート等で実態を把握する。
 4) 研修を実施するなど社員教育を行う。
 5) 組織の方針や取組について周知徹底する。

(Ⅲ) 解決策
 1) 企業内・外に相談窓口を設置、外部専門家と連携する。
 2) 行為者に対する再発防止研修を行う。

Column 2

コラム2　社会保険労務士が解説、今話題の第三者委員会

　企業・組織等が不祥事を起こした場合、企業・組織等の内部による調査では事実確認や原因究明が不十分として、また、公平な視点という観点から第三者委員会を設置したという報道が多くなりました。そこで、パワーハラスメント事案において、社会保険労務士として第三者委員会についてどのようにかかわっていくことができるのか、日本弁護士連合会の「企業等不祥事における第三者委員会ガイドライン」（以下「ガイドライン」と言う）を参考に第三者委員会の定義、活動、独立性・中立性、協力、委員について考察してみます。

　第一に、第三者委員会の定義について、ガイドラインでは「企業や組織（以下、「企業等」という）において、犯罪行為、法令違反、社会的非難を招くような不正・不適切な行為等（以下、「不祥事」という）が発生した場合及び発生が疑われる場合において、企業等から独立した委員のみをもって構成され、徹底した調査を実施した上で、専門家としての知見と経験に基づいて原因を分析し、必要に応じて具体的な再発防止策等を提言するタイプの委員会」としています。

　内部調査（内部調査委員会）との関連について言えば、両委員会の目的は同一かと思われますが、根本的に違うのはその実質的な主体であり、内部調査委員会は事実調査を企業等が自らの手で行うことに対して、第三者委員会は完全に外部の第三者に委ねます。なお、ガイドラインでは第三者委員会は「関係者の法的責任追及を直接の目的にする委員会ではなく、関係者の法的責任追及を目的とする委員会とは別組織とすべき場合が多い」とされています。

　第二に、第三者委員会の活動について、ガイドラインでは「⑴

Column 2

不祥事に関連する事実の調査、認定、評価をして、(2) 企業の社会的責任（CSR）の観点からステークホルダー[241]に対する説明責任を果たし、(3) 調査結果に基づいて再発防止策等の提言を行う」とされています。

　パワーハラスメントに関する事案では、まず企業等に設置しているハラスメント相談窓口に対して相談・申告があると内部調査が開始します。そして、パワーハラスメントの特性により内部調査が機能しないか不十分であると経営者層が判断した場合に第三者委員会の設置につながります。また、パワーハラスメントは主に企業等内部の問題のため、考慮すべきステークホルダーの範囲が限定的ですが、上場企業であったり公益法人であったり注目度が高い場合、また、パワーハラスメントが長期的かつ陰湿になされていた場合にも原因究明と再発防止を目的として第三者委員会を設置することは、第三者委員会は企業等から独立した立場で中立・公正で客観的な調査を行うことから意義があると思われます。

　第三に、第三者委員会の独立性・中立性について、ガイドラインでは「(1) 調査報告書の起案権は第三者委員会に専属し、(2) 調査により判明した事実とその評価を企業等の現在の経営陣に不利となる場合であっても調査報告書に記載し、(3) 調査報告書提出前にその全部又は一部を企業等に開示せず、(4) 調査の過程で収集した資料等については原則として第三者委員会が処分権を専有する」とされています。また、「第三者委員会と依頼主である経営陣は潜在的な対立構造に立つ。第三者委員会に調査を依頼する契約主体は、形式上は経営陣（代表取締役社長）であるが、第三者委員会の本質は、経営陣から独立してその意思に左右されずに調査を行うという行動原理（独立性、

241　株主、投資家、消費者、取引先、従業員、債権者、地域住民など。

第三者性）にある」とされています。

　パワーハラスメントに関する事案では、経営陣または管理監督者が部下を指揮命令または教育指導する場面で叱咤激励する目的が併存することが多く、加害者・行為者とみなされることも想定されるため特に独立性は重要です。また、企業の経営者、幹部、管理監督者等組織上の優越者が行為者となるケースが多いことから調査に制限や妨害行為が想定されます。

　第四に、企業等の協力について、ガイドラインでは「第三者委員会の調査は、法的な強制力をもたない任意調査であるため企業等の全面的な協力が必要不可欠」とされています。第三者委員会は、受任に際して企業等に「(1) 所有するあらゆる資料、情報、社員へのアクセスを保障すること、(2) 従業員等に対して第三者委員会による調査に対する優先的な協力を業務として命令すること」を求めることができます。また、「第三者委員会の調査を補助するために企業等の内部に適切な人数の従業員等による事務局を設置し、第三者委員会に直属するものとし事務局担当者と企業等の間で厳格な情報隔壁を設けることを求める」こともできます。企業等による十分な協力を得られない場合や調査に対する妨害行為があった場合には、第三者委員会はその状況を調査報告書に記載することができ、また第三者委員会の委員を辞任することができます。

　パワーハラスメントに関する事案では、被害者、目撃者、加害者・行為者等の関係者に対するヒアリングが基本的かつ必要不可欠な調査手法です。ただし、ヒアリングを受けることを秘匿するように希望する者や退職してヒアリングができない者に対してはアンケート調査も有効であり、ヒアリングまたはアンケート対象者の選定、連絡先確認、出席依頼、日程調整、その他調査のための事前準備等事務局機能は重要です。

　最後に、第三者委員会の委員について、ガイドラインでは「(1)

Column 2

委員数は3名以上を原則、(2) 委員の適格性として、当該事案に関連する法令の素養があり内部統制、コンプライアンス、ガバナンス等企業組織論に精通した者、(3) 事案の性質により公認会計士、税理士、デジタル調査の専門家等の各種専門家」とされています。また、委員の選任基準としても「企業等と利害関係を有する者は、委員に就任することができない」とされています。具体的には、顧問弁護士や顧問社会保険労務士は、「利害関係を有する者」に該当します。なお、別案件について個別に受任したことがある社会保険労務士については、直ちに「利害関係を有する者」に該当するものではなく、ケース・バイ・ケースで判断されることになります。

パワーハラスメントに関する事案の委員としては、弁護士、社会保険労務士、有識者が望ましいと思われます。例えば、委員長には弁護士、委員として労働法を熟知し労務管理経験豊かな社会保険労務士、そして、企業等の業界を熟知し業務上の指揮命令関係の把握ができる有識者の合計3名です。

以上のことから、パワーハラスメントに関する事案の調査等には高度な知識、豊富な経験が必要とされ、社会保険労務士はそれらを備えていることから、第三者委員会の委員として専門性を活かし役割を果たすことができるのではないかと思います。

Column 3

コラム3　複合ハラスメントを女性社会保険労務士が対策会議

1. 設定　　　N会社　　社員55名（男45名、女10名）
2. 登場人物
    - A　営業一般社員（女）　25歳独身（実家、両親と同居）
    - B　営業係長（女）　　　32歳（新婚1年目）
    - C　総務課長（女）　　　55歳（夫、子2名）
    　　　　　　　　　　　　出産のため退職しその後再入社
    - D　営業課長（男）　　　40歳妻帯者
    - E　営業部長（男）　　　55歳（妻帯者、老親と同居）
3. 状況と経過

　D課長の性格は明るく、誰とでもコミュニケーションが取れる気さくなところがあるが、冗談がすぎるところがある。D課長の机の上にはグラビア写真等がこれ見よがしに置いてあり、快く思わない女性社員もいる。特に、A社員は生理的にあわず避けるようにしていた。また、挨拶の際に若手女性社員（AとB）の肩や腰にソフトタッチし、その反応で会話を進めるのが日常であった。本人は「職場の雰囲気を和ませるためにしているだけ」と言っている。

　その行為に対して、B係長は笑って「いけないでしょう」と反応していたが、A社員は苦痛でたまらなかったので、D課長の言動についてE部長に相談したが「注意しとくよ」と言うだけで本気で取り合ってもらえなかった。また、C課長は、若い女性社員のみをちやほやするD課長を快く思っておらず、その状況を見るたびにやる気がなくなっていった。

　最近、E部長は、親の介護のことで悩んでいて、介護休業を取ることも考えているようで、「どうしようか……」とつぶやく

Column 3

ことが多くなってきた。A社員は、そんなE部長に相談しても無駄だと思ったが、かと言って、社長に直接相談することもできずに悩みを一人で抱えるようになった。

昨年の忘年会の際、D課長は酔ったためかわからないが、A社員に対して個人的な性的体験談を自慢げに話したり、A社員の性的な経験について聞いたりし、その後も食事やデート等への執拗な誘いをした。A社員がデートを拒絶するとD課長はA社員の性的な噂を言いふらし、人事考課において不利な査定をした。

A社員は同性であるB係長に相談したところ、B係長から「気にするあなたが悪い。そんなことで仕事ができないと、女性が馬鹿にされる。だらしない」と強い口調で怒られた。また、朝礼のときにB係長はA社員のことを「こんな仕事もできないなんてダメな社員」と全員の前で罵倒し、A社員は号泣した。

このような職場環境のなかで、A社員は、苦痛に感じて仕事が手に付かず就業意欲が低下した。そして睡眠不足が続き、朝起きるのが困難となり、出勤を苦痛に感じるようになってきた。母親からは「体調が悪いなら病院に行かなきゃダメよ」と心配されるようになっていた。

C課長は、最近頻繁に「同期入社の同年齢のEが部長で、なぜ私が課長なの」と不平不満を回りに撒き散らしており、その矛先がB係長に向けられることもあった。

B係長は、最近妊娠したらしく、「育児休業等をしっかり取得して、その後復帰しまぁす」と楽しそうに話していた。それを聞いたC課長は、何ら育児休業に関する説明をするでもなく、「今の時代は育児休業が普通に取れていいわね。私たちの時代は取りたくても取れなかったから、諦めて退職せざるを得なかったのに」といやみを言い、さらに、「業務の引継ぎはしっかりしなさいよ。あなたのことだから、続けて2年3年と休むかもし

れないんだから。それに復帰したとしても今のポジションで戻ってこられるかどうかわからないからね」と全員の前で言い放ち、いかにも育児休業取得や、取得後の復帰を望んでいないと受け取れる発言があった。

　社長は、N会社は社員間のコミュニケーションもとれており、いじめがなく、育児休業制度等の就業環境は整っていると思っていたが、思いもよらずこのような職場の雰囲気に危機感を感じたため、J社会保険労務士法人に相談にきた。

　J法人では、今回の事案をハラスメント関連の相談内容と認識したので、所属の女性社会保険労務士3名を担当者として任命した。早速3名はN会社へ赴き、本人たちからそれぞれ聞き取りを行って、事実内容を確認した。

カンファレンス

D　それでは始めます。ヒアリングした内容を基に、1）ハラスメントの定義の確認、2）言動等の事実確認、3）ハラスメントにあたるか否かの判断、の順番で話し合いたいと思いますがいかがですか。

E **F**　いいですよ。

D　まず、ハラスメントの定義を就業規則で確認しましょう。Fさんお願いします。

F　N社の正社員就業規則では次のように規定されています。

Column 3

【セクシュアルハラスメントの禁止】

第○条 職場におけるセクシュアルハラスメントにより、他の従業員等に不利益や不快感を与えたり、就業環境を害するようなことをしてはならない。
2 セクシュアルハラスメントとは、相手方の意に反する性的言動で、その言動により仕事を遂行するうえで一定の不利益を与えるもの又は就業環境を悪化させる次のようなものをいう。
(以下、略)

【パワーハラスメントの禁止】

第○条 職場におけるパワーハラスメントにより、他の従業員等に精神的・身体的な苦痛を与えたり、就業環境を害するようなことをしてはならない。
2 パワーハラスメントとは、同じ職場で働く者に対して、職務上の地位や人間関係などの職場内の優位性を背景に、業務の適正な範囲を超えて、精神的・身体的苦痛を与える、又は職場環境を悪化させる行為をいう。
3 パワーハラスメントの行為類型として、以下のものが挙げられる。
(以下、略)

【マタニティハラスメントの禁止】

第○条 職場におけるマタニティハラスメントにより、他の従業員等に精神的・身体的な苦痛を与えたり、就業環境を害するようなことをしてはならない。
2 マタニティハラスメントとは、上司・同僚からの妊娠・出産したこと、育児休業等の利用に関する言動により、妊娠・出産した女性労働者や育児休業等を申出・取得した男女従業員等の就業環境が害されることをいう。
3 マタニティハラスメントとして、以下のものが挙げられる。
(以下、略)

D 次に、N会社で起きている事案について、少し整理をしてみましょう。今回の事案でのハラスメント行為は、セクシュアルハラスメント、パワーハラスメント、マタニティハラスメントに分けられると思われます。

E まず、セクシュアルハラスメントとみなされる行為としては、次の行為が挙げられます。

（Ⅰ）机の上にグラビア写真をこれ見よがしに置いてあること（D課長）

（Ⅱ）挨拶の際に若手女性社員（AとB）の肩や腰にソフトタッチしたこと（D課長）

（Ⅲ）忘年会の際、A社員に対して個人的な性的体験談を自慢げに話したり、A社員の性的な経験について聞いたりし、その後も食事やデート等への執拗な誘いをしたこと（D課長）

（Ⅳ）デートを拒絶すると性的な噂を言いふらし人事考課において不利な査定をしたこと（D課長）

F 次に、パワーハラスメントとみなされる行為としては、次の行為が挙げられます。

（Ⅴ）セクハラに関してB係長に相談したときに「気にするあなたが悪い。そんなことで仕事ができないと女性が馬鹿にされる。だらしない」と強い口調で怒られたこと（B係長）

（Ⅵ）仕事ができないと全員の前で罵倒したこと（B係長）

E 最後に、マタニティハラスメントとみなされる行為としては、次の行為が挙げられます。

（Ⅶ）育休取得予定者に対する復帰を望まないと思われる態度（C課長）

（Ⅷ）育休取得予定者への手続等の説明をしていないこと（C課長）

D これらを踏まえて、それぞれのハラスメントに該当するか否かを詳しくみていきましょう。

コラム3

Column 3

F　セクシュアルハラスメントとみなされる行為は、受け手側の感じ方によるとも言われますが、「相手方の意に反する性的言動」により、「仕事上の不利益」や「就業環境の悪化」を被ったりした場合は該当しますよ。

E　B係長のようにグラビア写真や、ソフトタッチでは気にしない人もいます。ただ、忘年会での行為や、デートを拒絶した後の行為は、明らかにセクシュアルハラスメントとして訴えられかねない行為だと思います。

F　Aさんは病院へ行ってはいないですが、その後体調を壊していることもあり、セクシュアルハラスメントが原因であることは明白だと思われます。

D　Aさんの体調不良の原因にはD課長からのセクシャルハラスメントに加え、B係長からのパワーハラスメントが関係していますよね。セクシュアルハラスメントを受けていることを上司に打ち明けたところ、反対に怒られてしまっては相談ができなくなります。業務には関係ありませんし……。
パワーハラスメントについてはいかがでしょうか。

F　全員の前で、業務について罵倒、これは、人格の否定ですからパワーハラスメントとみなされますよね。

E　AさんはE部長に相談した際も、「注意しておく」と言われただけで何の対処もしてもらえませんでした。E部長の対応は、管理職として問題ではないでしょうか。

F　Aさんは苦痛に感じて仕事が手に付かず、就業意欲が低下してしまいました。また、睡眠不足となり朝起きるのが困難で、出勤を苦痛に感じるようになってきたようです。母親から「『体調が悪いなら病院に行かなきゃダメよ』と言われた」とありますので、うつ病になっていないか心配です。

E　精神的なダメージは、本人ではなく家族が気づくことが多いと聞きます。

D 　Aさんは、日頃から発せられるD課長の性的な言動によって非常に苦痛を感じていました。さらに、忘年会等で性的な話や関係を要求され、それを断ったりデートを拒絶したため、性的な噂を言いふらされるなど出勤を苦痛に感じるほど、就業環境が悪化しました。これはまさに、環境型といわれるセクシュアルハラスメントです。

F 　人事考課において不利な査定をされたことは、対価型と言われるセクシュアルハラスメントですね。厚生労働省のパンフレットに記載されている職場のセクシャルハラスメントの類型のどちらにもあてはまる事例ですよ。

　D課長のセクシュアルハラスメントについて、AさんがE部長に相談した際に、本気で取り合わなかったことについて、「自分の娘がAさんのようなことをされたらどうするのか」という視点で、E部長は対応してほしかったですね。そこまで気が回らなかったのでしょうか。

D 　最近E部長は、親の介護のことで悩んでいて、介護休業を取ることも考えているようで、「どうしようか……」とつぶやくことが多くなってきた、という点ですね。

E 　部長の年齢から考えると親の介護は、介護休業を自分で取得することを考える世代でもあります。本人が問題を抱えていると、どうしても部下のことまで考えられなくなります。それでは上司としては問題があると思うのですが……。

D 　マタニティハラスメントについてはいかがでしょうか。

F 　B係長の育児休業等の取得に関して、「『育児休業等をしっかり取得して、その後復帰しまぁす』と楽しそうに話していた。それを聞いたC課長は、何ら育児休業に関する説明をするでもなく、『今の時代は育児休業が普通に取れて

コラム3　289

Column 3

いいわね。私たちの時代は取りたくても取れなかったから、諦めて退職せざるを得なかったのに』といやみを言い、さらに、『業務の引継ぎはしっかりしなさいよ。あなたのことだから、続けて2年3年と休むかもしれないんだから。それに復帰したとしても今のポジションで戻ってこられるかどうかわからないからね』と全員の前で言い放ち、いかにも育児休業取得や、取得後の復帰を望んでいないと受け取れる発言があった」。これは、マタニティハラスメントにあたりますよね。いやみを言うだけで、本来の業務である育児休業に関する手続等に関する説明もしていません。

Ⓓ 最後に、N社に対するアドバイスを検討しましょう。

Ⓔ 社会保険労務士として、ハラスメントが起こってしまった場合に、どう対処すべきかを会社に提案すべきですね。ハラスメントの防止措置を設けることがまず第一歩ですね。

Ⓕ 会社は、ハラスメントの防止措置について就業規則に記載しているようです。ただし、実態として機能していないように思いますので、N社のハラスメント防止措置に関する就業規則を今一度確認しましょう。

【ハラスメントの防止措置】
第○条　会社は、職場における各種ハラスメントに関する相談・苦情に対応するため、「ハラスメント相談窓口」を設置し、相談担当者を置く。
2　ハラスメントを受けた場合又は目撃した場合は、直ちに「ハラスメント相談窓口」に相談又は届出すること。会社は秘密を厳守する。
3　正社員は、前項の相談、届出又は協力等をしたことを理由として、いかなる不利益な取扱いを受けることはない。

> 4 ハラスメントに該当する行為を行った正社員及び行為に加担したと、状況において判断される正社員は懲戒処分の対象とする。
> 5 会社は、「ハラスメント相談窓口」で相談を受けたときは、速やかに事実関係の調査に着手し、ハラスメントにあたる行為か否かを慎重に判断し、申立者である正社員が申立後も被害を受けないように対処する。
> 6 会社は、相談者・行為者のプライバシーを保護する。
> 7 当社の業務に関係して、ハラスメントに関する損害賠償請求（示談による場合を含む。）に会社が応じた場合には、ハラスメントの加害者に対し、懲戒処分をする他、賠償金の全額又は一部を弁償させることがある。
> 8 「職場」とは、全ての会社事業場、取引先など他社の事業場、顧客の自宅、業務で使用する車中、打ち合わせ・接待で利用する飲食店、宴会等、業務を遂行する全ての場所をいう。

D なるほど、就業規則の規定はしっかりと整備されていますね。まずは運用面でもきちんとした対処ができるようハラスメント防止に関する研修を管理監督者から実施するとともに、ハラスメント相談窓口を設け、任命した相談担当者を教育するのも会社の義務であることを伝えましょう。私たちも、ハラスメント防止研修の講師を引き受けたり、相談担当者への教育を行うプランを提示しましょう。そして今回、直接被害を訴えられているわけではありませんが、ハラスメントとみなされる行為について被害にあったと思われる社員に対する対応についても、早急に提案しなければなりませんね。

あとがき

　我々自主研究会である社労士時習塾にとり、その研究の成果を書籍としてまとめたいとの思いは、やはり「言うは易く行うはかたし」であり、仕事の合間を縫っての執筆は、構想からほぼ3年の年月を要しました。しかしこの間、「労働法」と「実務としての労務管理」を融合させた実践書を執筆しようとの強い思いを、二つのことが後押ししてくれることとなりました。

　一つは、昨年（平成30年）社会保険労務士制度創設50周年ということで、社会保険労務士の業界全体が大いに盛り上がったということが挙げられます。

　その歴史を少しひもとけば、戦後の経済復興とともに、労働社会保険諸法令の整備が進み、社会からの需要に応じる形で自然発生的に労務管理業務、社会保険業務を業として行う先人が誕生し、それは一言では言いあらわせない困難を仲間と励まし合いながら業務に邁進するなか、かねてよりの悲願であった社会保険労務士法が昭和43年制定・施行され、昨年、制度創設50周年を迎えることができました。これもひとえに、故人を含む会員一人ひとりが社会保険労務士法1条に掲げられた「事業の健全な発達と労働者等の福祉の向上に資する」という制度の目的の下、社会保険労務士の社会的使命を果たすべく努力を積み重ねてきた結果であると言えます。

　二つめは、「働き方改革」が順調に推移したことでした。安倍内閣の目玉である一億総活躍社会の柱として、平成28年9月に働き方改革実現会議がスタートし、その半年後の平成29年3月には実行計画が発表されました。当初、働き方改革推進の法制化は困難を極めるとの見通しもありましたが、平成28年10月に大手広告会社新入社員の不幸な事件が労災認定されて以降、長時間労働が命を奪う危険性があるという認識が国民のなかに広がるなど、働き方改革が社会的にコンセンサスを得ることとなったことについては、読者の皆様もよくご存知のことと言えます。

　改めてでき上がった原稿を読み返してみると、働き方改革についてコ

ンパクトに知りたいという方には、他書をお薦めするとしても、その役目は本書では第1章総論が担っています。また、その他の章については、労働法の基礎知識を十分踏まえたうえで、働き方改革を深く理解していただけるように執筆しています。働き方改革の主要課題である長時間労働の是正については、単に時間外労働の上限規制を知ったとしても、第2章労働時間、第3章36協定、第4章事業場外労働のみなし労働時間、第5章休日、などの知識を押さえたうえでないと間違った理解にも通じるとの思いから、これらの基礎知識を詳細に述べるとともに、各章の最後に「働き方改革との関連」と題し、あわせて理解が進むよう工夫をしたところです。労基法改正による、年次有給休暇の5日の時季指定義務化も、第6章年次有給休暇の本質や計画的付与を理解しないでは、新法への対応は難しいと言えます。

　次に、第7章非正規雇用の不合理な格差是正では、抽象的な法条文を、判例等を参考にできるだけ多方面から解説したうえ、非正規雇用労働者を多く抱える外食業者（喫茶店）を例に、法の考え方を労使双方の視点から事例にあてはめることで、実務の参考としていただけるのではないかと考え執筆しました。特に意識したことは、「割合的処遇」「期間応分的処遇」といった司法における法的判断において、必然とまでは言えない処遇の仕方を、実務の場面においてこそ模索しようとすることが、公正な労使関係の構築につながるのではないかという思いです。

　また、第8章ADRの活用に関しては、非正規と正規社員の待遇差が不合理であるとして紛争が生じた場合、むしろ訴訟となることはまれで、事案の多くが行政の調停に持ち込まれることが想定されるなか、執筆の動機としては、行政によるさらなる積極的な関与を歓迎しつつも、民間ADR機関である「社労士会労働紛争解決センター」が日常的に活用されることで、実務に精通する公正な第三者との協同関与の下、労使の双方が、将来に向けたオーダーメイドの解決策をつくり上げることができるのではないかという思いです。このことはまさに社会保険労務士法1条の精神そのものであり、制度創設50周年の節目が働き方改革元年となった今日、働き方改革が目指す公正な労使関係構築のための、社会保険労務士会が行うべき、社会貢献であると言えます。

第9章残業規制については、まず新労基法による法条文を丁寧に解説したうえ、固定残業代との関係に視点をあて、その有効性と実務上の留意点について執筆しています。ここでの視点は、法令遵守を大前提に、長時間労働との関係で問題となりがちな固定残業代制度を、いかに労働者の健康確保の視点を外すことなく、実務に取り入れることが可能かという点で、外食業者（喫茶店）におけるスーパーバイザーを例に賃金規程の規定例を含め執筆したものです。

　さらに、第10章メンタルヘルス不調から第13章パワーハラスメント対策までは、人の心の問題に焦点をあてて論じています。メンタルヘルス不調の初期から職場復帰に至るプロセスを理解し対応いただけるように第10章及び第11章を、ストレスチェック制度の理解といわゆる新型うつ傾向社員への対応のために第12章を、人事権行使と境界が不明確なパワーハラスメントの理解と対応のために第13章を執筆しました。また、パワーハラスメント事案への第三者委員会の活用を提起したコラム2、複合ハラスメントの事例研修に活用できるコラム3も加えています。

　第10章から第13章の基礎となる人間観ですが、人間には「思考」「感情」「行動」の三つの要素があると言われています。つまり、「考え」「感じ」そして「行動する」私です。様々な状況によりこの三つの要素が主となり従となり、三要素のエネルギーが自由自在に行き来する状態が望まれます。ところが、社会的ストレス等によりエネルギーのバランスが崩れると状況に適切に反応できなくなりメンタルヘルス不調となります。社会的ストレスのうち、職場では人間関係の悪化、各種ハラスメント行為の横行等が問題となり、早急の対策が求められています。

　そこで、職場で簡単にできて効果のある方法として三つの「アイメッセージ」を紹介します。まず、「Ⅰ（私）」メッセージです。会話するときに「私は……」とし、「あなたは……」を使わないことです。次に、「EYE（目）」メッセージです。挨拶や会話するときに相手の目を見ます。これは相手の存在を認めることになります。最後に、「愛（人間愛）」メッセージです。他人と自分の成長を望む人間愛であふれた言動を行うようにしてください。以上を是非ともご活用いただければと思います。

　最後に、本書がお読みいただいた皆様にとり、知識の涵養と実務への

応用を通じて、少しでもお役に立てることを念じつつペンを置かせていただくこととします。最後まで、お読みいただきまして、誠にありがとうございました。

　なお、本書の出版にあたり、不慣れな私たちに適切な助言をいただいた労働調査会の皆様には、執筆者一同、この場をかりて心より御礼申し上げます。

【引用文献】

荒木尚志・菅野和夫・山川隆一『詳説労働契約法 第2版』(弘文堂、2014年)【脚注46】
水町勇一郎『「同一労働同一賃金」のすべて』(有斐閣、2018年)【脚注31】
土田道夫『労働契約法 第2版』(有斐閣、2016年)【脚注55】
山川隆一『労働紛争処理法』(弘文堂、2012年)【脚注148】
菅野和夫『労働法 第11版補正版』(弘文堂、2017年)【脚注155】
西谷敏『労働組合法 第3版』(有斐閣、2012年)【脚注155】
濱口桂一郎『日本の雇用紛争』(労働政策研究・研修機構、2016年)【脚注164】
吉田勇『対話促進型調停論の試み』(成文堂、2011年)【脚注166】
内堀宏達『ＡＤＲ認証制度Ｑ＆Ａ』(商事法務、2006年)【脚注167】
大阪商工会議所『メンタルヘルス・マネジメント検定試験公式テキストⅠ種マスターコース 第4版』(中央経済社、2017年)【脚注218】
さくらざわ博文『もう職場から"うつ"を出さない！』(企業通信社、労働調査会(発売元)、2016年)【脚注221】
ストレスチェック実務Ｑ＆Ａ編集委員会『嘱託産業医のためのストレスチェック実務Ｑ＆Ａ』(産業医学振興財団、2015年)【脚注232】
労働政策研究・研修機構『非正規雇用の待遇差解消に向けて』(労働政策研究・研修機構、2017年)【脚注128】

【裁判例索引】

［判例掲載資料］　労判……労働判例　　労経速……労働経済判例速報
＊は裁判所ホームページ(http://www.courts.go.jp/)の「裁判例情報」に掲載されている裁判例

＊日立製作所事件・最一小判 平3.11.28（労判594号7頁）【脚注169】………… 198
　丸子警報器事件・長野地上田支判 平8.3.15（労判690号32頁）【脚注109】……… 136
＊三菱重工業長崎造船所事件・最一小判 平12.3.9（労判778号11頁）……… 44, 46, 47
＊電通事件・最二小判 平12.3.24（労判779号13頁）………………………… 40
　日本コンベンションサービス事件・大阪高判 平12.6.30（労判792号103頁）【脚注188】　213
＊大星ビル管理事件・最一小判 平14.2.28（労判822号5頁）………………… 44
　西濃シェンカー事件・東京地判 平22.3.18（労判1011号73頁）【脚注227】……… 254
　日本通運事件・東京地判 平23.2.25（労判1028号56頁）【脚注229】………… 254
　ザ・ウィンザー・ホテルズインターナショナル事件・札幌高判 平24.10.19
　　（労判1064号37頁）【脚注195】　　　　　　　　　217, 218, 219, 221, 222
　ザ・ウィンザー・ホテルズインターナショナル事件・東京高判 平25.2.27
　　（労判1072号5頁）【脚注239】　　　　　　　　　　　　　　　　　　 275
＊ニヤクコーポレーション事件・大分地判 平25.12.10（労判1090号44頁）【脚注93】
　　　　　　　　　　　　　　　　　　　　　　　　　　　　　126, 127, 175
＊阪急トラベルサポート事件（第2事件）・最二小判 平26.1.24（労判1088号5頁）……… 67
＊東芝（うつ病・解雇）事件・最二小判 平26.3.24（労判1094号22頁）【脚注219】…… 244
＊広島中央保健生協事件・最一小判 平26.10.23（労判1100号5頁）【脚注191】……… 214
　マーケティングインフォメーションコミュニティ事件・東京高判 平26.11.26
　　（労判1110号46頁）【脚注196】　　　　　　　　　　　　　　　　　　 217
＊Ｘ産業事件・福井地判 平26.11.28（労判1110号34頁）【脚注240】………… 277
　穂波事件・岐阜地判 平27.10.22（労判1127号29頁）【脚注197】……………… 218

Ｘ社事件・東京高判 平28.1.27（労経速2296号3頁）【脚注200】……………… 219, 221
＊山梨県民信用組合事件・最二小判 平28.2.19（労判1136号6頁）【脚注191】……… 214
＊長澤運輸事件・東京地判 平28.5.13（労判1135号11頁）【脚注49】……………… 104
　無洲事件・東京地判 平28.5.30（労判1149号72頁）【脚注206】………………… 224
　ハマキョウレックス事件・大阪高判 平28.7.26（労判1143号5頁）【脚注49】…… 104, 141
＊長澤運輸事件・東京高判 平28.11.2（労判1144号16頁）【脚注60】……………… 111
　鳥伸事件・大阪高判 平29.3.3（労判1155号5頁）【脚注189】…………………… 213
＊メトロコマース事件・東京地判 平29.3.23（労判1154号5頁）【脚注78】…… 119, 137, 141
＊医療法人社団康心会事件・最二小判 平29.7.7（労判1168号49頁）【脚注208】………… 226
＊日本郵便事件・東京地判 平29.9.14（労判1164号5頁）【脚注55】
　　　　　　　　　　　…………………………………… 108, 109, 111, 118, 130, 162, 172
　京都市立浴場運営財団事件・京都地判 平29.9.20（労判1167号34頁）【脚注99】… 129
　マンボー事件・東京地判 平29.10.11（労経速2332号30頁）【脚注197】………… 218
　イクヌーザ事件・東京地判 平29.10.16（労判1190号16頁）【脚注204】………… 222
＊日本郵便事件・大阪地判 平30.2.21（労判1180号26頁）【脚注73】…………… 116, 165
＊井関松山ファクトリー事件・松山地判 平30.4.24（労判1182号5頁）【脚注73】…… 116
＊井関松山製造所事件・松山地判 平30.4.24（労判1182号20頁）【脚注73】………… 116
　ビーダッシュ事件・東京地判 平30.5.30（労経速2360号21頁）【脚注192】……… 215
＊ハマキョウレックス事件・最二小判 平30.6.1（労判1179号20頁）【脚注45】
　　　　　　………… 20, 101, 102, 103, 106, 108, 111, 115, 116, 120, 121, 122, 124, 126, 127, 129, 141
＊長澤運輸事件・最二小判 平30.6.1（労判1179号34頁）【脚注64】
　　　　　　　　　………………………… 20, 113, 116, 118, 119, 122, 124, 125, 132, 141
＊日本ケミカル事件・最一小判 平30.7.19（労判1186号5頁）【脚注190】……… 213, 215, 222
　イクヌーザ事件・東京高判 平30.10.4（労判1190号5頁）【脚注198】……………… 218, 222
＊日本郵便事件・東京高判 平30.12.13（労判1198号45頁）【脚注101】…………… 130
＊日本郵便事件・大阪高判 平31.1.24（労判1197号5頁）【脚注57】………… 110, 133, 164
＊メトロコマース事件・東京高判 平31.2.20（労判1198号5頁）【脚注55】………… 108, 116

【 編者紹介 】

　社労士時習塾とは、東海地方の社会保険労務士を対象に、平成23年度から25年度にかけて行われた、「法的対応能力養成講座（労務実務）」という研修会を通じて知り合い、その研修会が終了した後も、労働法の勉強を続けようとの強い思いで結ばれた自主研究会にて、ケーススタディを中心に、原則として2か月に1回の勉強会を行っています。

　このたびの執筆は、労務管理を学ぶうえで必要な労働法の基礎的知識を押さえるとともに、現場を知る執筆者ならではの事例を踏まえた実践書を目指したものです。

　なお、時習塾という名称については、「論語」冒頭の一節、「学而時習之。不亦説乎。」（学びて時に之を習ふ。また、よろこばしからずや。）より引用しており、実務に追われる私たちですが、時を逃さず、お互い学習することの大切さを込めて命名しました。

【 執筆者一覧 】

若林　正清（わかばやし まさきよ）
特定社会保険労務士
三重県社会保険労務士会所属
全国社会保険労務士会連合会副会長

所　由奈子（ところ ゆなこ）
特定社会保険労務士
岐阜県社会保険労務士会所属

宮田　雅史（みやた まさし）
特定社会保険労務士
愛知県社会保険労務士会所属

堀　明美（ほり あけみ）
特定社会保険労務士
愛知県社会保険労務士会所属

近藤　眞（こんどう まこと）
特定社会保険労務士
愛知県社会保険労務士会所属

森川　郁彦（もりかわ いくひこ）
特定社会保険労務士
愛知県社会保険労務士会所属

今西　昭一（いまにし しょういち）
特定社会保険労務士
愛知県社会保険労務士会所属

安井　寿夫（やすい ひさお）
特定社会保険労務士
愛知県社会保険労務士会所属

北川　由幸（きたがわ よしゆき）
特定社会保険労務士
岐阜県社会保険労務士会所属

山下　洋子（やました ようこ）
特定社会保険労務士
愛知県社会保険労務士会所属

働き方改革を実現するための労務管理

| 令和元年7月20日 | 初版発行 |
| 令和元年9月20日 | 初版2刷発行 |

編　者　社労士時習塾
発行人　藤澤　直明
発行所　労働調査会
　　　　〒170-0004 東京都豊島区北大塚2-4-5
　　　　TEL　03-3915-6401（代表）
　　　　FAX　03-3918-8618
　　　　http://www.chosakai.co.jp/

ⒸSharoshijishujuku 2019
ISBN978-4-86319-718-3 C2032

落丁・乱丁はお取り替えいたします。
本書の全部または一部を無断で複写複製することは、法律で認められた場合を除き、著作権の侵害となります。